权威·前沿·原创

皮书系列为
"十二五""十三五"国家重点图书出版规划项目

智库成果出版与传播平台

社会治理蓝皮书
BLUE BOOK OF SOCIAL GOVERNANCE

中国社会治理创新报告（2019）

REPORT ON INNOVATIONS OF CHINA'S SOCIAL GOVERNANCE (2019)

制度优势转化为基层治理效能的朝阳实践

主　编／连玉明

社会科学文献出版社
SOCIAL SCIENCES ACADEMIC PRESS (CHINA)

图书在版编目(CIP)数据

中国社会治理创新报告.2019,制度优势转化为基层治理效能的朝阳实践/连玉明主编.--北京:社会科学文献出版社,2020.6
（社会治理蓝皮书）
ISBN 978-7-5201-6530-3

Ⅰ.①中… Ⅱ.①连… Ⅲ.①社会管理-创新管理-研究报告-中国-2019 ②社会管理-研究报告-朝阳区-2019 Ⅳ.①D63 ②D671.3

中国版本图书馆 CIP 数据核字（2020）第 059573 号

社会治理蓝皮书
中国社会治理创新报告（2019）
——制度优势转化为基层治理效能的朝阳实践

主　　编 / 连玉明

出 版 人 / 谢寿光
责任编辑 / 张　媛

出　　版 / 社会科学文献出版社·皮书出版分社（010）59367127
　　　　　　地址：北京市北三环中路甲29号院华龙大厦　邮编：100029
　　　　　　网址：www.ssap.com.cn

发　　行 / 市场营销中心（010）59367081　59367083
印　　装 / 天津千鹤文化传播有限公司

规　　格 / 开　本：787mm×1092mm　1/16
　　　　　　印　张：16.25　字　数：239千字
版　　次 / 2020年6月第1版　2020年6月第1次印刷
书　　号 / ISBN 978-7-5201-6530-3
定　　价 / 128.00元

本书如有印装质量问题，请与读者服务中心（010-59367028）联系

▲ 版权所有 翻印必究

《中国社会治理创新报告（2019）》
编 委 会

编委会主任 王 灏 文 献

编委会副主任 黄晓伟 刘海涛 王志勉

编委会委员 赵年生 李永海 徐宏祯 李 霄 武 宁
　　　　　　　张 健 李晓梅

《中国社会治理创新报告（2019）》
编 写 组

主 编 连玉明

副 主 编 朱颖慧

核心研究人员 刘 丹 车 堃 王 潋 丹 红 李爱姣
　　　　　　　吴 彬 陈 达 赵博洋 陈 曦 陈 涛
　　　　　　　石立华 袁学军 张源畅 张俊立 马 可
　　　　　　　高桂芳 张 南 张 璇 肖连春 蒋承恭
　　　　　　　申艺琳 钱玉云

主编简介

连玉明 教授、工学博士。现为全国政协委员，北京国际城市发展研究院院长。

连玉明教授是中国著名城市专家，北京市朝阳区政协副主席，北京市人民政府专家咨询委员会委员、北京市社会科学界联合会副主席、京津冀协同发展研究基地首席专家、基于大数据的城市科学研究北京市重点实验室主任。研究领域为城市学、决策学和社会学。主要代表作有《城市的觉醒》《首都战略定位》《重新认识世界城市》等。

连玉明教授同时担任贵阳市委市政府首席顾问，贵阳创新驱动发展战略研究院院长、大数据战略重点实验室主任，兼任中国政法大学数权法研究中心主任，主攻大数据战略研究。主要研究成果为《块数据：大数据时代真正到来的标志》、《块数据2.0：大数据时代的范式革命》、《块数据3.0：秩序互联网与主权区块链》、《块数据4.0：人工智能时代的激活数据学》、《块数据5.0：数据社会学的理论与方法》、《数权法1.0：数权的理论基础》（中文简体、繁体及英、法、德文版）、《数权法2.0：数权的制度建构》（中文简体、繁体及英文版）、《主权区块链1.0：秩序互联网与人类命运共同体》、《大数据蓝皮书：中国大数据发展报告》（No.1～No.4）等。主编出版的《数典》是迄今为止全球首部全面系统研究大数据标准术语体系的多语种专业工具书。

摘 要

党的十九届四中全会通过的《中共中央关于坚持和完善中国特色社会主义制度、推进国家治理体系和治理能力现代化若干重大问题的决定》提出了"必须加强和创新社会治理,完善党委领导、政府负责、民主协商、社会协同、公众参与、法治保障、科技支撑的社会治理体系,建设人人有责、人人尽责、人人享有的社会治理共同体"。在推进国家治理体系和治理能力现代化进程中,完善健全基层社会治理体系,提升基层社会治理能力是其重要组成部分,而新时代基层社会治理的关键是将制度优势转化为治理效能,在基层发挥我国国家制度和国家治理体系的显著优势。

《中国社会治理创新报告(2019)》以"制度优势转化为基层治理效能的朝阳实践"为主题,以朝阳区社会治理为例,围绕超大城市社会治理现代化的路径探析,重点对制度优势转化为治理效能、基层社会治理的科技创新、基层社会治理新模式探索、新的社会阶层人士在基层社会治理中作用的发挥、党建引领基层社会治理创新、社区治理指标体系构建、新时代背景下社区赋能等问题进行理论探讨和制度分析。以社会治理的基层探索为导向,对朝阳区社区减负提升自治能力以及开展多元主体参与共治新模式的创新进行了调研,清晰把握超大城市基层社区通过制度创新提升治理效能的路径;从基层社会治理实践出发,总结了朝阳区部分街道、社区在基层社会治理创新方面的实践经验。在此基础上,本书以朝阳区为例,提出新时代背景下朝阳区要以"坚持党建引领、用好协商共治平台、推进分治走向共治、构建基层社会治理指标体系、补足民生短板、守住安全稳定底线"为主要任务提升社会治理效能,做出了"基层社会治理路径要符合治理规律"的基本判断,认为我国要推动基层社会治理体系和治理能力现代化,亟待从把握治理规律上破题，重点是要认清城市发展周期中经济发展和社会发展的相互关系、社会治理超前性布局的重要性以及人民群众不断变化的对美好生活的需求，这样才能在社会治理体系、治理系统及治理方式上不断创新，保障基层社会的稳定运行。

Abstract

The Decision of the CPC Central Committee on Some Major Issues Concerning Upholding and Improving the System of Socialism with Chinese Characteristics and Advancing the Modernization of China's System and Capacity for Governance, which was adopted at the Fourth Plenary Session of the 19th CPC Central Committee, put forwards that "it is imperative to strengthen and innovate social governance, improve the social governance system featuring leadership of the Party committee, government accountability, democratic consultation, social cooperation, public participation, legal protection, and the support of science and technology, and build the social governance community where everyone shoulders and fulfills the responsibility and the results are shared by everyone." In the process of advancing the modernization of China's system and capacity for governance, it is an integral part to improve the social governance system at the grassroots level and enhance the social governance capacity at the grassroots level, the crux to which is to transfer institutional advantages into governance efficiency and take advantage of China's institutional and governance systems at the grassroots level in the new era.

Report on Innovation of China's Social Governance (2019) is themed with the "the practice of transferring institutional advantages into governance efficiency at the grassroots level in Chaoyang District". Taking social governance in Chaoyang District as an example, it explores the ways to the modernization of mega-city social governance and carries out theoretical discussions and institutional analysis of issues including transferring institutional advantages into governance efficiency, technological innovation and new models of social governance at the grassroots level, the role of new social classes in social governance at the grassroots level, innovation of social governance at the grassroots level led by Party building, the establishment of target system for community governance and community empowerment in the new era. It explores the social governance at the grassroots

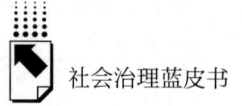

level, studies the innovation with the new model by Chaoyang District of improving self-governance capacity through community burden alleviation and enabling the participation and joint governance of poly-governance bodies, and analyzes the ways to improve governance efficiency through institutional innovation at local communities of mega-cities. It summarizes the experience in social governance innovation at the grassroots level by some sub-districts and communities in Chaoyang District. On this basis, it takes Chaoyang District as an example, puts forward the idea that Chaoyang District shall improve its social governance efficiency by focusing on the main tasks of following the leadership of Party building, making full use of the shared governance platform, pushing for the shift from divided governance to shared governance, building the target system for social governance at the grassroots level, improving people's livelihood, and safeguarding the bottom line of safety and stability. It makes the basic judgement that the ways to social governance at the grassroots level shall be in line with the governance rules. It argues that in order to advance the modernization of China's system and capacity for governance, it is imperative to make breakthroughs on grasping the governance rules, and focus on understanding the relationship between economic development and social development in the urban development cycle, the importance of advanced planning for social governance and people's changing needs in the pursuit of a better life. Only in this way can we constantly make innovations in social governance system and governance mode, and guarantee the stable operation of the grassroots society.

导　语
新时代超大城市基层社会治理的三大动能

新中国成立70年来，中国特色社会主义制度优势不断显现，为我国经济快速发展和社会长期稳定提供了最重要的保障。中国特色社会主义进入新时代，不断满足人民日益增长的美好生活需要，不断促进社会公平正义，形成有效的社会治理、良好的社会秩序，建设人人有责、人人尽责、人人享有的社会治理共同体，是中央对社会建设、社会治理提出的新要求。制度的生命在于执行，发挥制度优势的关键在于落实，对于朝阳区来说，贯彻落实中央要求要与服务首都"四个中心"功能定位、国际一流的和谐宜居之都建设的目标相结合，不断为基层社会治理赋权、赋能、赋值，以制度创新推进基层社会治理体系和治理能力现代化。

深化体制机制改革　为基层社会治理赋权

社会治理是国家治理的重要方面。作为我们党在社会治理问题上的新探索，"社会治理共同体"的提出是国家治理现代化在社会领域的重要突破。基层社会治理集中在街乡、社区层面体现，尤其社区治理是解决好社会治理问题的"最后一公里"。北京作为超大城市，其出现的"城市病"问题与当前社会治理的新形势、新要求相互交织，基层社会治理面临重大挑战。街乡、社区层面要在实践探索的基础上加快推进体制机制创新，将制度优势及时转化为治理效能。

一是深入推进街乡体制改革，从根本上解决街乡层面和上级职能部门统筹难的问题。立足街道管理体制机制上存在的职责交叉、职责空白、权责关系不顺和机构设置不够科学合理、效能不高等突出问题，坚持法治思维，围绕"赋权、下沉、增效"，通过加强制度设计，推动重心下移，尽可能把资源、服务、管理向基层延伸，进一步划分条块事权，理顺职责关系，实行扁平化和网格化管理，使机构设置更加科学、职能更加优化、权责更加协同、运行更加高效。二是持续推进社区减负工作，让社区回归自治功能。社区减负的目的是让社区回归自治，要在明确社区各类组织职责，理顺社区各类组织关系的基础上，优化社区居民委员会组织建设，推进社区工作事务准入，完善社区居民自治制度和新型社区管理体系建设，依托居民自治完善社区民主管理机制，围绕"完善群众参与基层社会治理的制度化渠道"，积极开展基层社会治理的创造性探索。

用好新兴治理科技　为基层社会治理赋能

习近平总书记在中共中央政治局第十八次集体学习时指出，要抓住区块链技术融合、功能拓展、产业细分的契机，发挥区块链在促进数据共享、优化业务流程、降低运营成本、提升协同效率、建设可信体系等方面的作用。在党的十九届四中全会上，习近平总书记再次强调，加强和创新社会治理，完善科技支撑的社会治理体系。依托区块链技术助力基层社会治理要从四方面加以重视。一是解决传统数据治理痛点。数据已成为数字时代的基础要素，区块链技术可以解决数据权责不清、难有质量、难共享、难开放等治理"痛点"，适合利用此技术加强街乡及社区层面的资源数据整合，沉淀社会治理数据。二是提升决策科学化水平。数字时代，社会治理须透过海量数据发现真问题。区块链能有效集成经济、文化、社会、生态等方面的基础信息，并通过大数据进行深度挖掘和交互分析，将看似无关联的事件有序关联起来，从而提升实时监测、动态分析、精准预警、精准处置的能力。依托区块链技术打造城市大脑，为基层社会实现精细化治理、解决城市治理难题开辟独特路径。三是推动法治政府建设。在执法、司法等领域，区块链技术与实际工作具有深度融合的广阔空间，特别是运用区块链电子存证，可解决电子数据"取证难、示证难、认证难、存证难"等问题。将区块链技术与执行工作深度融合，把区块链智能合约嵌入裁判文书，后台即可自动生成未履行报告、执行通知书等，完成执行立案程序并导入执行系统，有助于破解执行难的问题。四是助力共建共治共享。在城市治理方面，区块链技术可以让政府部门和公众以较低的时间和经济成本，公平地参与城市共建共管共治，建设开放型政府。有效利用区块链技术还可以优化政府与市场的关系，将政府公开数据、企业经营数据通过访问控制策略在链上予以共享共识，通过政府部门间、政府与市场主体间的"链上交互"，全面掌握市场主体实时动态信息，联合开展监控分析和预警应对，改变传统行政管理中政府与企业"监管与被监管"的角色定位，建立政府与市场主体间合作共治共赢的关系。

创新治理评价体系　为基层社会治理赋值

在经济社会发展中，对于经济发展的速度与质量都已经构建起了相对科学完善的指标体系，而关于社会发展的评价指标相对较少。当前，随着社会治理创新实践的深入推进，对社会发展、社会治理评价体系构建的需求不断凸显。让社会治理评价体系更为科学量化，成为推动基层社会治理创新，提升基层治理效能的重要内容。朝阳区构建基层社会治理评价指标体系，要立足首都基层社会治理的实际情况和"四个中心"的城市战略定位，既要对标"首善标准"，也要彰显"朝阳特色"；既要反映社会治理的一般规律，也要凸显朝阳基层社会治理实践基础；既要坚持目标导向，明确基层社会治理的方向，也要坚持问题导向，为破解基层治理难题提供路径参考。构建朝阳区基层社会治理评价体系，要强调朝阳社会治理的过程性、突出朝阳创新治理的前瞻性、做到国际标准的可比性、兼顾日常工作的考核性，发挥其对社会治理过程的跟踪、监测和预警作用，使其成为反映朝阳区社会治理状况的"风向标""晴雨表""路线图"。

目 录

Ⅰ 总报告

B.1 超大城市社会治理现代化的路径探析
　　——制度优势转化为治理效能的朝阳实践 …………… 001
　　一　新时代基层社会治理的关键是将制度优势转化为
　　　　治理效能 ………………………………………………… 002
　　二　朝阳区基层社会治理伴随制度创新与实践效能
　　　　不断增强 ………………………………………………… 003
　　三　新时代朝阳区以"六个一"为抓手提升社会治理效能…… 011
　　四　从朝阳实践看超大城市社会治理现代化的基本规律 ……… 013

Ⅱ 理论报告

B.2 习近平新时代中国特色社会主义思想指引下的社会
　　治理理念定位 ……………………………………………… 020
B.3 科技创新城市基层社会治理模式的理论分析 …………… 033
B.4 基于"朝阳群众"品牌打造，探索基层社会治理中
　　新的社会阶层人士统战工作研究 ………………………… 046

001

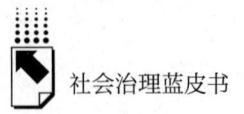
社会治理蓝皮书

Ⅲ 专题报告

B.5 朝阳区党建引领物业服务升级破解基层治理难题的
模式与路径研究 …………………………………………… 061

B.6 朝阳区以党建为引领推动"街乡吹哨、部门报到"
向纵深发展 ………………………………………………… 073

B.7 朝阳区以党建协调委员会为引领健全基层社会治理
全域协同机制 ……………………………………………… 088

Ⅳ 指数报告

B.8 朝阳区社区评价指标体系构建研究 …………………………… 104

Ⅴ 调研报告

B.9 朝阳区推进社区减负工作的调研报告 ………………………… 122

B.10 "社区成长伙伴计划"助力朝阳区探索社区发展新路径 ……… 138

Ⅵ 案例报告

B.11 劲松街道劲松北社区试点探索老旧小区综合
改造新模式 ………………………………………………… 149

B.12 安贞街道以社区体制改革为助推器构建基层社会治理新蓝图
——安贞街道基层社会治理的实践探索 ………………… 161

B.13 麦子店街道国际化社区建设的路径探索
——打造"家印象国际店"国际化社区品牌 …………… 173

B.14 望京街道关于超大型社区治理改造的实践探索
——以南湖西里社区为例 …………………………………… 184

B.15 双井街道探索以可持续发展为着力点打造城市理想社区
新模式 ……………………………………………………… 196

B.16 东湖街道党建引领物业管理，重塑社区治理新模式 ………… 208

B.17 八里庄街道实行"三先三后两保障"机制，探索
"大小物业综合服务"新路径 ……………………………… 221

B.18 后　记 ……………………………………………………… 230

皮书数据库阅读 **使用指南**

CONTENTS

Ⅰ General Report

B.1 Exploration on the Ways to Realize Modernization of Social Governance of Mega-cities

　　—The Practice of Transferring Institutional Advantages into Governance Efficiency in Chaoyang District / 001

　　1. The Crux to Social Governance at the Grassroots Level in the New Era is to Transfer Institutional Advantages into Governance Efficiency / 002

　　2. Social Governance at the Grassroots Level in Chaoyang District is Accompanied by Institutional Innovation and the Enhancement of Practice Efficiencye / 003

　　3. Chaoyang District Improves Social Governance Efficiency in the New Era by Grasping the "Six Ones" / 011

　　4. Understanding the Basic Rules Governing Social Governance Modernization at Mega-cities Through the Practice of Chaoyang District / 013

CONTENTS

II Theoretical Reports

B.2 The Concepts of Social Governance Guided by the Xi Jinping Thought on Socialism with Chinese Characteristics in the New Era / 020

B.3 Theoretical Analysis on the Models of Social Governance at the Grassroots Level Supported by Technological Innovation / 033

B.4 Based on the Brand Building of "Chaoyang Residents", it Explores the Role Played by the New Social Classes in the Social Governance at the Grassroots Level / 046

III Special Reports

B.5 The Exploration on the Model and the Path of How Party Building in Chaoyang District Leads the Upgrade of Property Services and Solves the Problems of Social Governance at the Grassroots Level / 061

B.6 Led by Party Building, Chaoyang District Pushes for the Further Development of "Whistle-blow by Neighborhoods and Villages and Report by Different Government Departments" / 073

B.7 Guided by the Party Building Coordination Committee, Chaoyang District Improves the Coordination Mechanism for Social Governance at the Grassroots Level / 088

IV Index Report

B.8 Study on the Establishment of Target system for Community Evaluation at Chaoyang District / 104

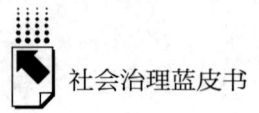

V Investigation Reports

B.9　Investigation Report on Promoting the Burden Alleviation of Communities at Chaoyang District　/ 122

B.10　"Community Growth Partnership Plan" Facilitates the Exploration of New Paths in Community Development at Chaoyang District　/ 138

VI Case Reports

B.11　With Jinsong North Community as the Pilot Site, Jinsong Sub-district Explores the New Model of Comprehensive Reconstruction of Old Communitiess　/ 149

B.12　With Community Structural Reform as Catalyst, Anzhen Sub-district Plans for New Blueprint of Social Governance at the Grassroots Level
　　　—*Practical Exploration of Anzhen Sub-district in Social Governance at the Grassroots Level*　/ 161

B.13　Exploration on the Paths to Build International Community by Maizidian Sub-district
　　　—*Building "International Home Community" as its Community Brand*　/ 173

B.14　Practical Exploration on Governance and Transformation of Mega-community by Wangjing Sub-district
　　　—*Taking Nanhu Xili Community as an Example*　/ 184

B.15　Exploration by Shuangjing Sub-district to Create a New Model of Urban Ideal Community with Sustainable Development as the Key　/ 196

CONTENTS

B.16 The Exploration on the New Model of how Party Building in Donghu Sub-district Leads the Upgrade of Property Management and Reshapes Social Governance / 208

B.17 Balizhuang Sub-district Explores New Path to "Small and Large Property Comprehensive Service" Through the "Three Firsts and two Guarantees" Mechanism / 221

B.18 Postscript / 230

总报告

General Report

B.1 超大城市社会治理现代化的路径探析

——制度优势转化为治理效能的朝阳实践

摘 要： 十九届四中全会立足党和国家事业发展全局，对坚持和完善中国特色社会主义制度、推进国家治理体系和治理能力现代化提出了新要求。近年来，朝阳区积极探索基层社会治理的创新路径，基层社会治理效能不断提升。对标十九届四中全会的新要求，朝阳区将以"六个一"为抓手不断探索治理体系和治理能力现代化的朝阳实践，在实践中总结规律、把握规律，为推进国家治理体系和治理能力现代化贡献朝阳方案。

关键词： 超大城市社会治理现代化 治理效能 朝阳实践

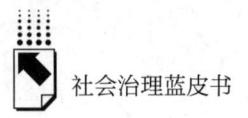
社会治理蓝皮书

一 新时代基层社会治理的关键是
将制度优势转化为治理效能

《中共中央关于坚持和完善中国特色社会主义制度、推进国家治理体系和治理能力现代化若干重大问题的决定》（以下简称《决定》）提出了我国国家制度和国家治理体系的13个显著优势，《决定》明确了总体目标，把坚持和完善中国特色社会主义制度、推进国家治理体系和治理能力现代化作为全党的一项重大战略任务。治理体系和治理能力现代化要从制度优势和治理效能两个维度来看，制度的优越性为治理效能的不断提升提供了强大的力量源泉和保障。

（一）坚持党的领导，坚定政治方向

习近平总书记指出，"中国特色社会主义最本质的特征是中国共产党领导，中国特色社会主义制度的最大优势是中国共产党领导"。在推进国家治理体系和治理能力现代化过程中，只有坚持党的领导，才能聚合起坚持和完善中国特色社会主义制度，推进国家治理体系和治理能力现代化的磅礴伟力。制度是国家之基、治理之据、社会之规，治理是制度在实践中的运用，是制度功能的发挥。基层社会治理是制度优势转化为治理效能的基层实践，习近平总书记基于社会治理的基层实践指出，"基层是一切工作的落脚点，社会治理的重心必须落到城乡、社区"，揭示了基层社会治理在国家治理和社会治理之中的重要地位，而坚持党的领导是保障基层社会治理正确发展的根本。

（二）推进实践创新，推动制度完善

党的十八大以来，我们党坚持"以人民为中心"，不断推进中国特色社会主义制度创新、理论创新、实践创新、文化创新等，不断赋予中国特色社会主义制度以鲜明的时代特色，在制度建设中不断增强制度自信，在制度自

信中不断完善制度建设。《决定》全面总结了我国在国家制度和国家治理体系方面的 13 个重大优势，这是经过长期验证的结果，中国特色社会主义制度符合中国发展的内在规律，其拥有强大的生命力和巨大的优越性，深刻地回答了"坚持和发展什么样的中国特色社会主义、怎样坚持和发展中国特色社会主义"的重大时代课题，那就是以马克思主义为指导、立足中国实际情况、厚植中华文化根基、以人民群众的利益为根本利益，这也是构建国家治理体系的基本遵循。

（三）强化贯彻落实，夯实发展基础

制度的生命在于执行，发挥制度优势的关键在于落实。基层在落实党和国家重大方针政策时，其关键就是要把制度优势转化为基层治理效能，将党和国家的优越性转化为全社会人民的福利，夯实基层的发展基础。基层发展包含公共服务、公共事务、社会公益的组织和协调，同时关乎基层社会稳定，是党的执政之基，在基层落实好党的方针政策，基层发展基础是否稳定、厚实事关党的执政基础是否坚如磐石。

二 朝阳区基层社会治理伴随制度创新与实践效能不断增强

（一）推动街乡社区（村）改革，基层社会治理体制环境基本形成

一是从近郊农村向城区转型，开启了朝阳区基层社会治理的新进程。朝阳区成片建设居住区始于 20 世纪 50 年代初，从 1957 年起，朝阳区居住区建设就逐步向"六统"方向发展，住宅小区是城市的重要构成，居住区的成片建设标志着朝阳区社会治理从农村向城市的延伸。1980 年朝阳区以中央书记处关于北京市工作方针的重要指示为指导，以城区工作为重点，同时要把农村建设成为首都服务的副食品基地之一，动员全区人民，同心同德，艰苦奋斗，将朝阳区建设成一个社会安定、环境整洁优美、受教育程度高、

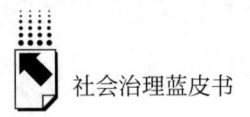

经济繁荣和人民生活方便的地区，为首都"四化"建设做出贡献。改革开放以来至党的十六大召开，朝阳区的工作重心转向城市，进入了经济、社会快速发展的新阶段。

二是街乡体制改革，为推进朝阳区社会治理现代化打下坚实基础。朝阳建区以来，不断探索基层社会治理制度创新，基层社会治理体系逐步完善，治理效能显著提升。以党的十九大召开为分界线，朝阳区基层社会治理可以分为两个阶段。

第一阶段，以政社分开、政企分开为重点，重构街乡管理体系。在农村地区推进撤社建乡体制改革。1982年8月，区委在来广营公社进行撤社建乡体制改革试点，随后全区逐步推开，改革后的乡人民政府是国家的基层政权组织，建乡工作的完成，改变了政社合一的体制，加强了农村基层政权建设。在城市地区持续推进街道体制改革。1978年，朝阳区各街道革命委员会开始陆续撤销，至1979年全部恢复与建立为街道办事处。区委、区政府于1981年制定《街道办事处党政工作职责范围的规定（试行）》，明确规定街道办事处是区政府派出机关，实行党委领导下的行政首长负责制，其主要职能是领导并发展街道集体经济，搞好本街道民政、城建、卫生、计生、劳动力管理、社会治安及居民区各项工作。到1983年，街道统一进行机构改革，主要是规范科室名称、明确和调整职责范围，把街道工作重点放到加强地区管理、搞好社会服务上来。1999年到2003年，是朝阳区街道体制改革全面深化时期，开启了政企脱钩的街道体制改革，确定街道收入构成和支出标准，并明确街道权责。通过改革，街道管理功能得到加强，城市市容环境、社会环境质量有了较明显的提高，为朝阳区今后基层社会治理创新打下基础。

第二阶段，进入新时代，以理清街乡职责、强化基层治理为重点，构建简约高效的街乡管理体制。一是推行乡（地区）机构改革。通过理顺职责关系，合理配置职能，明确乡党委（地区工委）和乡政府（地区办事处）职能定位与权责清单。调整综合设置乡（地区）各类机构，调整完善派出（驻）机构管理体制，进一步提高基层政府办事效率，加强基层政府和上级政府派出机构协作，提升地区治理能力。二是推进街道机构改革。通过改革，着眼于解决街道管理体制机制上存在的职责交叉、职责空白、权责关系不顺和机构设置不够科学合理、效能不高等突出问题,坚持法治思维,围绕"赋权、下沉、增效",通过加强制度设计,推动重心下移,尽可能把资源、服务、管理向基层延伸,进一步划分条块事权,理顺职责关系,实行扁平化和网格化管理,使机构设置更加科学、部门权责更加协同,政府工作效率稳步提升。2019年北京市发布《北京市街道办事处条例》,进一步为街道赋权,明确提出街道办事处统一领导、指挥调度区人民政府各派出机构,并对其考核和人事任免提出意见;街道办事处参与辖区相关设施的规划、建设和验收;有权对辖区内全市性、全区性重大事项和重大决策提出建议;统筹调度、开展联合执法;统筹协调涉及多个部门协同解决的综合性事项并对其进行考核督办;统筹管理和安排下沉人员、资金;对协管员进行日常管理等。进一步强化街道治理能力,基层社会治理力量得到增强,并在组织、队伍、制度上得以有效保障。

三是社区规范化建设及社区管理体制改革,基层社会治理向社会化、精细化发展。

第一,以社区建设为引领,加快推进基层社会建设。进入21世纪以来,朝阳区按照"十五"计划部署,积极探索社区党建、城市管理、服务居民、居民自治"四位一体"的社区管理模式。2001年,北京市第三次城市管理工作会议召开后,朝阳区按照社区基本要素和便于服务管理、居民自治、资源配置的原则,科学合理地划定社区,同步建立社区党委和社区自治组织,构建新型社区管理体制框架。在新型社区管理体制框架内,引入市场力量,让市场积极参与到社区建设中。借鉴西方的契约精神,通过向社会中介组织公开招标,实行契约式管理,把社会服务、社会活动等交由社区服务中心、社区文体中心、社区保洁队伍等事业单位及专业部门承担。同时建立社会广泛参与机制,多渠道吸纳资金投入社区建设和多形式参与社区管理。

第二,开展社区规范化建设,进一步明确社区工作职责。朝阳区2011年严格按照北京市《关于推进社区规范化建设试点工作的实施方案》以规范社区服务站建设为重点,以推动社区居委会和社区服务站职能分开为切入点,进行社区规范化建设。朝阳区推进社区规范化建设以"职责明确、优势互补、协调联动"为原则,对社区目前承担的各项工作进行全面梳理,合理划分社区党组织、社区居委会和社区服务站的职责任务,进一步细化各自的具体工作或服务项目。

第三,深化朝阳区社区管理体制改革,明确社区各类组织职责,理顺社区各类组织关系,创新社区治理体制机制。通过改革,强化基层党组织的领导核心作用、社区服务站的服务作用、居委会的主体作用、社会各方的协同作用,动员和组织社区居民依法有序参与社区治理,完善社区居民自治机制,切实提升居民自治能力。构建多元主体有效衔接的社区服务体系,把社区建设成服务完善、管理有序、文明祥和的社会生活共同体,搭建社会治理最小单元格的"共建共治共享"格局。

第四,推进社区减负,强化社区自治能力。2014年,朝阳区开展社区减负工作,通过调整和优化社区居民委员会规模、明确社区为民服务事项、清理挂牌、规范社区评比评级、严格印章使用、提升服务水平和自治能力、整合社区信息化平台、加大政府购买社会服务力度,逐步建立了一套"部门减负、技术减负、准入减负、街乡减负;专业增能、自治增能、社会增能、成果增能"的"四减四增"立体减负增效体系,形成了具有朝阳特色的社区减负增效工作方法,全面提升了社区为民服务能力,社区职责也更加清晰,进一步推动社区治理体系和治理能力现代化。

(二)社会治理机制不断创新,基层社会治理路径逐步明晰

一是创建网格化城市管理系统,基层治理初现"单元格"治理形式。2005年,朝阳区借鉴东城区网格化管理经验,构建网格化城市管理系统,随后成立城市管理监督指挥中心,城市管理逐步向精细化靠拢。2007年,朝阳区以奥运保障工作为契机,对消防、社保、食品药品安全进行精细划分,将其纳入网格化管理。之后,朝阳区将人口管理、单位管理、房屋管理、地下空间管理、安监等工作融入治理网格之中,将其形成一个个无缝拼接的治理单元网格。每个网格配有监督员,发现问题及时上报给监督指挥中心,监督指挥中心核实后进行立案,并对案件办理情况进行追踪。基层社

治理工作变为由街乡、社区进行日常检查，主动发现问题、解决问题，减少中间环节，提高工作效率，从突击式、被动式管理转为日常性、主动性管理，实现街乡和市、区级平台业务流程的"二级闭环"，创新了基层社会治理的运行机制。其后，朝阳区不断创新，丰富网格治理内涵，2010年，以北京市《社会服务管理创新行动方案》为契机，深化网格管理模式，实施以"三网融合、二级闭环、一格统筹"为主体①的"全模式"治理，将基层社会治理领域各方面统一到一套组织框架中，强化了治理合力。

二是"党政群共商共治"为基层社会治理实现"共建共治共享"提供了经验。朝阳区麦子店街道于2010年底开启了"问政于民"的社会治理服务实践工作，在社区群众中召开问政工作座谈会，广泛征求社区治理意见，在街道层面形成年度决策——"一五一十"实事工程项目的依据，面向辖区群众并发布《问政手册》，将"问政"制度常态化。2013年，以麦子店街道"问政"制度为示范，全区系统总结其工作模式和"为民解忧工程"，开始在全区推广实施"党政群共商共治"。2014年朝阳区研究制定《关于开展党政群共商共治工程的方案》以及《街道系统党政群共商共治工程操作手册》，将"党政群共商共治"的工作机制固定下来，不断明确具体实施过程中的机构设置、工作流程、保障机制等具体内容，在基层建立"问政于民、问需于民、问计于民"的常态化议事平台，整合党委、政府和社会各界资源，充分调动社区居民、社会单位、人大代表、政协委员、专家学者等各方面积极性，形成了党政群共同协商、共同参与、共同治理的工作模式。朝阳区"党政群共商共治"的实践为建设社会治理共同体进行了充分探索，积累了宝贵经验。

三是以公共服务为载体，开展"一刻钟服务圈"建设，促进基层社会服务、社会治理融合发展。朝阳区于2010年正式提出在20个社区开展"打

---

① "三网融合"：城市管理网、社会服务管理网、社会治安网三网融合。"二级闭环"：街乡自我发现并解决问题与区级网格监督、考核评价相结合的分级分类管理、上下联动运行机制，及街乡、社区（村）自我发现问题、自我解决问题的二级"小循环"机制。"一格统筹"：依托单元网格，实现街乡、社区（村）相关工作的整体统筹。

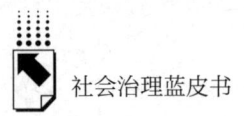

造一刻钟社区便民生活圈"首批试点,编制服务地图与服务手册,满足居民服务需求。由此开始,朝阳区围绕"一刻钟便民生活圈"建设,加强与市相关职能部门对接,注重统筹协调,加强街道社区之间的服务衔接,出台指导性工作意见,根据居民需求和建设要求,合理布控服务站点,并统一标识设计,形成棋盘式服务网络。近几年,朝阳区不断深化"一刻钟社区服务圈"建设,丰富服务内容,扩大服务范围,提升服务质量,健全服务机制,细化"一刻钟社区服务圈"认定标准,大力开展驻区制警务工作,加强社区服务队伍建设,组织社区民警 24 小时为群众服务,整合社会服务资源,构建功能完备、服务高效的社区服务体系,切实提高居民群众对社区服务的幸福感和满意度。同时,在全力推进城市社区"一刻钟社区服务圈"建设的基础上,不断推进社区服务圈向农村社区延伸,努力实现"一刻钟社区服务圈"的全面达标和全域覆盖。

四是深化"街乡吹哨、部门报到",进一步打通基层社会治理制度壁垒。2018 年,朝阳区按照市委《关于党建引领街乡管理体制机制创新实现"街乡吹哨、部门报到"的实施方案》(以下简称《实施方案》)部署,朝阳区以创新"街乡吹哨、部门报到"机制为契机,围绕解决基层工作中存在的"六无"问题,聚焦"强基""下沉""赋权""明责""增效""聚能",抓机制、抓流程、抓平台、抓提升,以党的建设统领机制创新。通过街乡、社区体制改革以及"街巷吹哨、部门报到"工作的开展,党员干部更加重视基层实践工作,主动下到街乡、社区去发现问题、解决问题,主动服务意识明显增强。围绕"赋权、下沉、增效",坚持问题导向,从职责体系、组织架构、人员编制、协管员整合等方面,突出重点,对街道管理体制进行了系统设计和调整优化,使部门力量下沉到街乡、社区,更加直接地为群众提供服务,简化了办事流程,提升了工作效率,强化了街道的基础地位,为探索具有首都特点的超大城市治理模式积累了经验。

(三)社区治理方式不断丰富,不断激发基层社会治理活力

朝阳区通过创新社区治理方式,基层社会治理涌现一批符合朝阳实际、

具有示范作用的先进经验,成为基层社会治理创新的动力。

一是构建"法治、自治、共治"型社区。法治是基础,是社区治理需要遵循的基本准则。朝阳区立足本区实际情况,认真贯彻落实国家相关政策,紧紧围绕基层社会建设制定了一系列政策,使基层社会治理更加法治化。自治是灵魂,是社区治理的核心内涵。进一步增强为民服务意识,健全居民自治组织体系,进一步完善社区民主自治制度,不断强化社会动员和统筹协调能力,群众响应力不断提升,带动居民参与社区治理的热情不断高涨,社区凝聚力进一步加强。共治是支撑,是社区治理的重要保障。朝阳区社会办按照"两规范四延伸"的整体思路,全面加强居民议事厅建设,形成了"职责清晰、机制完善、衔接有效、互动良好"的议事平台体系,有力地推进协商民主的常态化建设,为居民共治提供了平台。朝阳区探索构建的"法治、自治、共治"模式实现了社区治理主体多元化、治理方式法治化和治理程序规范化,在朝阳区以及北京市具有典型示范和引领作用。

二是开展"分类治理",转变基层社会治理"一刀切"的思想观念。2014年朝阳区在全区范围内开始积极探索社区分类治理模式。强化政府与居民自治组织的协作,探索老旧小区准物业的治理模式,针对老旧小区基础设施薄弱、管理机制缺失的问题,通过硬件改造和居民自治相结合的方式,实施"准物业"管理,形成了居民自管与政府扶持相结合、居民互助与市场机制相结合、依托非营利性社会组织提供专业物业服务三种模式。强化不同利益主体的协作,探索商品房小区"五方共治"模式。针对商品房小区居民融合难、物业服务水平参差不齐、业主委员会缺位、物业公司临时撤出及更换等问题,出台政策文件,规范业主委员会和物业公司行为,搭建五方协商议事平台(社区、业委会、物业、社区居民以及社会单位),协商解决小区发展面临的难题。强化社区与社会组织的协作,探索保障房小区"三社联动"模式。针对保障房小区公共服务资源配置不足、弱势群体集中等问题,注重发挥专业社会组织作用,通过建立社区统筹机制、购买服务机制以及项目对接机制,探索服务联做、活动联搞、难题联解、队伍联建以及资源联享工作方法,推动了社工、社区和社会组织的有序对接和良性互动。强

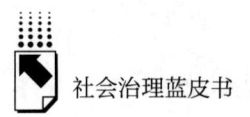

化社区多元主体参与,探索农村社区"三社一体化"模式。针对农村社区居民对社区居委会归属感弱、公共服务不完善、居民对城市生活不适应、物业服务缺位等情况,朝阳区结合农村地区实际,通过培育专业社工队伍与社区社会组织,以居民需求为导向,以专业的社会工作理念为引导,探索形成了社会组织、专业社工、社区居民"三社一体化"模式,推动了农村社区的和谐稳定发展。

三是"五化协同"社区指标体系构建为基层社会治理工具设计进行了前期探索。朝阳区以提升群众参与感、获得感、幸福感为目标,研究编制朝阳区"五化协同"社区治理现代化体系,包含党建区域化、自治单元化、动员社会化、治理精细化、服务精准化,以自查、互查、上级检查以及第三方抽查的方式,根据"五化协同"社区治理现代化体系的内容要求,采用材料审核、实地考察、问卷调查、网络调查等多种方法和手段对开展"五化协同"的效果进行评价。通过评价考核结果的运用,加强对社区治理改革创新的方向指导,寻找社会建设和社会发展中的薄弱环节,及时调整社区治理方略,从整体上推动基层治理能力的现代化。

四是开展"全要素小区""全景楼院"建设,补足社区发展短板,为基层社会治理提供物质保障。2017年开始,朝阳区从朝外、东湖、亚运村、六里屯等街道探索全要素小区建设经验,研究制定了《朝阳区全要素小区设计导则》,从10个方面57项细目对小区建设给予指导,采取小规模、渐进式、减量化、可持续的方式,对不同类型小区特别是老旧小区进行有机更新、系统治理,让小区道路可以漫步、建筑可以阅读,让小区更有温度。全要素小区建设是从设施与功能、空间与交往、生活与生态等多角度、全方位满足居民和谐宜居需要的小区,是"疏解稳定促提升"在社区层面的集中体现。主要通过党政群共商共治、居民自治、楼门文化和社区服务等工作,实现小区居家更安全、环境更优美、功能更完善、服务更智能、管理更有序、邻里更和谐,让居民感受到变化、体会到幸福。

2018年,朝阳区全面推行"全景楼院""全要素小区"理念,以自治为基础,以精治、共治、法治为重点,将楼栋、楼院作为社区治理的基本单元,通过"三建一育"(以楼院为单位,推动居民自治、建组织、建机制、建平台、育文化,全面夯实基层基础)和"三清一整"(清阳台、清楼道、清屋顶、整死角,全面整治社区突出隐患),实现标本兼治,生态、生活环境优化,360度全景体现楼院人文内涵、安全管理和特色风貌,是"安全、美丽、宜居、幸福"新楼院的代名词。

三 新时代朝阳区以"六个一"为抓手提升社会治理效能

对标十九届四中全会对社会治理体制,特别是基层社会治理提出的新要求,朝阳区将以"六个一"为抓手,即坚持一个引领、用好一个平台、推进一个计划、构建一套指标、实施一项工程、守住一条底线,不断形成落实四中全会精神、推动治理体系和治理能力现代化的朝阳实践。

(一)坚持党建引领社会全域协同治理,把党的领导落实到基层治理的各领域各环节各方面

十九届四中全会提出"十三个坚持和完善",首要的就是坚持和完善党的领导制度体系,提出"健全总揽全局、协调各方的党的领导制度体系,把党的领导落实到国家治理各领域各方面各环节"。社会治理是全社会的责任,党建引领社会全域协同治理是新时代社会建设的需要,是实现政府治理和社会调节、居民自治的良性互动的要求。朝阳区要以健全横纵交织、条块结合的党建协调委员会为抓手,创新全域协同治理,推动党建引领"街乡吹哨、部门报到"改革纵深发展。要以各级、各类、各行业党组织为纽带,通过党建协调委员会不断拓宽"吹哨报到"的社会参与面,带动全区域、各领域、各行业的统筹协作,切实解决人民群众所关切的问题。

(二)用好党政群共商共治平台,以基层协商民主提升基层治理效能

全会在"坚持和完善共建共治共享的社会治理制度"方面加入了民主

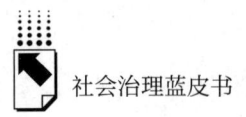

协商,是对我国社会治理体系的进一步完善。对于基层社会治理来讲,就是要更好地发挥社会主义协商民主制度在治理中的独特优势。朝阳区要持续用好党政群共商共治平台,调动社区居民、社会单位、人大代表、政协委员、专家学者等各方面力量参与协商,让党政群共同协商、共同参与、共同治理形成常态化工作模式,及时反映和协调人民群众各方面、各层次利益诉求,保障居民群众的知情权、参与权、表达权和监督权,不断形成基层治理与基层协商有机结合的朝阳模式。

(三)推进"社区成长伙伴计划",实现基层社会治理从分治走向共治

"建设社会治理共同体"是党的十九届四中全会对社会治理提出的要求,主体多元是治理的显著特征,关键是要形成合力。但从基层实际工作来看,目前政府、社会、市场、居民等各类主体在治理中各自为战问题仍不同程度地存在,各类主体协同治理的能力和机制有待提高及完善。2019年以来,朝阳区探索推进了"社区成长伙伴计划",在社区治理塌陷区域,聚焦党建引领、物业管理、精细化管理等重难点问题,通过为社区引入专业伙伴团队,对社区治理重点难点问题进行一对一、多对一会诊,指导社区探索实践,激发社区自身的内生动力,为社区建设、发展和治理提供智力支持。其目的就是要推动政府、社会、群众共同发力,形成协同共治的同心轴,并对社区治理中形成的一般性治理规律进行总结,形成具有普遍性、可推广可复制可操作的工作机制和经验,最终实现共建共治共享。

(四)构建社区评价指标体系,为社区赋能提升治理能力

社区是社会治理的最基本单元格,社区治理也是党和政府一直高度关注的问题。朝阳区开展社区减负工作以来,社区工作由事务性的错位开始逐步归位到自治,面对新的工作要求,社区党委、居委会的自治统筹能力仍需进一步提升。朝阳区应以构建社区治理综合评价指标体系为抓手,对社区治理工作定期进行检测,发挥指标体系的方向标、晴雨表作用,在科学衡量社区治理

水平的同时,总结先进经验、找准治理短板,明确治理重点并提供解决方案,让社区评价指标体系成为完善社区治理手段、丰富治理经验的工具。

(五)对标首都"七有五性"要求实施民生"补短板"工程,不断满足群众对民生服务的多样性、高品质需求

实现好、维护好、发展好最广大人民群众的根本利益是我们党一切工作的出发点和落脚点。围绕"坚持和完善统筹城乡的民生保障制度,满足人民日益增长的美好生活需要",朝阳区要对标首都"七有五性"的目标要求,利用社区评价指标体系,找准民生工作实际中存在的痛点难点问题,实施一批民生"补短板"工程,通过周期性的短板补足,发现新问题、实现再补足的滚动式发展,不断拓展民生服务的多样性、提升服务质量,以服务供给的数量和质量回应群众的需求,让全区人民生活更舒心、工作更称心、办事更顺心、全社会更有爱心,不断提高群众对社区工作的满意度,强化群众对社区的认同感,进而增强社区凝聚力和向心力。

(六)守住安全稳定底线,为社会发展提供最基本保障

十九届四中全会提出,"要完善正确处理新形势下人民内部矛盾有效机制,完善社会治安防控体系,健全公共安全体制机制,构建基层社会治理新格局,完善国家安全体系",安全、稳定的社会环境是经济社会发展的基本保障。朝阳区要牢固树立国家安全观,不断学习借鉴和发展"枫桥经验",健全街乡级、社区级调解委员会,推动各种调解组织、调解力量下沉到基层,实现小矛盾不出社区、大矛盾不出街(乡),为全区经济社会发展营造更加安全的政治环境、稳定的社会环境。

四 从朝阳实践看超大城市社会治理现代化的基本规律

(一)城市运行的有序可控是超大城市经济发展、社会进步的前提

超大城市社会治理要把握城市发展规律,在推动国家治理现代化过程

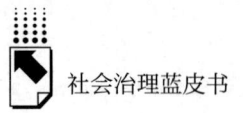

中,认识发展规律是使基层社会治理有效运转起来,保障城市运行的首要因素。

一是从城市发展周期中明确经济发展与社会建设所处的阶段。社会和经济是一枚硬币的正反面,经济发展是社会进步的动力,社会稳定有序为经济发展提供条件。从朝阳区的整体发展情况来看,经济发展与社会建设一直相辅相成,互为助力,朝阳区的经济腾飞为社会建设取得辉煌成果提供了经济基础,一次次社会治理领域的创新都需要经济作为坚实的后盾。同样,社会建设取得的创新成果不断转化成为推进经济转型、促进经济发展提质增效的制度保障,为经济的高质量发展提供了长效、稳定的良好社会环境。在推进基层社会治理体系和治理能力现代化进程中,要立足区域发展所处的阶段,要明确经济发展与社会建设目标,始终坚持统一的价值尺度和统一的科学尺度,在合乎规律性和目的性上方向一致、目的一致、主体一致。进入新时代,中国经济由高速增长阶段转向高质量发展阶段,与此同时社会主要矛盾也发生了深刻变化,朝阳区转变城市发展方式,不断在转型中创新社会治理模式,完善城市治理体系,提高城市治理能力,以"绣花"的精神从细节处入手,关注群众最关心的问题,为民办实事、贴心事,不断筑牢基层社会治理基石。

二是借鉴大城市的发展轨迹,基层社会治理要提前谋划,防患于未然。朝阳区社会建设发展到现阶段,基层社会治理问题不断暴露,社会治理的要素也在不断聚集、丰富,发挥作用,对社会领域要素的探索也在时刻进行,但大多"各自为政",缺少对社会要素集聚现象的整体规划,社会治理不应被发展过程中不断暴露的问题推着走,经济、社会是推动整个区域发展的"脚踏板",在经济发展处于上升期时,社会治理就应提前谋划,地区发展不能单独靠一个方面来支撑,要素不能割裂开来各自发展。对治理的提前探究是对问题产生、原因、解决的整体性研究,是对社会发展过程中一些问题进行的规律性总结,同时也是对解决路径样板式经验的探讨,社会建设发展过程中遇到的问题以及为解决问题所探索出来的路径模式,应该符合社会发展的规律,而并非"头痛医头,脚痛医脚"的碎片化模式。

三是树立以人民为中心的治理理念，不断满足群众在社会治理方面的需求。以人民为中心是党最大的初心，全心全意为人民服务是本职，以人民为中心是原则。习近平总书记反复强调，"知屋漏者在宇下，知政失者在草野"，让群众满意是我们党做好一切工作的价值取向和根本标准，群众意见是一把最好的尺子。朝阳区应坚持以人民为中心的发展思想，着眼于人民日益增长的美好生活需要，不断健全基层服务体系、深化基层民主政治建设。

（二）完善的运行体系和高效的运行方式是超大城市不断发展的重要支撑

从治理理论出发，整个社会的良好运行需要在党的统一领导下，政府、市场、社会相互配合，其配合机制是社会治理的结构性前提，同时又是构建和谐社会的要求。

一是健全基层社会治理体系。习近平总书记指出："国家治理体系和治理能力是一个有机整体，相辅相成，有了好的国家治理体系才能提高治理能力，提高国家治理能力才能充分发挥国家治理体系的效能。"可见，具备完善、稳定、良好的治理体系，是实现治理能力现代化的基础和保证。当前朝阳区的基层社会治理体系构建仍不完善，存在诸多问题，其中最为凸显而又影响重大的就是工作缺乏统筹和联动。虽然各个具体领域、具体方面亮点频出，但这些工作亮点并没有形成一个相互联系、相互交织的网，没有形成社区治理工作的合力。因此，对于下一步社会治理工作的重点来说，要从全区的角度进行统筹谋划，把当前各个方面、各个领域与社会治理相关的人员统筹起来，工作联动起来，资源整合起来，形成一个新型的社会治理网络和社会治理体系。例如，将物业公司和业主委员会纳入社区治理结构，强化社区自治。街道负责具体指导、协调物业管理的有关工作，社区居委会负责指导和监督业主委员会依法开展业主自治管理，物业公司按照"属地管理"原则，加强所在小区的安全、环境卫生及基础设施的维护等工作，提高管理能力和服务水平，形成街道、居委会、业主委员会、物业公司合作协调机制。鼓励驻区单位积极参与社区建设。强化驻区企事业单位参与社区治理的社会责任，鼓励和支持它们参与社区管理和服务，将驻区单位服务社区居民和参与社区治理列入企事业单位社会责任评价体系。培育、发展和壮大社区社会组织。政府一方面消除一切不利于社会组织成长的制度规定和体制机制障碍，为社会组织健康成长发展提供制度保障；另一方面通过政策优惠、场地建设、项目引领、资金扶持、人才培养等多种举措，重点培育和优先发展行业协会商会类、科技类、公益慈善类、社区服务类社会组织，引导社会组织走上规模化、专业化、品牌化、国际化道路，积极参与社区发展和社区服务。

二是完善基层社会治理的运行系统。治理流程简单明确是基层社会治理能力现代化的重要特征，在治理过程中，明确以自治为导向的制度框架是系统的总体框架，明确治理主体间的权责及相互关系，形成规范化、常态化、协同治理、相互配合的现代化运行机制是保障社会治理有效运行的基础。其中，党建在基层社会治理中处在核心地位，基层社会治理要以党建为引领，突出基层党组织在社会治理中的核心作用，充分发挥基层党组织的载体功能，确保基层社会治理的正确方向、整体规划和统筹协调，协调基层党委和政府之间、不同职能部门之间、政府部门和企事业单位之间的治理举措。理顺社区居委会、社区工作站和社区服务中心三者之间的关系，形成社区与社会联动机制。社区居委会注重收集社情民意，加强与居民的沟通联系，监督评价社工站、社会组织和社区服务中心为居民提供服务，引领居民自治管理；社区工作站在社区组织和居民协助下负责行政性服务；社区服务中心在社区居委会领导下开展便民利民服务。创新支持系统建设。基层社会治理的支持系统表现在基层治理创新的工作方法上。"从群众中来，到群众中去"是党的群众路线，当前基层社会治理中出现的诸多问题，都可以通过认真做好群众工作得到改善或解决。因此，将带有质朴情感的群众工作方式方法贯穿到基层社会治理的各项工作中是必不可少的。完善基层治理的监督系统。评估体系既要体现民主、法治、公平、正义、合作、参与、公开、透明、自治等社会治理的重要价值和理念，又要能切实提高公共服务、社会保障、公共安全和社会参与水平，并且具有现实可操作性。具体而言，就是要明确推动科学发展、维护党委政府良好形象、维护群众合法权益的评估目标，坚持不受干扰的"第三方独立运作"的评估方法，健全以党委、政府、社会团体、群众自治组织及大众传媒等为主导的评估主体，统筹经济政治社会全面均衡发展、秩序与活力并存、过程与结果并重的评估内容。

三是充分利用新一代信息技术，创新社会治理方式。基层社会治理需要现代化的治理工具，以块数据平台为支撑，分析基层社会治理类型，打通治理主体、服务管理内容、体制机制之间的关系，创新治理模式，形成数据收集与整理、数据分析与研究、数据决策与指导的闭环系统，构建数据自下而上采集汇总与自上而下指导工作的块数据应用模式。为了加强和创新基层社会治理，认识、尊重、顺应大数据发展规律，立足社区治理能力提高，避免"穿衣戴帽"形式性地发展大数据，应加强顶层设计和统筹协调，以社区管理体制改革为内生动力，以数据开放共享为基础，以数据关联分析为重点，核心是要聚合社区辖区内资源，探索块数据多维治理模式，打造集数据收集、数据诊断、数据决策、数据考评于一体的全流程数据运行模式，通过超前设计和有序推进相结合、政府主导和社会参与相结合、线下工作和线上平台相结合，构建块数据应用体系。

（三）有效化解风险，维护安全稳定是超大城市稳定运行的基石

十九届四中全会提出建设社会治理共同体，确保人民安居乐业、社会安定有序，建设更高水平的平安中国。基层社会治理有维护社会稳定的作用，需要在社会秩序和社会活力之间寻找平衡区间。社会治理能力是对社会各类风险和问题的快速判断和解决能力，集中反映在人民内部矛盾调解、社会治安防控体系、公共安全体制机制以及国家安全体系建设方面。

一是完善正确处理新形势下人民内部矛盾的有效机制。人民内部的多元矛盾调解工作是社会治理体系的重要组成部分，在化解社会矛盾、促进社会公平正义、维护社会稳定方面具有重要作用。朝阳区作为首都中心城区，区域面积大、社会结构多元，各种矛盾呈现类型多元、主体多样、成因复杂等特点。特殊的功能定位、区情特点和人民日益增长的美好生活需要都对多元矛盾调解机制提出了更高要求。因此，要将人民内部矛盾处理当作完善基层

社会治理的重中之重，创新调解机制、畅通调解渠道、整合调解资源、提高调解水平，引导社会各方力量支持和参与矛盾化解，不断拓展非诉讼矛盾化解渠道，形成共治合力，切实维护人民群众合法权益与社会和谐稳定。

二是以人民为中心，健全公共安全体制机制。公共安全是基层社会稳定发展的重要保障，食品药品安全、安全生产、防灾减灾救灾、社会治安防控等都是与群众利益息息相关的重大安全保障。因此要重视公共安全体制机制建设，坚持问题导向，以人民为中心，从群众反映最强烈的问题入手，做到"接诉即办""未诉先办"，及时为群众解决好问题，使影响群众安全感的多发性案件和公共安全事故得到有效防范，提升人民群众安全感和满意度，让社会更加和谐有序。

三是强化国家安全意识，加强法治建设。党的十九届四中全会要求，坚持人民安全、政治安全、国家利益至上有机统一。朝阳区在完善国家安全体系方面需要加大全民普法的力度，培育民众法治信仰，提升民众法治素养，让法律至上和法律面前人人平等的理念，成为社会治理运行的思维模式和运行机制。同时要充分弘扬社会主义核心价值观，让情理法交融的社会运行规则成为可能，为新时代基层社会治理新格局提供保障和支撑。

参考文献

《中共中央关于坚持和完善中国特色社会主义制度、推进国家治理体系和治理能力现代化若干重大问题的决定》，新华网，2019年。

北京市人民政府：《北京市民政局　中共北京市委组织部关于进一步开展社区减负工作的意见》，《北京市人民政府公报》2016年4月。

北京市人民政府：《北京市街道办事处条例》，《北京日报》2019年12月。

邓子纲、贺培育：《论习近平高质量发展观的三个维度》，《湖湘论坛》2019年第1期。

杨宏山、皮定均：《构建无缝隙社会管理系统——基于北京市朝阳区的实证研究》，《中国行政管理》2011年第5期。

万资姿：《新时代坚持和发展中国特色社会主义三题》，《理论导报》2018年第6期。

李祥、孙淑秋:《从碎片化到整体性:我国特大城市社会治理现代化之路》,《湖北社会科学》2018年第1期。

赵孟营:《超大城市治理:国家治理的新时代转向》,《中国特色社会主义研究》2018年第4期。

赖先进:《超大城市整体性治理机制探索》,《前线》2018年第11期。

原珂:《中国特大城市社区冲突与治理研究》,南开大学博士学位论文,2016。

理论报告

Theoretical Reports

B.2 习近平新时代中国特色社会主义思想指引下的社会治理理念定位

摘　要： 党的十八大以来，以习近平同志为核心的党中央提出了一系列关于加快推进社会治理现代化的决策部署。党的十九届四中全会审议通过了《中共中央关于坚持和完善中国特色社会主义制度、推进国家治理体系和治理能力现代化若干重大问题的决定》，为我国创新社会治理、推进社会治理现代化、提高社会治理效能和水平提供了行动遵循，并提出了"市域社会治理现代化"任务。12月3日召开的全国市域社会治理现代化工作会议，进一步明确了推进市域社会治理现代化的总体思路。本文通过运用文献研究法和定性研究法，立足新时代中国社会发展实际，系统梳理了习近平总书记关于社会治理的新理念新思想，进一步深刻把握新时代中国推进社会治理现代化的内涵、特点和规律，

习近平新时代中国特色社会主义思想指引下的社会治理理念定位

以期为基层创新社会治理模式，完善社会治理体制提供理论参考。

关键词： 新时代 社会治理 创新内涵 朝阳实践

一 从社会管理到社会治理：中国社会治理理念的深刻变革

（一）基于治理理论的社会治理概念的基本内涵

社会治理概念是以"治理"的概念为逻辑起点的，中西方治理理论存在着一定的差异性。一方面，治理目标上存在一定的差异性，西方治理理论强调治理目标的一致性，即个人、政府、社会通过治理要实现秩序、效率、公平等多元价值。中国的治理理论强调集体价值的重要性，在供给侧结构方面存在明显的不平衡状态。另一方面，治理主体存在显著差异性，西方治理理论强调治理主体的多元化，且各主体之间存在相互依赖的关系，而中国社会治理强调政府主导作用，政府是推动社会治理和社会进步的主要力量。西方治理理念的引入，拓展了国家和社会关系的分析框架，指出了政府和社会在资源配置中的局限性。治理作为促进公民参与、权责对等的制度模式，推动了现代社会管理模式的变革，打破了政府单一主体的传统权力运行方式，推动形成多元主体参与的社会治理格局，并在法律规定的范围内对社会事务和社会生活进行引导和规范，以更好地应对社会问题，促进社会资源合理配置，实现公共利益最大化的社会发展过程。

（二）中国特色社会主义语境下的社会治理理念

中国的社会治理具有其自身特殊性，不仅表现在概念内涵与西方治理理论的差异上，还表现在治理方式区别于传统的社会管理，是中国特色社会主义语境下的社会治理理念。从中国政府和社会的实践来看，"社会管

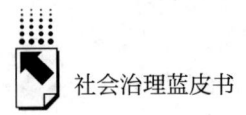

理"和"社会治理"仅一字之差,却代表着党和国家治理方式与治理理念的深刻变革,也是党和国家在深化改革背景下进一步适应转型期社会发展的积极回应。推动社会治理现代化是中国特色社会主义建设的必要内容,需要建立一套关于治理目标、治理主体、治理内容和治理方式的科学体系,不断推动社会治理朝着更加民主化、法治化、规范化和科学化的方向发展。在党的十六大以来中国共产党社会管理实践基础上,中国共产党结合中国发展实际,坚持与时俱进,开拓创新,进一步提出了社会治理命题,以党的十八大为标志,我国进入了推进社会治理现代化的发展新阶段。以社会治理领域创新不断推进社会领域改革开放,社会建设和其他建设协同发展,努力打造现代社会治理新格局,提高治理体系和治理能力现代化水平,正确处理好治理与民生、法治与德治、法治与自治的关系,实现社会治理的和谐有序。

(三)推动社会治理现代化是提升人民群众幸福感的内在要求

随着我国社会主要矛盾的深刻变化,人民群众对政府工作提出了更高的要求,推动社会治理现代化、加快转变政府职能、提高治理效能和服务水平,是新时期提升人民群众幸福感的内在要求。要构建更加成熟完善的社会治理体系,建设更高水平的平安中国;构建现代化社会治理工作布局,把维护国家政治安全作为首位工程,把加强社会治安防控体系建设作为基础性工程,把防范化解社会矛盾风险作为控制性工程,把保障公共安全作为底线性工程;创新社会治理体制,党的领导是中国特色社会主义的最大优势,坚持党的集中统一领导,能够集中力量办大事;加快创新和完善社会治理方式,针对社会主体更加多元化、利益需求更加多样化、问题矛盾更加交叉化等情况,要坚持系统治理和依法治理,要强化综合治理和源头治理,特别是在新一代信息技术蓬勃发展的时代背景下,更需要借助技术手段,实现法治、德治、自治、智治相结合;着力加强社会治理能力建设,如提高群众工作能力和舆论引导能力等,充分发挥社会治理体系效能。

二 习近平新时代中国特色社会主义思想指引下我国社会治理创新的重要着力点

（一）以提高保障和改善民生水平为价值导向，持续推动社会治理创新

推动社会治理创新的最终价值归属是让人民群众得到更多的获得感。特别是在我国社会主要矛盾已经发生深刻变化的大背景下，只有准确把握人民日益增长的美好生活需要和不平衡不充分的发展之间的矛盾这一基本判断，并从这一基本矛盾出发，才能推动社会主义现代化建设不断取得新成绩。关键是要坚持贯彻好党的群众路线，以提高保障和改善民生水平为价值导向持续推动社会治理创新，坚持社会治理为了人民，要积极弘扬党的优良传统，通过多种形式实现与新技术新手段的结合，以技术创新推动社会治理方式和社会治理机制变革。拓展群众参与社会治理模式，充分发挥群众力量，听取群众声音和建议，让群众智慧成为推动社会治理创新源源不断的动力源泉。加强和创新社会治理，是通过改革优化和利益协调，在最大限度和最大范围内保障和改善民生，确保人民群众的根本利益，让改革成果更多更公平地惠及全体人民。在创新社会治理中要补齐民生短板，兜住民生底线，在此基础上，着力解决人民群众最关心最关注的重点问题和难点问题，持续增进民生福祉，切实增强人民群众的获得感和幸福感，确保社会和谐稳定。面对当前我国社会的主要矛盾，要从人民群众现实利益出发积极作为，坚定维护社会公平正义，在创新社会治理中坚持公平正义的正确价值导向，营造公平有序的社会氛围，形成治理合力，从改善民生的角度不断缩小收入差距，完善分配体制，为实现"两个一百年"的奋斗目标奠定坚实基础。

（二）以打造共建共治共享的社会治理共同体为目标定位，不断激发社会活力

2019年10月28日至31日，党的十九届四中全会召开，会议提出"建

设人人有责、人人尽责、人人享有的社会治理共同体",为我国社会治理现代化建设指明了方向。围绕社会治理共同体建设目标,大力促进合作治理、共同治理和自主治理。在这个过程中,要把握好党和政府的关系,进一步强化党的统筹引领作用;要进一步理清政府、市场和个人之间的关系,明确政府权责清单,政府不能越位,社会力量不能缺位,各尽其责;在法治建设和保障方面,要以法治精神为引领,在社会治理中积极运用法治思维、法治方式去解决社会难题,充分发挥法治规范社会主体行为、协调各种利益关系的作用,树立法治权威,不断推动法治国家、法治政府、法治社会一体化建设;要善于运用法治、自治、德治以及科技手段,完善人民内部矛盾处置机制,完善社会治安防控体系,健全公共安全体制机制;在治理手段和方式上,以科技创新驱动社会治理创新,尤其是在全新的"互联网+"和大数据时代,新技术为社会治理智能化提供技术支撑,赋予了信息深度挖掘与多维分析能力,最大限度地降低社会治理成本,提升社会治理质量和精准化水平。

(三)以实现中国特色社会主义现代化战略目标为指引,不断改革完善社会治理体制

要建设和完善与社会主义现代化战略目标相适应的社会治理体制机制,基本形成现代社会治理格局。坚持顶层设计型改革和问题倒逼型改革相结合,以实现中国特色社会主义现代化战略目标为引领,不断改革和完善社会治理体制。必须强调党委领导地位,统筹谋划,充分发挥政府主导作用,明确职责定位,加快转变政府职能,提升治理效能。要建立健全配套的政策法规体系,突出法治建设在推动社会治理现代化过程中的重要保障作用。同时,要因地制宜探索多元共治的社会治理模式,为积极引导公众参与社会治理,推动社会协同共治创造良好的政策条件和社会氛围,全面提升社会治理的专业化水平和法治化水平,打造更加人性化和智慧化的社会治理体系。落实在具体行动层面,要围绕不同领域、不同层面的社会治理问题进行实践探索,围绕与群众切身利益密切相关的痛点问题和难点问题,聚焦社会关注的热点问题和堵点问题,建立健全社会治安防控体系,不断防范和化解社会矛

盾风险，营造良好的公共安全环境。构建自治、法治、德治相结合的社会治理体系，推动实现社会善治。此外，各级政府和各职能部门要积极引导和鼓励公众社会参与，因地制宜结合地区特点开展创新实践，形成一批可复制推广的经典案例，如浙江省"枫桥经验"、北京市"街乡吹哨、部门报到"和"接诉即办"改革等。提高基层群众的自我组织能力，激发多元主体参与社会的共建与共治是当前基层社会治理创新的关键，各级政府和各职能部门应该主动推动治理力量和治理资源下沉，特别是要关注乡村治理和城市社区治理领域的困难和问题，积极培育社会组织力量参与基层社会治理，探索有效的激励机制，为群众组织能力提升提供制度化保障和支持。

三 朝阳区关于推动基层社会治理创新的实践探索

朝阳区地处中心城区，是首都功能的集中承载区，也是北京市典型的城乡结合部地区，可以说是全市社会发展的缩影。朝阳区下辖43个街乡、446个社区，具有丰富的基层社会治理经验和模式。

（一）构建"一轴四网"区域化党建体系和党政群共商共治模式

朝阳区按照北京市《关于加强新时代街道工作的意见》，以党建工作为引领，大力提高城市基层党建工作水平，加强党对基层治理的全面领导。朝阳区构建了"一轴四网"区域化党建体系，统筹推进社会建设和社区治理。朝阳区"一轴四网"区域化党建体系有效地促进了党建引领与社会治理的融合，实现各类社会治理主体的"有利有位有为"，破解了党建和业务两张皮的问题。其中一个具有代表性的成果就是党政群共商共治模式。由麦子店街道探索创建的党政群共商共治模式，核心是将"政府自主决定为群众干什么"转变为"社区各类主体共同协商共同决定"，2013年开始在全部街道推广，建立社区、楼院居民议事厅，并逐步实现地区全覆盖。2015年9月，召开街道系统党政群共商共治工作推进会，区社会办总结2015年党政群共商共治工作开展情况。党政群共商共治模式具有一套包含集、议、办、督、

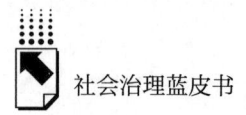

评五大阶段的较为完整的闭环式工作程序,"集"是指通过入户征集、媒体征集、网络征集等形式自下而上听民需、知民情,让居民的建议传达到街道、区政府,形成建议案;"议"是指对有效建议案进行分类,召开专题会议,经过会上讨论可完成性、可实施性,最终形成实施方案书;"办"是指链接社会单位、政府机关、居民等资源,进行办理;"督"是指街道科室、社区党委、楼院负责人等主体就共商共治工程接受各级议事代表的监督与问责;"评"是指针对项目办理情况开展群众满意度测评。

朝阳区全区以自然小区、楼院、楼栋等为单元划分成1607个网格。支部书记任网格长,支部委员、党员、楼门组长、片区民警为网格员,在社区党组织统一领导下,做好政策宣传、动员群众、引领治理等工作,党的领导核心轴一通到底。在党政群共商共治模式下,通过集中协商议事,切实帮助基层群众解难题办实事,大幅度提高了群众的获得感和满意度。2016年,朝阳区全面深化社会治理体制改革,形成"1+8+X"的社会治理体制改革架构,制定出台《关于深化朝阳区社会治理体制改革的实施意见》《关于深化朝阳区社区管理体制改革的实施意见》等系列文件,进一步聚焦"加强共商共治、构建协作式社区",在创新理念、固化机制、党政群共商共治、社区分类治理、公共服务综合信息平台和社工队伍建设等方面不断取得新成效。

(二)深化"街乡吹哨、部门报到"机制,推动力量下沉和服务前置

2018年,北京市把"街乡吹哨、部门报到"改革作为"1号改革课题"来推动,全市16个区全部启动党建引领"街乡吹哨、部门报到"改革,着力形成到基层一线解决问题的导向,打通抓落实的"最后一公里"。2018年3月12日,朝阳区召开"街乡吹哨、部门报到"实施方案工作专题会,为制定具体改革方案奠定了基础,确保改革在朝阳区精准落地。朝阳区从党的领导、队伍建设、社区减负、街乡共治、保障机制等方面着手,系统部署了"街乡吹哨、部门报到"的具体工作方案,赋予街乡更多自主权,强化街乡统筹职能。朝阳区把"吹哨报到"作为新形势

下探索特大城市治理体系和治理能力现代化的一项重大改革重点，进一步理顺条块关系、依法确权、科学行权，坚持责任化、流程化、科学化标准，构建权力优化、条块联动的责任链条，实现党建统领更加强化、条块关系更加清晰、协同联动更加科学、基层力量更加充实、服务管理更加精细。朝阳区结合具体实际，探索"街乡吹哨、部门报到"工作模式，创新推出"社区吹哨、科室报到""支部吹哨、党员报到"，注重发挥社区、驻区单位、物业公司等主体作用，推动"社区吹哨、社会力量报到"。结合街乡体制改革，进一步细化新机制的运营规则，按区、街乡、社区三级确定吹哨级别，明确了各级新的权责清单、职责清单、专项清单、考评清单，下一层级解决不了的问题，要及时将责任向上一级传递，形成层次清晰、逐级负责、衔接顺畅、目标与结果相统一的责任链条，涌现出安贞街道"七步工作法"等试点模式。

（三）以技术应用推动社会治理模式创新，提升社会治理精细化水平

朝阳区主动顺应信息化和数字化发展潮流，推动"互联网+"社会治理模式，打造了全模式社会服务管理系统和二级闭环系统。2005年7月，朝阳区借鉴东城区经验，开始建设网格化城市管理系统。2007年，以服务保障奥运为契机，将城区"门前三包"单位与物业公司纳入网格化管理，后又逐步将消防安全、食品安全、人口管理、社会保障等纳入系统。2010年7月，作为北京市社会服务管理创新的试点，在总结网格化城市管理工作的基础上，开始构建全模式社会服务管理系统。目前，这一系统基本上涵盖了社会服务管理领域的各项内容。2015年，参照区级模式，在街乡启动二级闭环系统建设。二级闭环系统是一个闭环工作流程，以区监督中心为轴心，按照问题上报、案件受理核实、任务派遣、任务处置、反馈核查、监督评价等六个步骤推进，逐步形成了街乡自我发现并解决问题与区级网格监督、考核评价相结合的分级分类管理、上下联动运行机制，有效解决了社区治理过程中"情况不明"和"信息孤岛"障碍，把矛盾化解在萌芽状态，把问题解决在基层社区。以双井街道"13社区"为例，2011年开始，双井

街道探索通过"互联网+"手段，打造线上线下紧密互动的虚拟公共平台，即"13社区"（双井街道共有12个社区），通过微信公众号、微博、社区报、社区网等平台，打造融媒体矩阵宣传展示双井地区发展和党政工作，居民通过微信公众号的"随手拍"应用程序即可随时向双井街道"城市治理管家"反馈问题，再由街道或社区派人解决，激发社会各界热爱双井、奉献双井、主动参与建设双井的热情，极大地提升了办事效率，使社区治理实现了转型升级。

（四）多元社会力量激发社会活力，推动社会治理社会化发展

居民、企业和社会组织等多元主体全面参与社会治理。在动员居民方面，推出"社区创享计划"，居民可针对社区亟须解决的问题进行提案，并在社区"创享大赛"中进行陈述答辩，成熟的提案将得到社区的经费补助和专业辅导，之后由居民自己组建团队推进解决。推出"志愿服务计划"，建立了社会志愿者公益储蓄中心O2O志愿服务模式，对志愿者进行星级认定，打造了朝阳区"十大星级志愿者"名片。在动员社会组织方面，打造了"一中心、多基地、N空间"的运行模式，"一中心"指区级社会动员中心，"多基地"指全部街乡均建有社会组织服务基地，"N空间"指朝阳区在165个社区打造了社区公益空间。充分发挥社会组织参与社会治理的功能，提高社区治理的组织化和专业化程度。在动员企业方面，采用"共治共建共管共享"的模式，充分发挥企业在社会治理、城市建设等方面的积极作用，变"政府一家治理，单打独斗"的旧格局为"政府主导，社会共建"的新方式。朝阳区以社区为资源配置平台，以社会组织为组织载体，以社会工作人才队伍为专业支撑，探索了老旧小区"准物业管理"模式、商品房小区"五方共治"模式、保障房小区"三社联动"模式，通过引入专业物业服务，实现了老旧小区管理的专业化。探索了"全要素"小区建设模式，搭建社区、业委会、物业、社区居民以及社会单位（组织）五方协商议事平台，协商解决小区发展面临的难题，形成了"三社"资源共享、优势互补、相互促进的良好格局。

四 以习近平新时代中国特色社会主义思想指导引领朝阳社会治理创新

（一）坚持发挥党的统筹引领作用，实现社会治理的高效协同

"党政军民学，东西南北中，党是领导一切的"，朝阳区要始终把党的领导放在首位，强化政治引领，推动建成党委统一领导、各方分工负责、公众积极参与的领导体系和工作机制。把党的领导贯穿于社会治理的全过程，围绕区域发展的重大战略问题和群众关心关注的重点难点问题，做好党政群协商共治工作。持续深化"街乡吹哨、部门报到"机制，进一步完善条块关系，加强资源整合和部门协同，不断推动社会治理重心下移，帮助基层减负，解决打通服务"最后一公里"问题。要进一步明确政府在社会治理中的职责，理清政府与市场、社会的关系，实现政府治理和社会调节、居民自治良性互动，为多元主体发挥作用提供更多空间，让各主体各司其职，协同共治。

（二）夯实基层社会治理的法治保障，筑牢基层社会安全底线

法治是社会治理的基本手段，朝阳区应自觉将权力纳入法治轨道，发挥好法治在基层社会治理中的保障作用，保障法治思想和法治实践在基层有正确的遵循。要坚持人民代表大会制度，依法保障公众参与社会治理权的实现；要持续深化行政执法体制改革，健全依法决策机制，设置权力清单、责任清单和负面清单，做到"法定职责必须为，法无授权不可为"；要大力推进法治政府建设，加快转变政府职能；要建立健全行政监督制度，全面推进政务公开，畅通群众诉求表达渠道，依法给予和保障人民群众获取信息、参与监督、开展评价的权力和渠道；要持续完善人民矛盾纠纷化解体系，创建多元平台和机制，积极引入第三方专业机构力量，推动构建社会矛盾纠纷多元预防调处化解体系，不断满足新形势下人民对纠纷解决方式的多元需求；在网格化管理基础上，完善社会治安防控体系，建立公共安全体制；加大政

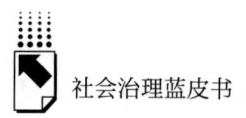

府法律服务供给，加快建成以实体、热线和网络三大平台为主体的公共法律服务体系，最大限度地满足群众法律服务需要；加强法治宣传教育工作，保障社会法治的规范合法，营造积极良好的法治环境，使法治成为全社会的价值共识和生活方式。

（三）扩大社会组织参与社会治理的有效空间，激发社会发展活力

社会组织是参与社会治理的重要力量之一，能够培养公众合作参与意识，提高公民责任素质；社会组织在政府的引导和扶植下承接政府的部分职能，能够有效地补充政府在社会治理领域的空白。

推动社会组织发展，要加强和重视社会组织自身建设，建立健全社会组织内部管理机制，通过规范的制度性约束推动社会组织健康有序运行。朝阳区要合理划分政府行政管理与社会治理的权责边界，按照"权力下放、资金下拨、服务下沉""权随责走、费随事转"两项原则，把没有时间管、管不好、管不了的事务性和服务性工作交给社会组织，完善政府购买社会组织服务机制，采用项目制运作模式，开发创新型、集中型、便民型的民生服务项目，实现以项目带动投资，不断扩大社会组织服务覆盖范围，推动形成一批具有朝阳特色和地区影响力的社会组织服务品牌。

要从民需民生和社会发展角度出发，积极培育和发展社会组织力量。一方面，要不断加大对社会组织的扶持力度，在准入门槛、规范引导、管理监督、资金支持等方面进一步加强政策引导和支持；另一方面，要研究和制定政府向社会组织转移职能的政策文件，梳理转移事项，建立与之配套的指导目录、管理办法，健全动态调整机制、信息公示制度以及向社会组织购买公共服务的制度，为社会组织更加积极有序地参与社会治理提供更大空间。

（四）完善以群众评价为导向的监督考核机制，提升社会治理效能

社会治理工作开展得好不好，群众最有发言权，在服务型建设目标指引

下,朝阳区社会治理工作要更加聚焦事关民生的重点、难点和堵点问题,重视群众体验度和满意度,建立和完善以群众评价为导向的监督考核机制,充分发挥监督制度的规范和约束功能,将其转化为社会治理效能。在综合利用党内监督、政府自我监督、民主监督、司法监督、群众监督、舆论监督的基础上,要更加强调监督的有效性。要进一步畅通群众利益诉求表达渠道,建立完善多元化民意表达机制,通过各种方式,在各个层级、各个方面同群众协商涉及群众切身利益的重大问题和决策,要充分听取群众意见;进一步完善基层监督工作例会制度、社情民意收集制度、述职评价制度、责任追究制度等,推动基层监督工作规范化、制度化开展;深入群众开展基层调研,强化政府"一把手"到基层、走流程、解难题的机制,注重治理过程中的意见反馈,及时调整和优化既有决策,形成自上而下和自下而上监督的有机结合;积极运用大数据、云计算等监督手段,健全完善信息汇集分析和矛盾排查调处机制,利用信息共享机制对基层社会治理中存在的苗头性、倾向性问题做到早发现、早整改,同时,建立重大决策社会稳定风险评估机制,提升风险预防和研判能力;推进 12345 政府服务热线整合,进一步开通门户网站、微信公众号、手机 App 等的监督评价功能,实现与群众沟通的"零距离";在政务服务领域,率先建立"朝我说"意见征询专区,实施群众"好差评"制度,以群众评价权倒逼政府职能转变,推动"接诉即办"向"未诉先办"转变,实现服务前置一公里。

(五)推动治理新科技在社会治理中的深度应用,提升社会治理效能

在数字化时代,要推进政府决策科学化、社会治理精细化、公共服务高效化,就必须突出技术手段在社会治理中的应用,特别是人工智能、互联网、区块链等新一代信息技术的发展,为社会治理智能化提供了基础技术支撑。朝阳区要主动顺应科技发展潮流,提升社会治理的信息化建设水平,提升社会治理效能。充分发挥融媒体的传播力和影响力,增强政府公信力。充分运用大数据等治理新科技,深度分析和挖掘信息价值,提升对社会综合治

理领域重点问题的预警、预判与预应能力，提高综合治理的质量与效率。要加强信息技术手段在社会治理实践中的嵌入式应用，依托现代化技术工具提升社会治理专业化水平的同时，更好地为群众参与提供更多便捷性渠道，充分发挥群众智慧和力量，依托和运用好大数据、人工智能、区块链等新一代信息技术，创新治理手段，提升群众参与程度，更好地把数据治理效能转化为社会治理效能，推动科技在服务民生、社会安全、灾害预测、应急管理等领域的应用。此外，要重视数据的分析应用，加强对重点人群、重点地区和重点问题的监控，提升社会治理的智慧化、精细化和精准化水平，确保社会的长治久安。

参考文献

周祝文：《新媒体时代如何做好基层宣传思想工作》，《学习月刊》2015年第3期。

乔红兵：《新时期基层政府宣传工作与媒体运作双赢研究》，《新闻研究导刊》2015年第8期。

《习近平新闻舆论工作创新论探析》，《中国记者》2016年3月10日。

《习近平谈治国理政》，外文出版社，2014。

中共中央宣传部：《习近平总书记系列重要讲话读本》，学习出版社、人民出版社，2016。

B.3
科技创新城市基层社会治理模式的理论分析

摘　要： 随着新一代信息技术革命浪潮的加速到来，技术治理成为城市基层社会治理的典型特征和重要方向。为此，党的十九届四中全会提出了科技支撑社会治理体系的新要求。抓住新机遇、落实新要求，需要从理论上进一步把握技术治理的深刻内涵、城市基层社会转型的基本方向、技术治理的内在逻辑。以大数据、区块链、人工智能等新技术创新城市基层社会治理，必须跨越技术治理的陷阱，让治理成果公平地惠及全体人民。

关键词： 技术治理　化约主义　以链治数　内卷化

一　研究背景和意义

（一）研究背景

一是城市基层社会治理主体多元化，治理问题日趋复杂化，科技成为破解难题和创新社会治理的重要支撑。改革开放以来，有别于乡村，城市基层社会结构基本实现从"总体性社会"向"个体化社会"的过渡，城市基层社会治理主体由当初的国家、单位和单位人逐步细化和扩展为党委、街道办事处（政府派出机构）、居民委员会、社会组织和常住人口，呈现多元主体共同参与的局面。在此背景下，加之经济结构深刻变革、社会主要矛盾深刻变化、利益格局发生重大调整和各主体诉求日益多样化，城市基层社会治理问题日趋复杂化。面对新形势，十九届四中全会提出："社会治理是国家治理的重要方面，必须加强和创新社会治理，完善党委领导、政府负责、民主协商、社会协同、公众参与、法治保障、科技支撑的社会治理体系，建设人人有责、人人尽责、人人享有的社会治理共同体。"在十九大的基础上，通过两年的实践和探索，四中全会发展了十九大的理论成果，把民主协商和科技支撑纳入社会治理中来，寄希望于科技破解各类难题，为社会治理注入活力。

二是新一代信息技术为创新社会治理提供技术自信。自人类工业化以来，科学技术就为社会治理打开了一扇大门。从我国来看，21世纪以来，随着互联网的发展，网格化治理等科技支撑下的社会治理逐步成为城市基层社会治理的重要形式。近年来，在移动互联网、大数据、云计算等新技术的支持下，又诞生了以北京为代表的"12345热线治理"、以上海为代表的"社区通治理"、以杭州为代表的"'城市大脑'治理"等新模式。未来，随着大数据、区块链和人工智能等新一代信息技术的发展与成熟，科技将为各地创新社会治理提供足够的技术自信。

（二）研究意义

一是开拓技术治理新境界。广义上，技术治理是国家和社会治理理性化过程中的一种整体化运行逻辑，是依靠理性化技术的治理模式，最终目标是实现科学管理国家和社会。狭义上，技术治理就是将科学技术应用到社会治理中，也就是将技术嵌入社会治理。所以，从本质上说，以治理科技创新城市基层社会治理新模式，是技术治理在城市基层的具体体现，属于技术治理的范畴。对此进行理论探讨，发展改良的技术治理主义，开拓技术治理新境界，对于后工业化的中国而言，具有重要的意义。

二是为科技创新城市基层社会治理提供理论指导和路径支持。近年来，技术治理已经成为各大城市基层社会治理的主要特征和重要趋势。在网格化治理、网上信访、智慧社区、12345热线等方面，各地均展开了积极的探索。但是，在解决实际问题的同时，城市管理者和基层治理者对于技术治理内在逻辑的认识尚待加强，对于技术治理要解决的问题和产生的陷阱缺乏客观认识。加强理论探讨，为其提供理论指导和路径支持，是现实的需要。

三是加强技术治理研究，有助于夯实党在城市的执政基础。当前，我国正处在"总体性社会"的末期，"三供一业"的剥离将促进单位社会性职能剥离，退出城市基层社会治理的主舞台；同时，又处在"个体化社会"发展和治理的初期，科层化治理成为城市基层社会治理的主要手段。但是，不管是单位制还是如今过度行政化的街居制和社区制，都代表着国家权力自上而下的单向传递。因此，有必要加强技术治理研究，借助区块链等新型改良技术，加强国家和社会在城市基层的双向互动，提升合法性和动员能力，夯实党在城市的执政基础。

四是开展新技术创新社会治理模式研究，有利于加快国家治理体系和治理能力现代化进程。技术治理通过将社会问题转化为技术问题，并为城市基层社会治理渐进式改革提供一套完整的控制性机制，降低了城市基层社会治理的运行成本和改革门槛。加强区块链等新技术创新社会治理模式的研究，有利于加快城市基层社会治理体系改革，助力国家治理体系和治理能力现代化。

二 文献综述

技术治理可分为技术治理思想的诞生、技术治理主义的产生和发展、技术治理主义中国化三个阶段。整个过程而言，是广义技术治理向狭义技术治理的过渡。

一是技术治理思想的诞生。技术治理思想诞生可追溯到古希腊，柏拉图和亚里士多德均坚持依理性来治理城邦，建立一个"真理城邦"。在技术治理下，构建"真理城邦"的现代形式即"科学城邦"，主张社会运行理性化尤其是政治活动科学化。例如，英国哲学家弗朗西斯·培根在《论实业制度》中提出，用工业化和科学化来改造社会，把政治权力交给实业家和科学家。

二是技术治理主义的产生和发展。欧美经历两次工业革命洗礼，在19世纪和20世纪之交时，技术治理主义在美国诞生。核心观点包括科学管理和专家政治两点，即用科学原理和技术方法来治理社会，由接受了系统的现代自然科学技术教育的专家来掌握政治权力。主要代表人物包括美国经济学家凡勃伦、思想家贝拉米、管理学家弗雷德里克·泰勒等。到20世纪30、40年代，技术治理主义在美国引发了技术治理运动，极大地宣传了技术治理思想。在该时期，还出现了一批技术治理主义理论家，如奥地利哲学家纽拉特、美国经济学家加尔布雷斯、政治学家布热津斯基、社会学家丹尼尔·贝尔、未来学家奈斯比特和托夫勒等人，著名的理论包括：弗雷德里克·泰勒的"科学管理"理论、纽拉特的"统一科学"理论、丹尼尔·贝尔的"能者统治"理论等。到20世纪后半期，对技术治理主义的批评逐渐增多，且批评焦点集中于专家政治。

三是技术治理主义中国化。技术治理主义中国化，本质上是技术治理主义在中国的改良。20世纪30、40年代，受美国技术治理运动一定程度的影响，政府吸纳了一定数量的技术型官僚。新中国成立至今，技术官员也逐渐增多，并占据重要的地位。21世纪，在专家治国的基础上，随着科教兴国战略的实施和科学技术的发展，特别是互联网、大数据、区块链和人工智能技术的日益成熟，技术治理主义在中国的改良逐渐演变成狭义的技术治理，即以科学技术促进当代社会治理。例如，西南大学政治与公共管理学院讲师张福磊和山东大学政治学与公共管理学院教授曹现强认为，"在从'总体性社会'向'分化性社会'的转型中，'技术治理'已成为推动城市基层社会建设的根本机制和创新基层社会治理的深层实践逻辑。"但是，近年来，技术治理存在一系列的悖论成为中国学界共识。如上海交通大学国际与公共事务学院、公共政策与治理创新研究中心研究人员彭亚平指出，"国家通过技术之眼观察社会图像时，它看到的可能是自己的倒影。"海南师范大学马克思主义学院副教授张现洪也认为，"目前各地所展示的技术治理可能带有治理现代化的征兆和部分特征，但肯定不能代表治理现代化的精神。"

三 城市基层社会治理的二次转型

（一）从"总体支配"到"技术治理"

新中国成立后，我国逐步建立了国家、市场、社会三位一体，经济、社会和文化高度重叠，但结构分化程度很低的"总体性社会"。"总体性社会"以政治整合代替社会整合，构建了组织化特征明显的单位制，解决了当时面临的政治整合和社会整合机制失效的难题。此时，社会建设依赖于国家政权体系，社会管理是总体支配性的，单位制构成了总体支配型治理的制度基础。在以单位制为主、街居制为辅的城市基层治理体系下，国家将城市居民划分为"单位人"和"无单位人"。单位人纳入单位制体系，形成"国家—单位—个人"的社会治理主线；"无单位人"划入街居制体系，构成"国家—街居制—个人"的社会治理辅线。

改革开放后，我国社会结构发生第一次重大转变，社会治理实现从"总体支配"到"技术治理"的转变。社会结构的变化，主要表现为"总体性社会"逐步向"个体化社会"转型，也就是国家、市场和社会相互分离开来，相对独立运行。改革初期，随着市场化的发展和人口的快速流动，社会矛盾和社会问题加速涌现，逐渐剥离社会功能的单位制，无法满足社会治理的需要。在这背景下，街居制从辅助位置走上主位。街道办事处作为区级政府的派出机关，居民委员会作为居民自治组织，促进国家与个人之间的社会联结。此后，街道办事处和居民委员会承担着越来越多的行政性事务，逐步演变成为国家在城市基层的治理主体，城市社区也成为国家与社会和个人联结的主要区域。进入新世纪后，为加强城市基层社会治理的社会力量，社区制在街居制的基础上，逐步建立并完善起来。由此，城市基层社会治理基本实现从"总体支配"到科层化下的技术治理转变。

技术治理观念下，街道办事处、居民委员会等行政末梢越来越重视数字化、理性化和科层化的治理机制和治理工具，通过不断改进程序和采用精细

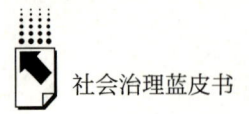

化技术来提升治理的有效性。随着基层政府对技术治理的关注，城市基层社会治理中也出现了网格化治理等新型技术治理实践。

（二）从"技术治理"到"双向治理"

在压力型体制下，为应对复杂多变的社会问题，预防各类可能出现的社会风险，通过技术治理实现理性化治理，逐步成为城市基层社会治理的主导逻辑。但是，技术治理仍存在权力单项传递双向互动不足，化约主义下可能出现行政空转等弊端。

迈克尔·曼将国家政治权力区分为专断性权力和基础性权力。在第一次城市基层社会治理转型过程中，国家专断性权力从社会治理中回退，力图通过增加国家与个人在基层社会的双向互动，培育和提升国家的基础性权力，进而提升执政党的合法性。但是，当居民委员会演变成为国家在社会中的"行政细胞"，行政化趋势下的城市社区出现了双向互动难的问题。从单位人到户籍人再到常住人口，个人参与城市基层社会治理的频率逐步降低。与此同时，当前的技术治理逻辑下，"数字游戏"带来的行政空转问题无法得到合理解决，最终难以从根本上摆脱单向治理的困境。因此，需要借助区块链等新一代信息技术，促进城市基层社会治理从技术治理向双向治理转型。

四 技术治理的内在逻辑

从古希腊"真理城邦"到21世纪的数字城市，都饱含了城市治理者对于技术治理的期待。在这样的期待背后，我们有必要深究狭义的技术治理，即科技创新城市基层社会治理新模式的内在逻辑。

（一）化约主义

技术治理的首要逻辑是化约主义，旨在将复杂的社会问题化约为技术问题，并通过有效的治理科技寻求解决方案。所谓化约主义，就是一种认为世界的本质在于简单的哲学思想。复杂的问题经过化约，可以变成可理解、描述和解决的简单问题。在城市基层社会治理中，化约主义逻辑不仅为技术治理提供了基本认识论，而且为解决城市治理难题提供了方法论，成为城市基层社会技术治理的行动哲学。

进一步的，技术治理的化约主义逻辑，是将整体的、复杂的社会问题转化为单个的、简单的、可行的技术问题，从而实现科学治理和有效治理。具体而言，城市基层社会技术治理，是将政治、社会问题与事务转化为科层化问题和技术问题，大幅降低问题的复杂性，提高城市基层社会治理的效率。

（二）降低成本

如果化约主义是技术治理的逻辑起点，那么降低成本则是技术治理的逻辑终点。也就是说，技术治理最终要实现的，是城市基层社会治理成本，包括机会成本的降低。

从政府内部看，即使新一轮机构改革，在某种程度上，通过合并同类项，解决了部门之间的壁垒问题，但是信息不互通、信息不对称等带来的城市基层社会治理不便，始终存在。通过治理科技打通政府内部横向各部门之间、纵向各级政府间的信息互通桥梁，是技术治理降低成本的重要方面。

从行政管理和居民自治的博弈场——城市社区来看，改革开放到今天，城市社区社会结构大幅改变，单位人、户籍人口和外来人口相互交织，多元主体共治，主体诉求多样化，社区治理碎片化日益严重，通过治理科技来整合城市基层各类资源、事务，协调各方权责和利益，促进社区有序、规范运行，降低社区治理成本，是技术治理又一个重要逻辑。

（三）工具理性

城市基层的技术治理，本质上是工具理性，注重的是治理效率，而非价值理性——公平正义。技术治理通过流程再造，明确各方权责，构建程序化和理性化的治理模式，实现治理和社会运行理性化。

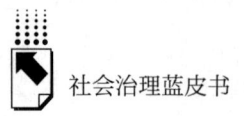

社会治理蓝皮书

（四）防范风险

防范风险主要包括两个方面。其一，城市基层管理者，通过化约的技术治理模式，有效地将社会风险转换为技术风险，并对其进行常态化监测、系统性化解，促进社会稳定。其二，通过量化指标引导，解决各级政府之间、各级部门之间相互推诿或行政执行偏差的问题。

总而言之，技术治理的内在逻辑，就是通过创新治理工具，重塑治理边界，改善治理结构，改革治理方式，增强治理执行力，提升治理效能。

五　科技创新城市基层社会治理的三大模式

（一）大数据技术下的互通共享模式

在传统的城市基层社会治理中，受管理模式和组织架构的影响，跨部门、跨层级、跨区域的数据共享始终难以实现。与此同时，我国约80%的数据资源掌握在政府部门，撬动政府数据治理是提升城市基层社会治理效率的重要前提。

着眼于数据流通、共享和治理，我国已产生诸多成熟的大数据治理模式，归纳起来，就是"四个一"互通共享模式。

第一个"一"是成立一个数据管理部门，实现对数据治理的统筹。例如，全国各省区市基本建立了大数据管理局。第二个"一"是建立统一平台，实现数据的归集，形成数据库。例如，浙江推进"最多跑一次"改革，建立统一的云平台、政务中台、大数据平台，打破信息孤岛和条块分割，实现了部门之间的数据共享和一网通办。第三个"一"是构建一套机制，即"用数据说话、用数据管理、用数据决策、用数据创新"的治理机制，实现社会问题和公共事务事前预防与高效处置。第四个"一"是形成一张网，构建三维数字城市，实现城市基层社会治理可预演、可控制。具体而言，就是通过大数据中心这一重要枢纽，将城市的地理信息大数据、政府服务数据、社会综合治理数据等数据子集融合起来,构建三维立体可模型、可交互运行的数字孪生城市。例如,杭州城市大脑构建了一个城市运行的神经中枢,通过物联网技术实现立体感知、互联网技术实现数据实时传输、云计算技术实现数据规模化处理以及智能化调度和预警,最终推动城市治理的高效化,助力基层社会治理精细化。

(二)区块链技术下"以链治数"的互信监管模式

当前,除了技术本身,技术治理面临最大的难题,就是弥补技术治理的单向性,加强国家与社会、国家与个人在城市基层的双向互动,增强国家的基础性权力。在这之中,双向互动有两个重要前提——积极主动和相互信任。

提高各方参与城市基层社会治理的积极性,关键在于满足各方的权力和利益诉求。也即是说,要适当向基层放权和让利。事实上,诸多城市已采取了行动。例如,通过在社区建立服务站,实行一站多区等改革,剥离居民委员会的行政职能,让居民委员会回归到基层自治的"初心";由街道采取政府购买服务的形式,向社会组织让利,在固定形式上加强国家与社会的互动。但是,在放权和让利的过程中,需要对权力和利益进行监督。与此同时,解决基层各方的相互信任问题,特别是居民对居民委员会和街道办事处的信任,其关键在于权力施行的规范性和利益分配的公平性。诚然,这也是传统技术治理工具理性上存在的缺陷。但是,区块链技术的诞生,为解决这些问题提供了重大的契机。区块链技术凭借分布式账本、不可篡改、智能合约等特征,可以在诉求多样化的城市基层中,实现对权力和利益的合理监督,成为弥补技术治理缺陷和破解城市基层社会治理难题的一把"秘钥"。

在具体的形式上,区块链创新城市基层社会治理模式可以分为三步走。第一步,谋划建立市域统筹、区级建设、街道节点开发和试点的区块链平台,选取城市基层社会治理中的重大政治和民生事项,将换届选举、低保金发放等纳入其中,通过开发公钥,接受各级政府、居民委员会和社会组织代表监督。第二步，拓展区块链在城市基层社会治理中的应用面，将重大民生工程立项审批、消防安全检查、医疗保障等关系人民群众获得感的事项，接入区块链监管平台。第三步，整合大数据中心数据，推进大数据关键领域数据上链，实现"以链治数"，推动大数据治理与区块链治理的双向互动。最终，实现区块链治理覆盖。

（三）人工智能技术下"三术合一"的深度服务模式

党的十八大以来，我国基本实现了从社会管理到社会治理的转变，体现了城市基层社会治理实现从管理思维向服务思维的过渡。建设服务型社区、服务型城市和服务型社会，需要提高服务的精准度和及时性，这也是技术治理下工具理性实现有效治理的内在要求。

在具体的实现路径上，要促进"三术合一"，实现大数据、区块链、人工智能技术的相互链接和耦合，打造技术治理语境下"三术治理"新模式。在探索中，可结合大数据治理"四个一"和区块链互信监管试点进程，按照成熟一个领域、推行一个领域的原则，逐步实现城市基层社会治理各方面的智能化。最终，要实现将城市搬上大数据平台成为孪生城市，要将孪生城市上链实现"以链治数"，要推动人工智能在"以链治数"孪生城市中实现深度智能化服务——包括信息实时共享、需求和资源精准对接、风险实时监测和预警、突发事故及时性处理等。

六 跨越技术治理的四大陷阱

（一）传统城市基层社会治理精英边缘化

科层化技术治理面临着技术专家困境。一方面，要推动大规模的技术治理，要求各科层管理者具有良好的科学技术背景。这要求自下而上地契合制度设计而非自上而下地嵌入社会，它是切割现实的。另一方面，传统城市基层社会治理精英，多是长期居住在基层、了解社区具体情况的能人或年纪居长的贤者,但是缺乏技术背景。面对困境,实践中常常出现技术治理先行地区逐步淘汰传统社会治理精英或是令其边缘化的现象。从某种程度上来讲,这是技术治理理性带来的一大陷阱。城市基层社会治理最终要反馈国家与社会和个人的互动,落脚点依旧是人。因此,要坚持以人民为中心的发展思想,促进技术之治与人文之治相互补充、相得益彰,跨越传统城市基层社会治理精英边缘化的陷阱。

(二)数字游戏助推城市基层社会治理内卷化

内卷化是指一个系统发展到一定阶段后,由于向外扩张受到制约,进而转向通过内部复杂化、精细化来维持原有运作机制,缺乏创新并逐渐丧失活力,进入没有实质增长的状态。在技术治理过程中,由于经历了化约主义,被简化和分化了的复杂问题,容易产生误差,一旦积累到一定的程度,甚至会出现结果与预期完全相反的情况。

就城市基层社会治理的实践经验来看,尽管不少技术已经运用到实践中,但社区行政化和居民自治乏力的现状并未得到改善。进一步说,各种机制的设立在城市基层层层叠加,使得总体控制机制改革变得寸步难移,"改而不变""穿衣戴帽"的现象随处可见,致使问题更加复杂化。还值得注意的是,技术治理下通常涉及各类量化任务、指标和数据,基层治理者常常疲于"对标对表""填表报数据",最终演变成"形式创新""文本创新"。这种数字游戏的直接后果,就是城市基层行政空转,无助于基层治理的进步。犹如"点蚊香"一样,使得城市基层社会治理陷入了内卷化状态。

跨越这个陷阱,需要在技术治理探索中,实现数据一次采集、一次入库,多方多级多次使用。指标的设计、量化过程要坚持实事求是,不可忽略社会问题的复杂性,避免让技术治理沦为数字游戏。

(三)城市基层社会治理变成"诉求人群"治理

以12345热线治理为例,技术治理中的信息输入方,即治理问题的提出方，是相关利益和诉求的攸关者，我们可以将其简称为"诉求人群"。在类似的技术治理中，反映技术治理效率和评价治理者水平的，通常是投诉者的满意度评价，并将此作为上级政府对基层治理者的考评依据。但是，技术之治下，城市基层社会治理的相关方，应该是面向基层的所有群众，评价主体也理应是所有群众。

在城市基层治理的三角关系中，诉求人群和上级政府占据绝对优势地位，作为治理主体的居民委员会或街道办事处，成为弱势方。长此以往，会出现治理主体为了秩序（不出事），对"诉求人群"做出"非理性"让步，最后破坏了基层治理的基本原则。跨越这个陷阱，要求技术治理考核过程中合理确定满意度评价的权重，避免使用满意度一票否决等武断形式。同时，要把一部分评价权力交到技术系统之外的群众手中。

（四）技术壁垒高企割裂城市基层社会治理

新技术是不断更新迭代的，在给城市基层社会治理带来机遇的同时，也埋下了技术治理的隐患。即不同层级、不同部门间开发各种各样的技术治理平台，但平台间难以衔接，相关数据无法有效融合，成为一条条匍匐在城市治理中的沟壑，割裂了城市内的有机联系，长期而言，阻碍了城市基层社会治理的改革和提质增效。为此，在技术治理中，要加大市域和区级政府在技术开发方案上的统筹力度，特别是在相关数据指标、平台的构建中，要兼顾大局，为后期的数据共享、技术融合留下一个窗口。

当前，技术治理已成为城市基层社会治理的典型特征和重要方向。进入新时代，新一代信息技术浪潮加快到来，为创新城市基层社会治理提供了丰富的技术资源，带来了前所未有的机遇。抢抓机遇，需要重点把握技术治理的深刻内涵、城市基层社会转型的方向、技术治理的内在逻辑，以大数据、区块链、人工智能等新技术创新城市基层社会治理，打造互通共享模式、互信监管模式和深度服务模式。同时，要坚持以人民为中心的发展思想，力争跨越技术治理的四大陷阱，将改革发展的成果公平地惠及全体人民。

参考文献

《关于中共中央坚持和完善中国特色社会主义制度、推进国家治理体系和治理能力现代化若干重大问题的决定》，新华网，http://www.qstheory.cn/zt2019/19j4zqh/index.htm，2019年。

张福磊、曹现强：《城市基层社会"技术治理"的运作逻辑及其限度》，《当代世界社会主义问题》2019年第3期。

杨君、纪晓岚：《当代中国基层治理的变迁历史与理论建构——基于城市基层治理的实践与反思》，《毛泽东邓小平理论研究》2017年第2期。

张现洪：《技术治理与治理技术的悖论与迷思》，《浙江学刊》2019年第1期。

刘永谋：《技术治理主义：批评与辩护》，《光明日报》2017年2月20日。

黄晓春、嵇欣：《技术治理的极限及其超越》，《社会科学》2016年第11期。

田毅鹏、薛文龙：《"后单位社会"基层社会治理及运行机制研究》，《学术研究》2015年第2期。

孙立平、王汉生、王思斌等：《改革以来中国社会结构的变迁》，《中国社会科学》1994年第2期。

易臻真：《城市社区治理的内卷化危机及其化解：以上海市J街道基层治理实践为例》，《人口与社会》2016年第1期。

彭亚平：《技术治理的悖论：一项民意调查的政治过程及其结果》，《社会》2018年第3期。

蔡禾：《从单位到社区：城市社会管理重心的转变》，《社会》2018年第6期。

赵孟营：《社会治理精细化：从微观视野转向宏观视野》，《中国特色社会主义研究》2016年第1期。

渠敬东、周飞舟、应星：《从总体支配到技术治理：基于中国30年改革经验的社会学分析》，《中国社会科学》2009年第6期。

马卫红：《内卷化省思：重解基层治理的"改而不变"现象》，《中国行政管理》2016年第5期。

侯利文：《基层社会治理中的"国家与社会"：变迁、现状与反思》，《华东理工大学学报》2016年第4期。

潘如龙、周宇晗：《如何建设社会治理共同体》，《浙江日报》2019年11月13日。

B.4
基于"朝阳群众"品牌打造，探索基层社会治理中新的社会阶层人士统战工作研究

摘　要： 党的十九大报告指出，要做好新的社会阶层人士工作，发挥他们在中国特色社会主义事业中的重要力量。在统战工作社会化趋势的背景下，新的社会阶层人士的统战工作在基层社会治理中具有关键作用。本文从朝阳区情出发，探索朝阳区在基层社会治理中探索形成的"朝阳群众"品牌与新的社会阶层人士的内在契合点，总结提炼朝阳区新的社会阶层人士在基层社会治理中的功能与作用，梳理分析基层统战与基层社会治理实现铆合面临的难点，以期为推动基层统战工作与基层社会治理融合创新提供建议和参考。

关键词： 新的社会阶层人士　"朝阳群众"　基层社会治理

一　朝阳区新的社会阶层的群体特征与统战工作着力点

新的社会阶层是新时代中国特色社会主义事业的重要组成部分，是中国共产党长期稳定执政新的社会基础，是统一战线的新生力量。朝阳区作为首都核心功能的重要承载区和国际交往的重要窗口，现代化程度高、经济发展迅速、国际化资源高度聚集、文化气息浓厚，为孵化新的社会阶层群体奠定了坚实的基础。根据2017年的调查统计，朝阳区新的社会阶层人士群体数

量达到了88.46万人，占北京市总量的27.5%，数量多、分布广，经济地位高、社会影响大，已经成为朝阳区创新经济发展、文化创作传播等社会建设方面的中坚力量，逐渐形成了"三高""三外""三多"的群体特征。在这一背景下，做好新的社会阶层人士统战工作，就可以充分发挥他们在基层社会治理中的优势与功能，反之则容易产生负面影响。充分挖掘这一特征价值，引导新的社会阶层人士在基层社会治理中发挥正向作用，是朝阳区基层统战工作中的重大课题。

（一）围绕"三高"，要发挥在参政议政中的专业优势

围绕"三高"，即学历层次高、政治觉悟高、参政议政热情高，要突出新的社会阶层人士在建言献策中发挥的积极作用。朝阳区经济发展快，吸引了大量人才，在长期的首都建设过程中，新的社会阶层人士政治素养也在不断提高，政治诉求愈发强烈。根据调查统计，以私营和外资企业管理技术人员为例，朝阳区该群体本科及以上学历达到93%以上，其中硕士研究生及以上学历占比超过了36%。同时，86.6%的新的社会阶层人士对我国基本政治制度表示了解和认同，并且有超过70%的人员表示非常愿意参政议政。

从整体上看，朝阳区有80%左右的新的社会阶层人士集中在私企、外企以及新媒体行业，他们能力强、眼界广、经历丰富，涉及利益群体多，在各自的行业中具有较高的社会地位，对国家政治和经济发展、社会热点等方面更加了解和关注，是服务朝阳区经济发展的重要力量。他们参政的动机既有奉献社会、回馈社会的公益性，也有扩大视野、实现个人价值的功利性。所以要充分发挥他们在建言献策中的视野和专业优势，激发其参政议政热情，提高基层党政群共商共治水平，为社会建设贡献力量。除此之外，还要积极引导他们将个人价值观与中国特色社会主义核心价值观相结合，避免利己因素在参政议政中带来的不稳定影响。

（二）围绕"三外"，要强化舆论环境中的正向引导作用

围绕"三外"，即大多数在党外、体制外，不少人是海外归国人员，要

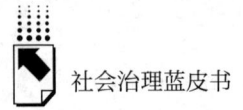

强化舆论环境中的正向引导作用。朝阳区国际化程度高，私营和外资企业高度聚集，调查统计，朝阳区新的社会阶层人士绝大部分活跃在非公有制经济中，非中共党员的比例为80%左右。海外经历上，39.2%的私营、外资企业管理技术人员和11.43%的新媒体从业人员有过国外或境外的工作学习经历。

朝阳区新的社会阶层群体主要活跃在新业态中，覆盖领域广泛，更具有创新创业的活力，更容易受到国际新思潮的冲击和影响，更倾向于在互联网去中心化的环境进行表达和交流，所以"两微一端"成为他们活跃的主要场景。2017年，朝阳区网民约为315万人，其中新媒体从业人员就有22.5万人，他们既是网络平台上价值和内容传播的重要主体，也是舆论环境的主要引导者。朝阳区可以充分利用他们影响力大、覆盖面广、专业度高的特征，发挥他们在基层治理中知识传播、文化传承等方面的舆论引导作用，特别是在网络空间的疏解整治提升上，引导正确价值导向、净化网络舆论环境。同时，"三外"的特征决定了他们自由度高，部分群体对于法规政策缺乏足够了解，作为舆论引导者，他们也容易有意或无意地受到不良信息的影响，特别是很可能在网络空间上成为不良信息的传播者或制造者，产生不好的影响。

（三）围绕"三多"，要发挥社会和谐稳定中的维护作用

围绕"三多"，即整体数量多、年轻人员多、非京籍人员多，要发挥在维护社会和谐稳定中的重要作用。朝阳区新的社会阶层人士数量众多，其中26～45岁的人员接近80%，新媒体从业人员年轻化特点最为显著，18～30岁的人群占到82.85%。同时，朝阳区经济社会的发展优势明显，吸引了大量流动人口在此工作和生活，其中新的社会阶层人士尤为明显，除了私营、外资企业技术管理人员中非京籍人员占到53%外，其他3类群体从业人员半数以上皆为外省市户籍，但大多数在朝阳区工作和生活时间较长，总体上看，处于规模相对稳定与个体快速流动并存的状态。

朝阳区新的社会阶层人士流动性强的特点，决定了街道社区是其主要的生活空间。他们与社区联系紧密，具有广泛的社会基础。在朝阳区多元化发

展的形势下，可以利用他们分布广泛、年轻活跃、思维敏捷的特点，为社区提供各类专业服务，维护社会和谐稳定。在"三多"的特征下，他们更加倾向于谋求个人利益，社会责任感较弱，是社会发展中不够稳定的一环，这也是基层统战工作中的挑战。

二 新时代下"朝阳群众"品牌的新使命与新价值

近年来，朝阳区在基层社会治理方面探索形成的"朝阳群众"品牌，在北京乃至全国逐步形成了一定的影响力。随着经济社会的快速发展，"朝阳群众"的人员构成和功能定位都发生了显著变化，与新的社会阶层人士内在耦合性不断深化加强。新时代赋予了"朝阳群众"新的使命和要求，这也是朝阳区推动基层统战工作服务于基层社会治理，在深化治理的同时带动统战工作取得实效的关键。

（一）"朝阳群众"品牌发展路径分析

早在1974年，就有"朝阳群众"配合公安机关破获案件的新闻记录。2015年，"朝阳群众"作为综合治理的品牌概念得以明确，是由社区干部、人口管理员、楼门长、治保积极分子、志愿者等广大群众自发形成的社会性的组织。随后取得了朝阳区公安局的官方认证，以互联网平台为基础，将"朝阳群众"这一概念转化并应用，探索实现智慧综合治理的新路径。

2017年，朝阳警方发布了"朝阳群众"App。截至2017年底，实名在册并纳入朝阳区群防群治力量的"朝阳群众"已达14万余人，相当于朝阳区平均每平方公里的区域便有近300名朝阳群众，"朝阳群众"的概念在逐步规范化中开始向志愿服务品牌转化。随着队伍数量不断扩大，参与、注册和关注人员已不仅仅局限于治安志愿者范畴，群体分布开始涉及各个领域，覆盖范围更加广泛和复杂。

在新时代互联网浪潮的推动下，"朝阳群众"在群防群治方面屡立奇功，并在动员群众参与社会治理方面已探索形成了一定的经验。队伍不断扩大、结构更加多元化，"朝阳群众"已经从一个普通的自发组织逐渐转变成社会共治共建共享的重要平台载体，功能不断拓展、社会影响力愈发明显，形成了以"听党号令、首善标准、奉献友爱、守土尽责"为内核的精神力量。

（二）新时代形势下，"朝阳群众"品牌内涵在基层社会治理中面临新的挑战

新时代"朝阳群众"的品牌内涵表明了坚持党的领导的政治立场，彰显了以人民为中心的价值追求，体现了与时俱进的时代精神，在北京乃至全国都已成为朝阳区一张鲜明的名片。特别是在广泛吸纳了各领域人士后，"朝阳群众"的触角已延伸至社会基层各个方面，其中不乏大量新的社会阶层人士群体。

但在新时代形势下，"朝阳群众"的局限性愈发突出，人员构成、作用发挥在基层社会治理中面临新的转变。一是功能发挥相对单一。目前"朝阳群众"的作用仍主要集中在社会治安领域，在参政议政、舆论引导、服务区域发展等方面作用发挥较少，与新时代朝阳区经济社会发展需求还有着明显的差距。二是治理主体年龄结构偏大。虽然"朝阳群众"的基数庞大，但真正参与到社会治理中去的"朝阳群众"年龄偏大，多数群体处于"睡眠"状态，在整体上缺乏一定的创新和活力，主观能动性较弱，特别是在社会建设和社会管理方面平台作用发挥不够明显。三是缺乏高效的组织机制。目前"朝阳群众"主要依托社区和群众志愿参与开展工作，运行方式较为分散，缺乏强有力的组织机制推动治理工作有效开展。

（三）新的社会阶层人士的参与对"朝阳群众"基层社会治理模式的影响

新时代赋予了"朝阳群众"新的要求，面对功能发挥单一、成员结构亟待优化、高效组织机制缺乏等问题，"朝阳群众"在从"治"转变为"治建结合"的过程中，应充分利用其与新的社会阶层人士的内在耦合性这一优势,丰富"朝阳群众"品牌内涵,发挥"朝阳群众"在区域发展中的平台作用。

从整体来看,新的社会阶层人士与"朝阳群众"在成员构成上交集不断扩大,组织性质、价值取向的趋同性不断增强。作为经济社会发展中的活跃分子,新的社会阶层人士数量众多、经济地位高、政治诉求强烈,在社会参与中带动性强,把新的社会阶层人士充分吸纳到"朝阳群众"基层治理模式中去,可以发挥其强大的"鲶鱼效应",无疑是激发治理活力、抢占治理空间、弥补治理短板,实现基层统战与基层社会治理紧密铆合的有效路径。

一是"朝阳群众"可以利用新的社会阶层人士分布广泛、专业性强的特点,发挥他们在经济、文化等多个领域的功能和作用,丰富自身品牌内涵。也可以利用自身平台在社会参与和社会治理方面的优势,满足新的社会阶层人士政治诉求、利益表达等方面的强烈愿望。二是新的社会阶层人士以其活跃在新业态中、群体年轻化的特点,可以优化"朝阳群众"的人员结构,为基层社会治理提供更多的创新活力,唤醒"朝阳群众"中大量的"沉睡"群体,让更多的人投身于基层社会治理中。三是通过基层统战工作,可以更集中、更有效地将新的社会阶层人士组织起来,发挥他们在基层社会治理中的作用。

三 新的社会阶层人士在基层社会治理中的功能与作用

朝阳区新的社会阶层人士统战工作开展较早,民营企业和外商投资企业管理技术人员、中介组织和社会组织从业人员、自由职业人员、新媒体从业人员四类群体分布领域广泛、社会影响力特殊,在朝阳区的经济社会发展中具有十分重要的作用。

(一)民营企业和外商投资企业管理技术人员:服务经济发展和维护社会稳定的重要力量

朝阳区现代化程度高,经济发展迅速,其中民企、外企也在朝阳区的经

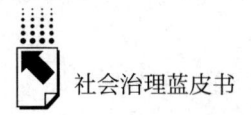

济发展中占据着重要地位，为孵化新的社会阶层群体提供了天然的土壤。朝阳区民营企业和外商投资企业管理技术人员约为46.1万人，占全市总量的29.2%，是朝阳区新的社会阶层群体中数量最多的人群，是朝阳区经济社会发展中的重要角色。

民营企业和外商投资企业管理技术人员是企业团队素质、能力和水平的代表，是企业经营管理和科技创新的带头人，高收入、高学历、懂经济、懂法律、懂管理，具有较高的专业知识水平，是服务朝阳区经济发展的重要力量。同时，他们作为企业中的骨干力量，分布行业广泛，涉及利益群体多，影响力大，关系着企业的健康发展和企业员工的健康成长，也是维护企业稳定和社会稳定的重要力量。随着新兴产业的不断发展和科技运用，就业人员素质也将不断提升，新的社会阶层群体在经济社会的发展中引导建立现代企业制度、维护经济秩序、提升从业人员素质等方面的作用将愈发明显，为企业和社会创造出更大的经济效益和社会效益。

（二）新媒体从业人员：舆论环境的引导者

朝阳区新的社会阶层群体年轻化特征明显，在互联网去中心化的表达环境下，这部分人群更倾向于网络化的沟通和交流方式，也催生了大量新媒体从业人员。

大部分新媒体从业人员将行业资讯和时政新闻作为内容发布的重点，进行知识、文化传播，在教育大众、文化传承等方面发挥着重要的积极作用。同时，网络平台作为价值和内容传播的重要领域，新媒体从业人员还承担着净化舆论环境、树立良好价值导向、对网络空间进行疏解整治提升的重要任务。但是，年轻化的特征也让新媒体从业人员更容易受到各类思潮的冲击，部分群体对法规政策缺乏足够了解，作为舆论引导者的他们也很容易在网络上有意或无意地受到不良信息影响，这也是统战工作中的重点。

（三）自由职业人员：社区专业服务的有力提供者

随着社会的不断发展转型，社会结构也越来越开放和多元，基层社区作为社会的基本单元，在社会发展中作用愈发明显。新的社会阶层群体作为多元化社会中的重要部分，其生活和工作的活动单元主要扎根在基层社区中，作用发挥也常常围绕着社区进行，特别是自由职业人员，以其专业水平高的特点，在社区服务中具有明显的优势。

朝阳区自由职业人员数量约为10万人，占全市总量的38%，是自由职业者高度聚集的区域。自由职业人员的生活和工作更加集中在街道社区，活跃在科教文卫等多个领域，分布行业广泛、自由程度高、流动性大，渴望得到社会的认可和支持，在基层社区更容易发挥他们的专业优势。通过发挥自由职业人员的专长、技能，为城市社区提供志愿服务，激发他们的社会责任感。比如可以依托从事文化工作的自由职业者，组织开展相应的文化宣传、技艺培训等活动，加强基层文化建设和统战工作力量。

（四）中介组织和社会组织从业人员：商务服务的有效支撑和政群联系的桥梁

政府职能转变、权力不断下放，为以中介组织和社会组织为代表的自治性组织提供了大量的发展空间。朝阳区中介组织和社会组织发展迅速，从业人员达到9.86万人，占全市总量的29.5%，其中，中介组织从业人员3万人，社会组织从业人员6.86万人，涵盖了经济、政治、文化等各个领域与各个阶层，具有广泛的社会基础和利益代表性。

朝阳区商务服务业发达，中介组织可以利用其知识水平高、服务性鲜明、服务范围广等特点，为朝阳区市场主体提供信息咨询、经纪、法律等各类服务。以律师行业为例，他们不仅社会活跃程度高、思维敏捷、建言献策能力强，还可以利用自身法律知识，充分发挥他们的专业水平和辐射广泛的优势，开展法律援助、义务法律咨询等服务，增强朝阳区公务人员和公民的法律意识和法治观念，推进全面依法治国、维护社会和谐稳定。

社会组织作为重要的社会主体，其覆盖领域广、覆盖程度深，是政府与市场、政府与社会、政府与群众之间的桥梁，在民生服务、"城市病"治理等领域中发挥着重要作用。在朝阳区多元化的发展形势和背景下，通过基层

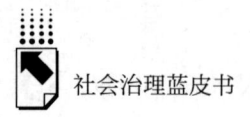

群众自发成立、自主发展、自行运作，也形成了许多自治组织，其存在于行政管理的空白区域，填补了政府的社会管理职能空缺，丰富了群众有序参与社会活动的基本形式，在维护市场秩序、促进精神文明建设方面发挥着积极作用，是不同方面、不同利益之间的重要纽带。

四 基层统战与基层社会治理实现铆合的难点分析

（一）角色认知不到位，新的社会阶层人士对自身政治身份的认识有待提升

统战对象对自身政治身份的认同，是统战工作顺利开展的重要基础。朝阳区新的社会阶层人士中党外、体制外群体占比较高，部分人员，特别是大部分年轻群体对于新时代赋予自己的政治身份的认知还有待提升。

新的社会阶层人士主要活动在社区，更倾向于把个人价值的实现作为自己的目标，这使得他们更容易接受自己的社会身份，而对自己的政治身份和统战属性认同度低、定位不够清晰。同时，在基层社区缺乏有效的参政议政渠道，与统战部门的沟通较少，导致他们对统战工作了解不深，使基层统战工作服务基层社会治理效果不够明显。

（二）工作方式不适应，新的社会阶层人士统战工作的方式方法与引导机制有待创新

统战工作是党的特殊群众工作，虽然朝阳区新的社会阶层人士统战工作开展较早，但在基层社区层面，统战工作缺少有效的引导机制。一是统战部门对新的社会阶层人士的统战工作认识不足。随着社会的转型和分化，新的社会阶层人士对政府及有关组织的依赖性较小，单位组织动员力量已经明显下降，而朝阳区在基层社区的统战组织建设不够完善，容易出现政府部门自说自话，思维方式、语言体系不一致等问题，用传统的统战思维和行政手段开展工作，已难以适应新形势需要。二是分类施策的思路不够明显。新的社会阶层人士内部差异较大、利益涉及方多元复杂、行为

方式与时代发展紧密相连，基层社区在统战工作开展中，缺乏跟进统战新空间的理念和方式方法，难以提供有效的分类统筹和组织机制，很难与他们"交朋友"。三是基层社区掌握的统战资源较少。当前新的社会阶层人士统战工作范围已经从政治领域扩大到了经济和社会领域，社区作为基层统战工作的重要阵地，对各类统战资源的掌握能力不足，难以对新的社会阶层人士进行有效引导。

（三）平台载体不广泛，新的社会阶层人士联谊会覆盖的深度与广度有待扩大

新的社会阶层人士联谊会（以下简称"新联会"）是团结和凝聚广大新的社会阶层人士的重要平台和发挥作用的重要载体。朝阳区在社会组织、企业以及商务楼宇方面取得了丰富的统战工作经验，但是在社区层面，新联会纵向不够深、横向不够广，大部分党外、体制外的新的社会阶层人士难以找到"组织"。

一方面，基层统战组织建设程度不够。新联会大部分处于市、区级层面，没有搭建起纵向到底、横向到边的基层统战工作体系，社区统战工作缺乏明确的指导方案，新的社会阶层人士参与基层社会治理的平台载体不够多、渠道不清晰，参与积极性受到较大影响。另一方面，朝阳区基层统战力量相对薄弱。街道社区统战人才不够，难以对新的社会阶层人士统战工作进行统筹协调和组织开展活动，新联会在社区层面难以广泛"开花"。

（四）服务项目不精准，新的社会阶层人士社会参与的需求与动力有待提高

新的社会阶层人士工作和生活主要集中在基层社区，社区是发挥他们专业优势的重要平台。与此同时，新的社会阶层人士在价值取向、行业分布上都具有明显的差异化特征，是一支有着特殊利益需求的年轻群体。

在朝阳区当前的基层社会治理模式中，活动参与主体偏向以年龄结构较

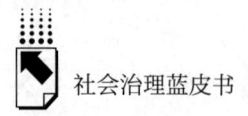

大的群体为主,活动的设计和安排上,与新的社会阶层人士的思想行为、作息时间不相适应,缺少一定的共鸣。一是在项目的设计上,并未充分贴合新的社会阶层人士年轻活跃的特点,活动流程相对单调和枯燥,难以吸引他们参与。二是在项目的开展上,部分社区没有把握好新的社会阶层人士网络化的表达特征,线上活动相对匮乏,未能营造出良好的网络活动空间。三是在项目的安排上,没有摸清和衡量好新的社会阶层人士的作息时间,为活动参与带来了一定的客观阻碍。

五 构建"四点发力"的统战工作新机制推动基层统战与基层社会治理紧密铆合

朝阳区要立足"朝阳群众"的基层社会治理实践,对照新的社会阶层人士统战工作中面临的难点问题,以"四点"共同发力为重点,逐步探索基层统战与基层社会治理实现铆合的路径。

(一)建立统筹机制,加强顶层设计,形成基层统战与基层社会治理铆合的牵引点

作为统战工作中的重要主体,新的社会阶层人士也是基层社会治理中需要吸纳的重要对象,这决定了他们是实现基层统战和基层社会治理铆合的关键。朝阳区新的社会阶层统战工作要通过加强顶层设计引领基层统战工作的整体谋划,针对他们内部结构差异化的特点分类施策,引导他们在基层社会治理中发挥建言献策、服务发展、舆论引导等重要作用。

一是把握统战工作重点,统战部门要创新方式方法、丰富统战内容。新的社会阶层人士是统战工作的新领域,统战部门不仅要强化党对统战工作的领导,从根本上保证统一战线事业健康有序发展,还要跳出统战主体与统战对象二元分立的传统思维。通过开展经常性的实地调研,摸清新的社会阶层人士的分布特点,深入基层社区摸清底数,把握思想动向,为有效地把他们组织起来奠定基础。

二是建立健全职能部门间的组织协调机制，特别是要协调好与组织、宣传、公安等部门的合作关系。统战部门要加强与其他领域的联系，通过定期召开合作交流会，使统战部门与相关部门、机构和组织的合作常态化。完善分类引导制度，提高对新的社会阶层人士分类施策、分类组织和分类统筹的精细程度，让基层统战工作融入基层社会治理中的各个方面。

三是树立社会化理念，运用社会化方式，整合社会主体力量。统战部门整合优势互补的力量资源，实现外部资源与民族关系、宗教关系、海外侨胞关系等统一战线内部资源的良性互动，变统战对象为统战力量。通过服务外包等方式引进专业机构，发挥其在统战工作中的资源优势与关系优势，降低统战成本，提高统战工作效率。

（二）完善协同机制，以新联会为重点，拓展基层统战与基层社会治理铆合的连接点

新联会作为新的社会阶层人士参政议政的重要平台载体，朝阳区要促进新联会在基层社区层面的布局和覆盖，让新联会成为统战工作与基层社会治理的纽带，让统战工作深入社区，解决基层统战工作中广覆盖、深耕作的难题。

一方面，建立分类分层的基层新联会网络体系。新的社会阶层人士的内部差异化，使得自发性地推动新联会在基层建立效果不够明显。所以，朝阳区可以依靠在社会组织、商务楼宇等方面取得的丰富统战工作经验，积极拉拢社区辖区内的企业、商厦中新的社会阶层人士，建立由市区级统战部门统一领导的"区—街道—社区"三级新联会网络。完善在基层街道、社区中的新联会分类模式，根据区域特点，牵头成立不同类型的新联会，广泛吸纳各类新的社会阶层人士参与，加快新联会的多样化建设。

另一方面，充分发挥新联会的作用。朝阳区要充分发挥各类社团、协会和各种形式的新联会作用，定期开展座谈会、茶话会等多种形式的活动，积

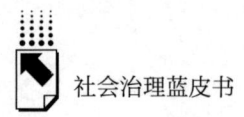

极引导会员企业发挥自身力量和优势,围绕区域发展、民生问题等重点课题建言献策,提供专业支持,宣传朝阳特色。比如成立由新媒体从业人员组成的联谊会,可以组合形成媒体矩阵,围绕所在辖区特色,结合"朝阳群众"平台,讲好辖区故事,广泛进行宣传和推广。

(三)创新参与机制,增进身份认同,夯实基层统战与基层社会治理铆合的支撑点

新的社会阶层人士不仅具有社会身份,还具有作为统战对象的政治身份。朝阳区新的社会阶层人士普遍具有较强的社会责任意识,但他们对自己的政治身份认识并不深刻。让广大新的社会阶层人士主动走近统战部门,积极发挥自身在基层社会治理中的作用,是统战工作长效开展的基础。

一是要把统战工作深入到新的社会阶层的代表人士中去。新的社会阶层代表人士在群体内经济地位高、社会影响力大,在引导民风、协调关系方面具有天然的优势。朝阳区要积极搭建交流平台,广泛吸纳代表人士、精英群体,发挥他们"意见领袖"独特的号召力、影响力,把统战对象转化为统战力量,带动群体其他成员的身份认同。

二是要把握举荐安排环节。加大对新的社会阶层人士的安排力度,积极争取和推荐他们在人大、政协、社团组织以及相关职能部门中担任职务,提高他们的社会政治地位,发挥他们在参政议政中的作用,加强政治参与。

三是要充分发挥"朝阳群众"平台优势,加强网络化参与方式的运用。针对新的社会阶层人士思想活跃、受新思潮冲击影响比较大的特点,通过"线上+线下"的方式,加强思想引领。线下将社会主义核心价值观渗透到他们的实践和学习活动中去,将中央政策、统战理论、参政议政技能等知识融入他们的专业和培训活动中,提升他们的政治素养。线上利用"朝阳群众"的传播优势,建立网络舆情共享信息系统,形成以新的社会阶层代表人士,特别是以新媒体从业人员为主体的网络宣传队伍,弘

扬正能量、传播新价值，加强网络舆论和价值引导，增进他们对政治身份的认同。

（四）探索运行机制，搭建平台载体，培育基层统战与基层社会治理铆合的着力点

中共中央在第20次全国统战工作会议上，进一步提出了"以社团为纽带、以社区为依托、以网络为媒介、以活动为抓手"的新的社会阶层人士统战工作方法。社区是新的社会阶层人士的主要活动场景，朝阳区要通过创新项目化的运行方式，加强社会参与的平台载体建设，经常性开展以新的社会阶层人士为参与主体的"统战+"的社区志愿服务活动，引导他们发挥自身优势，着力提高他们基层社会治理参与程度。

一是要建立平台化机制，创新平台管理模式。首先要积极发展枢纽型社会组织，搭建起政府与社会联系的桥梁。其次要积极整合社会资源，与各类社会组织建立"同心"服务平台，将社会化、市场化机制导入平台建设和日常运营中，提升日常运行水平。最后还要充分利用"朝阳群众"的平台优势，让新的社会阶层人士以"朝阳群众"为载体发声发力，参与到群防群治、志愿服务等基层社会治理中去。

二是要建立常态化的活动机制。要推动"同心"服务活动定期化、周期化，明确工作职责、目标和任务计划等，增强统战成员工作黏性和聚合力。还要根据新的社会阶层人士思维方式、作息安排等，建立合理的活动安排制度，提高他们参与的积极性。

三是要将统战工作与具体服务融合。根据新的社会阶层人士的群体分布特点，围绕文化、科技、法律等主要集聚新的社会阶层人士的行业，成立"统战+专业"的志愿服务队伍，在社区循环开展服务活动。同时，还要积极打造"社区为统战成员服务，统战成员为社区建设服务"的双向服务机制，以社区党建服务中心为抓手，围绕新的社会阶层人士打造统战之家，为他们提供压力缓解、权益维护等个性化的服务，加强他们与基层街道、社区的联系。

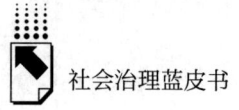

参考文献

张林江:《新的社会阶层兴起及其对当代中国的影响》,《中央社会主义学院学报》2017年第4期。

董亚杰:《做好新的社会阶层人士统战工作要着眼于"四新"》,《才智》2018年第8期。

张卫、后梦婷、张春龙:《新的社会阶层人士网络行为特征及统战工作方式研究》,《江海学刊》2019年第2期。

专题报告

Special Reports

B.5
朝阳区党建引领物业服务升级破解基层治理难题的模式与路径研究

摘　要： 小区是基层治理的基础单元，社会治理重心的下沉对小区治理提出了新的要求。小区物业服务水平直接关系到居民日常生活，更是城市精细化管理"最后一公里"的重点所在，影响着城市形象和城市品质。本文基于朝阳区老旧小区众多的情况，梳理国内老旧小区治理现状，结合其他地区经验，总结朝阳区党建引领物业服务升级的路径，分析存在的问题，为朝阳区乃至全国破解基层治理难题提供建议。

关键词： 党建引领　物业服务升级　小区治理

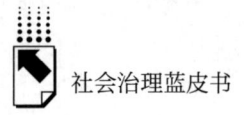

一 社会治理重心下沉对小区治理提出新要求

住宅小区是居民群众生活的主要场所，我国自1998年宣布住房商品化改革后，住宅小区、商务楼宇开始大量投入市场，居民对生活质量的要求不断提高，专业物业覆盖愈加广泛。如今，住宅小区已逐步成为基层社会治理中的基础单位，小区物业服务水平成为衡量居民生活质量的重要指标。随着社会治理重心的不断下沉，小区治理水平面临新的挑战。

（一）小区治理是社区治理的基础环节

我国社区经历了由政府主导的单位制模式转变到如今以社区为单位的发展模式，社区人群结构实现了重构和重组，住宅小区也从一元主体的居住体系转向多元主体共治。小区人群结构的复杂化决定了小区的多样性，不能用单一的治理手段对所有小区一概而论，社会治理不再局限于社区层面，而是需要不断下探到小区层面。同时，小区作为社区主要承载主体，是一定区域范围内居民生活的共同体，其治理水平将直接影响到社区治理的结果。

（二）物业管理已成为小区治理中的重要主体

1989年，我国首次提出了"物业管理"的概念。随着城市化进程不断加快，住宅小区通过市场化改革，推动了社会化、专业化的物业管理发展，激发了居民对更高品质、更好服务的居住环境需求。根据《2018年全国物业管理行业发展报告》，我国物业管理行业面积达到了246.65亿平方米左右，物业服务企业数量达到11.8万家，物业管理已经深度融入居民的生活中，并正在逐步构建兼具生活性与生产性双重特征的现代物业服务体系。

在社区治理体系中，居委会、业主委员会、物业服务企业并称为"三驾马车"。小区作为社区治理中的基础环节，是居民生活的主要场所，也是社会合作和矛盾的易发点。由于物业服务水平与居民对居住环境和生活品质的美好需求直接相关，其作用发挥直接关系到基层社会治理的和谐稳定。

(三)老旧小区是社区治理创新中的难点

在住宅小区商品化改革的进程中,随着社区单位制模式的解体,产权单位撤管,产生了如今大量的老旧小区。这部分小区由于历史遗留问题,基础设施和管理都已经难以匹配居民生活的需求,缺少专业物业的支撑,矛盾频发、管理混乱等问题频现,是当前社区治理中的难点。

针对这种情况,我国开始探索老旧小区物业转型升级的模式,并产生了社区居委会代管、物业产权单位组建内部服务机构管理、多单位管理等多种模式。为充分发挥居民自治作用,弥补物业空缺,部分地区推行了"准物业"的小区管理模式,由居委会根据小区情况,以多种方式为居民提供基本物业服务。一是以居民互助为基础,将部分专业化服务外包给物业企业的半专业化物业管理模式;二是部分专业服务由居民自管、部分项目由政府帮扶的政府支持模式;三是通过成立非营利性物业服务机构为小区提供专业物业服务的准物业化管理模式。准物业作为老旧小区治理中的过渡模式,在现阶段较为有效地解决了老旧小区缺乏物业、产权纠纷等部分问题,但其治理体系相对脆弱,在新时代的社会治理中,老旧小区治理问题仍然亟须破题。

二 老旧小区物业管理面临的主要难点和问题

我国自1998年宣布住房商品化改革,房地产业快速扩张,居民居住水平不断提高。但对于原产权单位撤管的老旧小区,由于基础设施老化、物业管理缺失等问题,难以匹配居民对美好生活的需求,各类矛盾频发。朝阳区作为首都主要功能承载区,也是北京市面积最大的中心城区,老旧小区众多,物业管理问题十分突出。

(一)基础设施老化、维护成本较高

老旧小区的建设初衷是解决居民住房问题,所以在房屋和基础设施方面

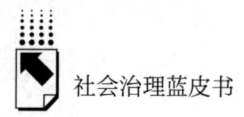

大多缺乏系统保养和维修，老化或者缺失严重。水管网老旧、道路老化情况严重；机动车位缺乏，停车问题产生的矛盾大；高层楼房缺少电梯，居民生活不便。老旧小区要通过专业物业管理改善居民的生活环境，就要对基础设施、绿化、车位等方面进行优化和改造，但涉及金额数量较高，收缴的物业费难以完全支撑物业管理运行，在维护成本过高的情况下，大部分物业公司介入的意愿较低。除此之外，对于开发遗留的建筑问题，居民容易将其归为物业企业的责任，要求物业企业给予解决，也对物业企业造成了较大压力。因此，部分街道社区为了保证住宅小区的基本运行，只能依靠政府补贴来提供环卫保洁和基础设施的基本维护，依然无法完全解决住宅小区物业管理的可持续运行问题。

（二）居民认同不高、物业费收缴难

随着我国社区由政府主导的单位制转变为以社区为单位的发展模式，住宅小区从一元主体的居住体系逐渐转变为多元主体共治体系，居民的构成呈现复杂化的趋势。特别是对于老旧小区，业主的经济承受能力和对物业管理的要求差异较大，对物业费收缴抵触情绪较为明显。由于老旧小区之前是由产权单位直接负责住房维护和设施管理工作，所以部分居民对物业管理的认识相对淡薄，对商业化的物业服务持"无所谓"或"物业管理=看门扫地"的态度，拒缴或不愿多缴物业费用，也影响了其他正常缴费的居民，从而使缴费积极性大大降低，从而引起"收缴难、难服务"的恶性循环。

（三）产权归属不清、矛盾纠纷易发

出于历史原因，部分产权单位在改革后已经取消，其物业管理的部门也不复存在，但与之相连的住宅小区存在的问题并没有共同解决方案。经过重新规划后，部分老旧小区涉及产权单位较多、产权结构多元、产权界定不清，小区管理难以形成稳定而长效的机制。而大部分小区居民更倾向于享受小区管理带来的利益，对所需要承担的小区管理义务态度较为消极，业委会

作用难以发挥或不会发挥，特别是在涉及公共利益的事务上，极易发生纠纷，产生群体性事件。

三 党建引领是物业管理服务升级的解决方案

传统的物业管理主要仅靠市场进行发力，而难以调动居民、居委会等多方力量。2019年5月，中共中央办公厅印发了《关于加强和改进城市基层党的建设工作的意见》，明确指出要通过健全党组织领导下的社区居民自治机制，提升党组织领导基层治理工作水平。全国各地开始探索党建引领物业服务升级路径，并取得了一定成效。

（一）党建引领是推动物业服务升级的有效抓手

面对当前住宅小区物业治理难题，居委会、业委会以及物业企业"三驾马车"都存在不同程度的作用发挥失效和错位。社区居委会作为基层群众性自治组织，承接政府职能和代行物业职责过多，难以有效开展自治工作；业委会缺少对自身公共事务监督职能的认识，角色定位不清，反而容易引发群体性事件；物业企业作为市场化的商业企业，逐利性驱使其在公共责任上承担较少。

面对三方错位，通过党建引领，可以强化各级党组织的先锋模范作用，统筹和联系各类主体，以共治的形式来实现资源和利益的协调。同时，将党建工作嵌入物业服务管理中，不仅能有效解决业主自治与物业管理之间的矛盾和纠纷，还可以推动公共治理和公众参与的有序进行，实现基层治理的社会化和专业化。

（二）其他地区"红色物业"的经验借鉴

2017年6月，中共中央、国务院印发了《关于加强和完善城乡社区治理的意见》，明确提出要加强社区党组织、社区居民委员会对业主委员会和物业服务企业的指导和监督，建立健全社区党组织、社区居民委员会、业主

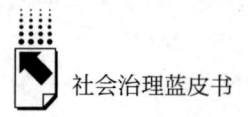

委员会和物业服务企业议事协调机制。以此为遵循，上海、青岛、武汉等地纷纷开始探索党建引领物业服务升级，打造"红色物业"的实现路径，积累了一定的经验。

上海通过党建引领、多元共治、创新激励等举措，以提升物业服务业主满意度为基础，破解老旧小区物业缴费难题，推动社区共治。一是通过党建引领，建立合理调价机制。将党建的触角延伸到楼组中去，在居民中选举社区领袖，发挥居民中党组织的领导核心作用。牵头居委会、业委会和物业企业对物业费调价方案进行分析和测算。二是通过多元共治，创新物业管理模式。开展住宅小区物业服务"酬金制""业主自治"等模式。在调研后发现物业企业缺少公信力是业主不愿缴纳物业费的主要原因，针对此类问题由党组织和居委会共同主导小区物业管理服务，改变物业服务入不敷出的局面。三是通过创新激励，促进物业管理良性循环。对物业企业制定奖励办法和运行标准，激励物业企业提高服务水平。

青岛以党建引领为核心，规范引导业委会、物业企业依法履职，探索"一心、三核、四轴、五位一体"的"红色物业"治理模式。一是用党的工作体系规范物业治理模式，由街道党工委挂点联系小区物业，推动社区"两委"成员下沉到小区中去，在社区党组织中吸收业委会和物业企业的党员骨干，建立街道党建联席会和社区议事会，规范物业运行。二是"三核驱动"，明确小区治理主体职责。通过每季度召开一次物业联席会，建立线上线下的交流平台，监督和指导各个主体履职。开展"红色物业示范小区"创建活动，树立典型标杆，促进社区居委会、业主委员会、物业服务企业提升履职水平。三是"四轴共转"，提供小区治理动力支撑。引导小区居民通过业主委员会和业主大会进行自我管理、自我服务。加强业主文明自律，指导小区制定《文明自律倡议书》《业主公约》。四是"五位一体"，确保小区治理价值。推动党组织、驻街单位、社区居委会、业主委员会、物业服务企业五位一体开展工作。开展区域化党建联席会，认领涉及物业小区的共建项目，使居民服务需求和区域资源有效对接。

武汉在2017年的市第十三次党代会上就提出要大力实施"红色引擎工

程"，探索党建引领社区治理，并将"红色物业"作为治理的主攻方向，在全国率先组建了首家公益性企业服务实体，在国内的物业治理中具有明显的借鉴意义。一是通过优化社区治理主体结构。以区域化党建为主线，实现街道工委和社区党委的全覆盖。采取"单独建、联合建、挂靠建"和选派党建指导员的"三建一派"方式提高党员在物业企业中的比例，并定期开展党员议事活动。二是建立小区物业管理长效运行机制。修订物业管理的标准和内容，把党员比例和党建活动作为物业企业市场准入、行业评比和信用评级的重要依据，鼓励物业企业在市场运作的同时承担更多的公共责任。增设物业管理委员会，强化物业企业监督机制，对服务差、管理乱和居民不满意的物业企业启动清退程序。三是精准分类解决小区物业治理难题。根据物业运行情况对住宅小区进行划分，建立分类的物业供给模式。组织收集民情民意，把握居民需求，对商品房小区提供市场化的物业管理服务，对保障房小区采取公益化的物业托管服务，对老旧小区采用居民自治或社区代管的方式提供托底物业服务。四是协调各方资源，提升物业服务水平。充分发挥社区党组织领导下的居民自治作用，大力支持社区社会组织参与社区服务活动，引导社会专业力量参与到小区物业管理工作中去，充分发挥社区党员骨干和党员大学生在"红色物业"中的示范作用。

（三）朝阳区党建引领物业管理服务升级的实践路径

为贯彻落实中央和北京市的相关精神，扎实推进党建引领物业服务企业参与基层治理工作的重点任务，朝阳区在2019年11月率先在全市出台了《朝阳区住宅项目物业服务基础标准（试行）》，对各项物业服务业务制定了标准，为老旧小区物业管理的发展提供了指导性意见，明确了方向。

在区级层面，朝阳区构建了"党建引领、政府主导、国企支撑、社会协同、居民参与"的总体思路，成立国有物业服务企业北京朝阳家园物业管理有限公司承担兜底服务，探索具有朝阳特色的老旧小区物业管理新路子。一是突出党建引领，打造"红色物业"。指导朝阳家园物业公司同步成立党支部，组建党的工作机构，实现董事长、党支部书记"一肩挑"。研究制定物业服务管理、物业服务收费等系列标准。结合老旧小区物业服务补贴政策，初步建立街乡、社区、居民等主体对物业公司的综合评价机制。研究制定"统筹规划、共商共治、成效共享、先尝后买"的工作路径，探索老旧小区物业管理转型升级的"朝阳经验"。二是发挥国企优势，补齐物业短板。积极引导区属国有企业履行社会责任、自觉担纲挑梁。加快推动组建国有物业服务企业。在调研走访基础上，朝阳家园物业公司选取试点开展工作，铺开试点先行工作。三是进行资源整合，强化共建共享。针对房改房与老旧混合小区产权单位数量多，朝阳区以朝阳家园物业公司为主体，吸纳试点小区及周边的准物业、小型物业、产权单位维修班、居民自管会等力量广泛参与，构建老旧小区物业服务联合体，提升物业服务整体效应。以街乡为单位，推动组建物业联盟，通过成立功能型党组织、定期沟通交流、开展结对共建等方式，完善设施设备、专门人员、专业资源共享机制，降低运行成本。四是提升服务质量，探索高效服务。结合老旧小区特点和日常需求，探索建立"互联网+物业"资源共享平台，居民可以在互联网和手机App上完成信息查询、提交订单、服务评价、反馈意见建议等功能，实现与物业公司、社区自治组织、社区志愿者服务供给的高效对接，为社区管理提供信息化支撑。不断探索居民足不出户就能享受费用缴付、网上办事等服务功能，把服务融入居民日常生活。

在基层社区层面，朝阳区房改房和老旧小区众多，为推动建立专业化、规范化的物业管理体系，在部分小区进行物业管理转型试点工作。以左家庄街道牛王庙小区为例，针对管理力量和资金严重不足的情况，通过建立"准物业"模式，启用"五步工作法"推动物业转型升级。一是党建引领，问需于民。社区及房管所党员干部广泛宣传，采用进门入户、座谈交流等方式，深入讲解物业管理领域的政策，打消群众对物业收费、服务的疑虑，并就小区安保、卫生、绿化、停车管理、设施设备维修等方面问需于民，大范围征求居民意见，根据意见制定改造计划。二是专业支持，统筹规划。聘请第三方专业机构，对房屋、设施设备、管理成本等进行系统评估。结合居民意见，物业单位对停车收费、产权单位用房收费等进行综合测算，提出新方案。物业公司不计利润,绿化保洁由街道补贴,设备设施维修由房管所补贴,停车费全部补贴于小区支出,收费标准降到居民认可范围内。三是共商共治,民主决策。在小区重大事项上,按照相关法规的要求,坚持居民共同决策。特别是在选聘物业服务企业中,依据《北京市物业管理办法》等相关规定,在街道办事处的指导监督下,由社区居委会代行业主委员会职责,组织居民投票。四是综合整治,成效共享。第三房管所协助左家庄街道组织开展综合整治,同时联合执法部门,拆除违法建设、推动架空线入地、排除消防安全隐患、改善小区硬件设施、增加绿化等,夯实小区物业管理的基础。五是先尝后买,优质服务。在实施物业管理初期,小区试行"先尝后买",物业服务单位不向居民收取物业费,由街道和房管局对物业给予一定支持,避免因骤然收费引发居民的抵触情绪。

四 朝阳区党建引领物业管理服务升级面临的难点

朝阳区多措并举探索党建引领物业管理服务升级,实行了"先尝后买""五方联动"等多种模式,提升居民居住水平和满意度。同时,朝阳区在推动党建引领物业管理服务升级的过程中,仍需注意三个方面的难点和问题,进一步推动社会治理重心下沉,提高小区物业治理水平。

一是党组织的布局仍需更深、更广。物业企业作为市场化的商业企业,从业人员流动性较大,缺乏一定的组织运行保障体系,部分企业管理机制尚未健全,导致党组织在这类企业中覆盖不深、不稳,在物业管理工作中容易失位。同时,部分业委会对党建引领作用认识不足,对自身公权力角色定位不清,不能很好地配合社区党组织开展工作。

二是社区党组织协调能力仍需提高。社区党组织不仅要深入小区,协调各方资源解决小区治理问题,在物业管理中还要与房管、民政等多个职能部门进行对接交流,承担任务较重。由于部分社区党组织缺乏一定的专业人才,在党建引领物业服务升级的工作中,缺少维修、绿化等物业管理方面专业知识的培训,对物业管理的相关领域了解不深,难以充分发挥居民协商共治和引进社会专业力量进入小区参与治理的作用。

三是社区党员作用发挥不够明显。部分社区由于承接政府职能过多,小区物业缺失或缺位,代行代管任务过重,难以及时解决小区物业管理过程中产生的矛盾和问题。部分党员主体意识相对薄弱,在相关义务的承担上意愿较低,先锋模范作用难以发挥。

五 朝阳区探索党建引领物业管理服务升级的思考

小区物业作为基层社区治理最前线的重要主体,是解决老旧小区基础设施老化、居民服务不到位等问题的关键。党建引领,要充分发挥党的政治功能,提高社区治理水平。

(一)扩大党对小区物业的组织覆盖和工作覆盖

朝阳区扩大党对小区物业的组织覆盖和工作覆盖,可以针对不同的物业服务企业分类开展指导工作。针对符合单独组建党组织条件的物业企业,要加强指导,应建尽建;针对不符合单独组建党组织条件的物业企业,要采取多种方式进行联建共建;针对物业企业缺乏党员的情况,可以由街道社区选派党建指导人员,通过主动联系群众、先行组建工会和共青团组织等方式,积极开展党的工作,有效密切党群关系。推荐社区"两委"班子成员下沉到小区,推举党员骨干担任业主代表,推荐业主代表、物业企业负责人担任社区党委或居委会兼职委员,具体把好党员比例关、业主代表推荐关、交叉任职关,做到从源头上掌握主动权,切实为物业服务把准方向。

(二)依托党建阵地建立健全物业管理协同机制

协同机制是党建引领老旧小区治理的重要基础,所以社区党组织要与小区物业或自管组织联动,建立党建阵地,才能顺利开展党建工作,提高小区治理水平。

一是要建立议事机制。由街道社区党组织牵头，建立多方联席会议制度，深度调研了解民情民意，制定工作标准，定期召开会议，提出解决方案。二是要建立处置机制。建立居委会、业委会和物业企业的联动巡查、分析和处置机制，明确责任落实，对重大事项和复杂问题可由各方指定专人成立专门项目小组进行解决。三是要建立监督机制。以社区民情恳谈会、听证会等方式，对物业服务管理中产生的重大事项和问题，组织各方力量和居民群众参与到各个环节的监督过程中去。

（三）党组织深入物业企业开展结对共建活动

要积极深入物业企业中，深入交流，及时发现小区治理中的重点、难点问题。朝阳区可以由党组织牵头，积极与小区物业开展结对共建、交流互动，可以委托第三方每月对物业进行检查，定期开展物业业务培训，引导物业服务在协调利益关系、群众工作方面提质增效。对于规模较大、资源较好，但未实施市场化物业服务的老旧小区，可以先行成立业委会，促成召开业主大会，确定采取自管、市场化物管或者两者相结合的服务模式，选聘物业企业或服务人员，由小区自治组织负责对物业服务进行监管，街道、社区负责规范自治组织的日常工作。对规模较小、资源有限、管理成本较低的老旧小区，采取业主自管的模式，由街道、社区牵头成立业委会或居民自治小组，采取入户访谈、问卷调查方式，统一居民共识，选聘该小区党员和热心群众担任保洁、保安人员，居民缴纳较低物管费保障基本运转，结合社区志愿者队伍巡防、社区网格化管理等资源实现业主自治。

参考文献

杨骉：《从"社区治理"到"小区治理"——反思当下社区治理的"合作—共治"模式之一》，《常州工学院学报》2015年第5期。

中国物业管理协会:《2018年全国物业管理行业发展报告》,中国物业管理协会网,http://www.ecpmi.org.cn/。

王灏:《首都城市治理的朝阳探索》,《前线》2015年第5期。

赵新宇:《武汉打造党建统领政府托底物业服务新模式——全国首家公益性物业服务企业"众治"公司的实践探索》,《中国民政》2018年第8期。

曾巧:《"党建+社区物业治理"中存在的问题及对策》,《法制与社会》2019年第24期。

B.6 朝阳区以党建为引领推动"街乡吹哨、部门报到"向纵深发展

摘　要： "街乡吹哨、部门报到"是基层治理制度的创新，是联系群众、服务群众的纽带，也是加强和巩固党的执政地位的实践。2018年，朝阳区根据北京市委、市政府部署，全面开展"街乡吹哨、部门报到"试点工作，其根本要靠党的领导。在党建引领基层治理方面，朝阳区已形成了"一轴四网"区域化党建体系、党政群共商共治等体制机制，成为"街乡吹哨、部门报到"改革创新的重要支撑。十九届四中全会通过的《中共中央关于坚持和完善中国特色社会主义制度、推进国家治理体系和治理能力现代化若干重大问题的决定》强调"巩固党的执政阶级基础，厚植党执政的群众基础，通过完善制度保证人民在国家治理中的主体地位，着力防范脱离群众的危险"。这对"街乡吹哨、部门报到"工作提出了更高要求。为此，本文梳理"街乡吹哨、部门报到"工作机制的形成，总结朝阳实践经验及特点，并提出推动机制向纵深发展的思考。

关键词： 基层治理　"街乡吹哨、部门报到"　"一轴四网"　党政群共商共治

一　"街乡吹哨、部门报到"工作机制是基层治理制度的创新

党的十八大以来，我国一直将全面深化改革作为经济社会发展的核心

动力。党的十九大报告树立了全面深化改革的一个总目标，就是推进国家治理体系和治理能力现代化。十九届三中全会更是针对现行机构设置同国家治理体系和治理能力现代化的要求相比诸多不适应的地方，做出了深化我们党和国家机构改革的全面部署。这为全面深化改革指明了方向和路径，同时也对党建引领、科学治理、制度改革、理顺条块关系等工作提出了更高要求。

（一）"街乡吹哨、部门报到"工作机制是把政治优势转化为治理优势的有效路径

十八大以来，党的建设被提升到新的高度，管党治党发生了历史性、格局性和根本性的变化。坚持党对一切工作的领导是中国特色社会主义本质特征，以制度改革贯穿全面推进党的建设工作是新时代对党建工作提出的一个总要求。街乡治理的关键是做好群众工作，根本上要依靠党的全面领导赋予城市治理显著的制度优势，要依靠各级基层党组织的战斗力、凝聚力和创造力。如果仅仅从行政的角度看，许多利益相关者难以产生直接的关联，城市行政管理的思维和模式并不能有效整合首都各类资源和力量。城市社会治理中，党组织的半径远远大于政府行政的半径，延伸到社会的各个领域、各个行业、各个群体，这也是中国社会治理、城市治理的独特优势。

"街乡吹哨、部门报到"工作机制以问题为导向，就是要充分发挥党组织在基层治理中的核心引领作用，力求将党的政治和组织优势转化为城市治理优势。实现党建与社会治理的融合，以党建带社会治理、以党建带城市社会治理。在实施"街乡吹哨、部门报到"过程中，只有始终坚持把政治建设作为根本性建设，提升街乡党（工）委的领导力和服务力，才能把各类政府机构、事业单位、大中小微企业、公司总部、社会组织等凝聚和整合起来，逐步形成党政群共同协商、共同参与、共同治理的良好格局，才能真正实现从管理到治理的转变，将"改革红利"落到实处。

（二）"街乡吹哨、部门报到"工作机制是推进治理权限下沉到基层的重要抓手

权责一致是有效治理体系的重要特征，也是有效治理体系的重要衡量指标。街乡作为一种社会地域共同体，是国家治理体系的最基本单元，是推进国家治理能力现代化的根基。新总规明确的首都城市战略功能定位，需要更加高效的城市治理体系来落实，这对顶层设计与基层治理之间的交互贯彻提出更高要求。

"街乡吹哨、部门报到"是城市治理中街道、乡镇和职能部门之间建立的发现和解决复杂公共事务问题的机制，即发现问题在属地、解决问题在部门的治理机制。"街乡吹哨、部门报到"工作机制的运用，使得在综合执法、重点工作、应急处置等社会治理过程中，由街道和乡镇发现问题、提出治理的需求，区级相关部门进行响应，并与街乡联合执法，及时有效解决具体问题。通过"街乡吹哨、部门报到"机制，促进区政府部门将资源、服务等下沉到基层，赋予基层更多主动性和活力，是促进构建简约高效的基层管理体制的重要抓手。

（三）"街乡吹哨、部门报到"工作机制是明确基层治理主体职责与边界的有益探索

基层治理体系的建立既是实现深化改革总目标的重要方面，又是推进机构改革的重要抓手。随着改革开放不断深入，为进一步解决党和国家机构职能中存在的一些深层次体制难题，党的十九届三中全会对深化我们党和国家机构改革做出全面部署。蔡奇书记强调，要把理顺条块关系作为"街乡吹哨、部门报到"的核心问题。条与块要形成合力、各负其责，权与责要一致，不能影响正常管理。之所以存在基层协调无力的现象，关键原因是城市治理条块主体职责不明，职责交叉与职责空白并存。

"街乡吹哨、部门报到"作为抓落实的一种机制，一是有助于明确各治理层级的职责。针对以往基层街乡无执法权、区职能部门与街乡不能有效联

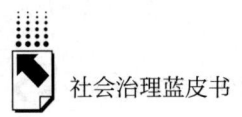

动的现象,赋予基层政府更多自主权,规范垂直管理体制和基层分级管理体制,明确各级治理层级并承担起应有的治理责任,破解"上面千根线下面一根针"的问题。二是有助于明确各个治理主体的职责。城市管理职责模糊、主体定位不清、职能越位和缺位等情况严重影响城市治理效率。基层承担大量来自职能部门和街道的管理职责的现象普遍存在,如社区居委会行政化色彩突出,作为基层群众性自治组织的法定功能未得以有效激活。三是有助于探索推进梳理职责清单、改变考核机制、调整机构设置等方面任务。"街乡吹哨、部门报到"工作机制由基层自发形成,由市级统筹推进,是基层机构改革、社会治理体制结构性变革的典型创造。在行政运行过程中,对各方职能进行梳理整合,使部门、街道、社区在社会治理中形成合力,构建简约高效的基层管理体制。

二 "街乡吹哨、部门报到"工作机制的发展过程与朝阳区的深刻联系

"街乡吹哨、部门报到"是一种联合执法机制和基层治理机制。"街乡吹哨、部门报到"即街乡在发现治理难题时,可以通过"吹哨"让各相关职能部门的执法人员赶到执法现场("报到"),并根据职责拿出措施进行联合执法,是一种有效破解基层治理"最后一公里"难题的基层治理机制。街乡是城市治理的末梢神经,这一机制通过建立向基层下沉、赋能、增效的相关制度,使街乡可以调动、整合多方力量和资源,从而切实解决"最后一公里"难题。北京市委、市政府高度关注,并将"街乡吹哨、部门报到"工作经验向全市推广。

(一)平谷区整治"盗挖盗采",形成"乡镇吹哨、部门报到"工作机制

"街乡吹哨、部门报到"工作机制来自基层创造。2016年上半年,平谷区发生金矿盗采事件,次年元旦,事件重演。在该地盗挖盗采不是偶然事

件,而是发展成了非法产业链。盗挖盗采、环境污染等发生在基层,但最早发现问题的乡镇部门无执法权,在与区执法部门沟通过程中缺乏有效联动机制。基于这种情况,区委、区政府创新性地提出"吹哨报到",赋予乡镇集合各相关执法部门的权力,做到"事不完,人不撤",经过联合执法,平谷区盗挖盗采问题得到根治。

(二)全市部署推进"街乡吹哨、部门报到"工作并形成党建引领基层治理的"北京经验"

"自下而上"反馈,"自上而下"解决的治理经验引起市委、市政府的高度关注。2017年底,北京市对各区大量涌现的相关典型经验进行了深入提炼,明确了"街乡吹哨、部门报到"工作机制的重要意义和推行方式,将其作为市委全面深化改革的年度重点任务和首都城市治理改革的一号工程,在全市范围内推广。

(三)朝阳区"党政群共商共治"与"街乡吹哨、部门报到"机制密切联系

"十二五"初期,朝阳区就开启了对基层社会治理体系制度的探索。2010年底,朝阳区麦子店街道开启了"问政于民"社会治理创新工作实践。2011年街道首次召开问政座谈会,2012年街道成立问政办公室,出台《问政手册》。通过在社区、街道层面分别搭建平台,开展协商议事会,麦子店街道形成了政府问政于民、居民参与治理的工作格局,取得显著工作成效。2013年,朝阳区总结麦子店街道"问政于民"工作模式,形成"党政群共商共治"工程,并在全区进行推广。

在机制建设上,建立起"小区—社区—街道—区级"四个层面的问政通道,使得问题发现在基层,问题解决在部门。其内涵与"街乡吹哨、部门报到"是相通的,是实现上下联动的落实机制。

在具体实施中,将每年度工作分为三个阶段:问政季、解忧季和收获季。在"问政季",通过问政平台,召开议事协商会,由居民提出需求,各

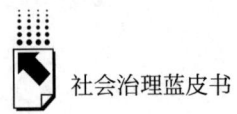

界代表讨论并确定待解决事项；在"解忧季"，通过居民自治，或在社区、街道、区级层面开展治理，以项目制的方式解决居民问题；在"收获季"，由居民对当年治理情况进行评价。通过"党政群共商共治"工程的推动，朝阳区率先践行了党建引领基层管理体制机制创新，在全区范围内实现了分层实施、条块联动、政社结合、协商共治，为破解街乡治理、党建引领、上下联动等基层难题打下了坚实的基础。

三 朝阳区推进"街乡吹哨、部门报到"的实践与成效

（一）明确目标深耕基层工作

1. 成立工作专班

2018年3月，朝阳区召开实施《关于党建引领街乡管理体制机制创新实现"街乡吹哨、部门报到"的实施方案》（以下简称《实施方案》）的专题会，传达全市工作部署会精神。为贯彻市级《实施方案》要求，朝阳区由组织部、社会工委牵头，成立区级"街乡吹哨、部门报到"工作专班。各相关单位确定1名主管领导作为工作专班人员，全程参与工作，统筹推进各项任务落实，并由相关领域专家提供政策咨询和专业指导。区级专班下设党建、体改、平台、基治、宣研和督导6个工作专组，并形成《朝阳区"街乡吹哨、部门报到"专组工作任务清单》。专班专组工作协调推进机制使"街乡吹哨、部门报到"工作的开展有了明确的目标和责任人。区级领导部门、区级专班、各专组通过适时召开全区工作部署会、工作调度会、工作推进会、专题会、案例专题调研和指导试点单位工作会，以及专组调度会、专组会商会、交流推进会等，就关键问题进行研讨和经验交流。

2. 明确目标要求

朝阳区发布《关于加快推进党建引领街乡管理体制机制创新实现"街乡吹哨、部门报到"的实施方案（征求意见稿）》，明确了落实"街乡吹哨、部门报到"的目标要求、基本原则。工作目标是：党建统领更加强化，将

"一轴四网"区域化党建工作体系与"街乡吹哨、部门报到"工作机制有效衔接、融合互促；条块关系更加清晰，厘清街乡和部门权责清单，赋予街乡更多自主权，强化街乡统筹职能；合作联动更加有序，协力突破难题，实现管理与监督的无缝衔接。

3. 理清基本原则

①坚持党建引领。要有政治意识，在日常工作中践行党的宗旨，坚持不懈走群众路线，贯穿落实"三严三实""不忘初心，牢记使命"等教育的要求，强化责任担当，增强群众的获得感、幸福感。②坚持全面统筹。强化区级统筹，注重整体设计，在实际工作中体现合作联动。③坚持改革创新。发扬改革创新精神，坚定改革方向，保持改革定力，注重改革的系统性、整体性、协同性，以深化改革破除制约区域发展、协同发展的障碍。④坚持问题导向。抓好工作中的难点、堵点、重点、痛点问题，并坚持迎难而上，敢吃苦、能吃苦、乐吃苦、会吃苦，解决群众关心的问题。

（二）坚持党建引领基层治理

1. 发挥"一轴四网"的系统优势

朝阳区在本地区经济社会发展过程中始终坚持加强党的建设，从2003年起就开始实施一系列区域化党建工程，并探索形成了以党建聚合地区人员、组织、资源的"聚合力工程"。随着区域内党建工作逐步开展，党组织数量不断增加，在社会领域所发挥的作用日益显著，需要一定的体系将各领域党组织整合起来，使各领域党组织能够实现体系化，增强组织力。为适应党建工作发展需求，2013年朝阳区委在已经实施的"聚合力工程"的基础上，出台了推进区域化党建的"1+4"文件，并于2015年提出了构建"一轴四网"区域化党建体系的总体设计。"一轴四网"是以区委—街道（地区）、工委—社区（村）、党组织—网格（片区）四级区域性党组织为"轴"，并在其中分别搭建由组织体系、工作体系、服务体系和保障体系构成的党建网络，在构建过程中明确了建设网络化组织体系、区域化共建平台、一体化合作机制和常态化服务群众机制的思路，促进各领域党建要素在

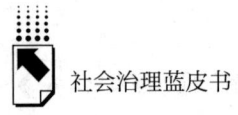

区域聚集共建。

"一轴四网"区域化党建体系为党建引领基层社会治理提供了系统性的党建工作机制。"街乡吹哨、部门报到"就是通过改革和创新基层治理体制机制,实现由基层力量实施社会治理,其中党的领导是至关重要的一环。"街乡吹哨、部门报到"就是将"基层党的建设放在全面深化改革的大局、推进国家治理体系和治理能力现代化的总目标中去系统谋划"。"一轴四网"区域化党建体系为基层党的建设、社会领域改革和社会治理提供了一个体系完整、上下联动的核心领导机制,为党的建设在推进基层治理体系改革和实现"街乡吹哨、部门报到"中发挥引领作用提供了运行载体和制度保障。推进"一轴四网"区域化党建机制,也是对"街乡吹哨、部门报到"各项改革任务的统筹衔接,使党建工作实现体系化的发展,有效提升区域党组织在推进基层治理改革创新中的凝聚力和组织力。

"一轴四网"区域化党建体系在落实"街乡吹哨、部门报到"过程中得到深化。实现"街乡吹哨、部门报到"工作机制的主体内容就是要完成加强党的领导、推进街乡层面的管理体制机制改革、创新管理机制、完善保障措施等工作任务,任务的落实同时也是深化"一轴四网"中"四个体系"建设、强化"一轴四网"党建体系引领作用的有效途径。

2. 借助党政群共商共治的载体优势

以"群众的呼声就是哨声、大家的心到才是报到"为导向,朝阳区将"吹哨、报到"工作机制从体制内向全社会延伸,丰富党政群共商共治的载体和内涵,汇集动员全社会资源和力量共同"报到"。目前,在区—街乡—社区—居民楼院四个层面,已建立党政群共商共治平台500多个,有议事代表1.9万多名,吸收了近千家中央与市区属机关企事业单位、5000多家"两新"组织和1300多名各级"两代表一委员"参与。通过这些平台,累计会商解决民生实事项目和地区难题4100多个,持续发挥着集结哨源、增进共识、凝聚力量的作用。比如,麦子店探索出"四问三商两把哨"解难破题新途径,工作做法在《北京日报》头版刊登,并配发评论员文章。

3. 以党建为平台广泛开展试点工作

朝阳边试点、边提炼、边总结、边深化，探索城市治理最优路径。在适用层级上，下沉一级，实现"社区吹哨、科室报到""支部吹哨、党员报到"；在适用方式上，注重发挥社区、驻区单位、物业公司等主体作用，推动"社区吹哨、社会力量报到"。

麦子店街道发挥基层党组织作用，开展街道、社区、社会单位三个层面议事协商，将"四问"工作法、"党政群共商共治"及"街乡吹哨、部门报到"结合，形成"四问三商两把哨"解难破题的工作新格局。一把街道工委哨，一把社区党委哨，麦子店街道汇聚区级、街道、社区、社会单位，围绕环境治理、民生保障、安全维稳等六个方面，梳理街道、社区两级吹哨清单，目标明确、权责清晰、执行高效。如麦子店街道动员社区党员群众，参与楼门文化建设和社区楼院自治，成功解决了农展南里楼院环境卫生和枣营北里社区 8 部老旧电梯集中更换等治理难题，实现"街乡吹哨、部门报到"工作机制向"党委吹哨、全体报到"的深化。

香河园街道探索"街统格办"社区治理新模式。香河园街道巩固"一轴四网"的网格根基，有效织实"第四层网"。通过坚持党建引领夯实网格基础，块上以"党支部＋"工作模式为基础，将党支部与网格相结合，将治理要素分层入网，细化自治单元格，格长由居民支部书记担任，格内由支部党员、居民代表、志愿者、社会单位负责人、协管员等多元力量开展治理工作；条上以街巷为单位进行统筹，街长由街道科级以上干部担任，巷长由社区干部担任，使干部力量沉下去。通过街统实现党建引领下行政力量与社会力量协同治理，在此基础上吹响"三支哨"，即建立"街—格—楼"运行机制，以街长为纽带，将人、财、物等治理要素重点向社区倾斜，为"街统格办"提供保障，并实现"街长吹哨、格长报到""格长吹哨、楼长报到""楼长吹哨、居民报到"的多层级报到。安贞街道深化"街乡吹哨、部门报到"机制，在街道、社区层面延伸开展"社区吹哨、科室报到"工作机制，实行社区党委吹哨，科室、联盟单位、党员报到。

将台地区为更好地收集哨源建立了两级问题库，实行分类分级管理：

①"社区吹哨、科室报到",对于乡级问题库制定了任务清单、任务明细表和工作进度表,管理档案资料。②"街乡吹哨、部门报到",落实街乡与区级相关部门的对接。

(三)集中力量破解基层难题

1. 引导治理力量下沉

发现问题是为了解决问题。"吹哨、报到"重在引导治理资源下沉,朝阳聚焦实体化、精细化、综合化、信息化,整合执法资源、下移执法重心、强化执法效果,积极推进街乡实体化综合执法中心建设。截至目前,城管、公安、食品药品、消防、工商、环保等多个部门共有128名执法人员按照"实名常驻、片区常驻、吹哨进驻"三种方式,下沉至街乡综合执法平台,形成合力到一线解决问题。如城管、交通、绿化等多部门形成共同破解基层难题的共同体,努力打通朝外、双井等街道断头路,推进解决安贞路缓堵问题。同时,全面推进落实"街巷长"机制,建立"小巷管家"队伍。区城管委牵头在试点单位全面落实"街巷长"制和推进小巷管家队伍建设,三里屯、将台等试点已形成初步经验。

2. 推进基层管理体制改革

围绕"赋权、下沉、增效",朝阳区作为全市唯一重新核定编制的区,综合考虑辖区常住人口、管辖面积、社会单位、流动人口、财政收入5项要素指标,科学核定街道人员编制标准。对照市编办、市委组织部下发的111项职责清单,聚焦街道职能定位,做好"加减法",梳理制定了《朝阳区街道党工委和办事处职责清单》。在推进完善城管执法队管理体制改革基础上,深化推进司法所、安全生产监察队机构下沉和职能归并。以麦子店、双井为试点单位,确定了"6+1+3"(6部1队3中心)的街道组织机构设置,推进挂牌运行,构建起简约高效的基层管理体制。区农委、区编办沟通将将台、太阳宫作为农村地区机构改革试点单位。在城乡社区全面完成了社区减负工作,全区共取消社区评比25项,取消社区工作机构27个,取消社区盖章证明74项,取消社区挂牌27个,摘牌2396个,推动社区"瘦身健体",形成了"四减三增两满意"的朝阳减负工作方式,获得了市级主管部门的认可。

3. 积极完善基层考核评价体系

区委组织部牵头制定区具体试行方案,明确了"四权"的具体清单和相关保障措施,将在试行基础上逐步完善形成街乡赋权的实施意见,在全区正式推动落地。为进一步完善考核评价制度,在千分制考核中,区委将街乡对部门的考核权重调整为38%,符合市里提出的三分之一左右的要求,而且要求街乡将"吹哨"部门的"报到"情况纳入年度考核重点指标之中,将下沉到街乡的执法力量纳入考核部门事项,主动提升基层对部门的考核话语权。

(四)梳理阶段性工作成绩

1. 阶段性工作有成果

以"1账3清单"(1账是市里14项任务台账;3清单是实践成果清单、制度成果清单、理论成果清单)的方式,抓好梳理总结,共梳理汇总了373件案例,其中提炼出典型案例33项。通过对试点过程中实践方案类、流程标准类、制度评价类、创新机制类4类成果进行梳理,已整理38项制度成果。通过与智库和专业团队合作,以"5个课题"为基础,力争形成5个理论成果。

2. 一批难点问题有所突破

街道管理体制改革试点、协管员队伍整合等难点工作已正式推进,综合执法平台建设逐步铺开,"街巷长"制和"小巷管家"队伍建设在所有街道和4个试点乡全面部署推进,在职党员回社区报到服务工作取得较好的社会反响。双花园南里断头路、大山子北里违建、广渠路违章停车等一批困扰基层治理多年的难题,通过大胆探索创新有了新进展、新突破,群众有了实实在在的获得感。

3. 营造了良好氛围

北京电视台、《北京日报》等媒体开设"街乡吹哨、部门报到"专栏,

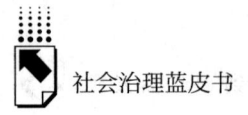
社会治理蓝皮书

对朝阳区安贞、双井、朝外、麦子店街道的经验做法进行了广泛宣传报道，交流经验，统一思想，为整体推进工作营造了良好的舆论氛围。

四 关于朝阳区以党建引领，推进"街乡吹哨、部门报到"向纵深发展的思考

"街乡吹哨、部门报到"是一个系统的工作机制，也是党引领基层治理的制度。党建引领"街乡吹哨、部门报到"涉及的党建工作，除了加强党委对街乡工作的领导和党的作风建设、队伍建设等首要问题以外，还包括多方面的制度建设问题，如通过党的建设，实现人民群众与基层行政机构的联系，推动基层条块关系优化联动，强化对基层党组织和党员的凝聚力与组织力等。

（一）建设"一轴四网"与"街乡吹哨、部门报到"衔接机制

实现"街乡吹哨、部门报到"工作机制，首先就是要通过党建引领，落实相关的各项基层管理体制机制改革任务。因此，朝阳区要依托"一轴四网"区域化党建体系，提高党建水平，加强党建引领作用，这就需要将党的建设与阶段工作全面融合，探索建立相关的融合机制。第一，重点是要在各街乡和社区建立党建工作协调委员会和分会，完善街道（地区）社区的党建工作统筹协调机制；第二，基础是要发挥纵向四级"轴心"作用，以区域化党组织为核心，扩大党组织覆盖面；第三，关键是要搭建区域化党组织发挥作用的有效载体，夯实横向四大保障"网络"，推进区—街乡—社区（村）—片区（网格）四级党建协商议事平台建设和有效运转。

（二）强化党建工作，提升党建引领基层治理的综合水平

"街乡吹哨、部门报到"工作机制是要通过体制机制的创新，使基层拥有更多的权力和资源实施社会治理，这对基层党建工作的开展提出了更高的要求。朝阳区的党建工作仍有进步空间。一是具有较为完备的党建体系，但

运行机制有待完善。朝阳区现行的党建机制在区域内搭建了系统化党建体系，发展、规范各领域党组织，汇集地区资源。但在具体实施社会治理过程中，存在运行动力不足的问题；同时，现行党建体系在落实"街乡吹哨、部门报到"工作的过程中，除了各级党委、工委要推动落实各项重点任务以外，在区域党组织建设方面，需要对党建体系的运行机制进行创新。二是党建体系具有较强的资源凝聚力，但各领域党组织参与社会治理动力不足。在推进"一轴四网"区域化党建体系及党政群共商共治工程中，朝阳实现了民主协商与地区资源的整合。然而，区域党组织规模不断扩大，地区党建的组织需要更全面的统筹，同时，由上级统筹开展实施的党建工作，往往会产生基层党组织参与能力不足的问题，如在落实"街乡吹哨、部门报到"的党员到社区报到这一工作时，也出现了为完成任务而形式化的问题，无法真正实现党员在社区亮身份、发挥作用的目的。因此，应进一步发挥党的组织力优势，改进对基层党组织和党员的动员机制，激发各级党组织在社会治理中充分发挥自身作用的原生动力。

（三）促进党建在理顺条块关系中发挥更大作用

理顺条块关系是实现"街乡吹哨、部门报到"的核心问题。在党建工作中，一是要根据市委相关要求，强化街乡工委对基层体制改革的统筹和推进；二是要通过完善区域化党建体系，强化各领域党组织在街道（地区）—社区（村）—网格（片区）各级的"块"上所形成的党建体系中的作用，促进条块有效联动；三是要完善"一轴四网"党建体系，发展党组织、搭建党建平台、聚合地区资源；四是要进一步推进党建机制建设，在党建协调委员会的领导下，强化区域化党建体系对地区党组织和党员的组织力，同时增加党建联席会的制度效能和权威性，使各方面权力、资源得到有效配置，从而对基层体制改革和条块联动形成支持作用。

（四）广大党员、群众参与社会治理的路径

"街乡吹哨、部门报到"目的是要在基层一线解决问题，需要多方面的

制度保障,推动各方力量下沉到街道社区是其中的一项重要任务。通过在区域化党建中统筹实施、搭建平台,可以有效使基层党组织和党员力量下沉到社区。当前在区域化党建工作中,党委(党工委)主要发挥统筹作用,指导地区党建工作的开展,在此基础上搭建了各类共商共治平台,如党建联席会议、居民议事会等,为多元力量的整合提供了相应的机制保障。但当前基层党组织和党员对社区建设的参与仍存在形式化、任务化的问题,其根本原因是在涉及个人意愿的问题上,党的组织力无法从管理上发挥作用,为此应着力进行思想建设和机制建设。党员是群众的一员,在社会治理和社会建设中,有着自己的思想和意愿,但往往缺乏实现的平台和渠道。因此在地区党建工作中,应重视这方面的机制建设:一是设置一定的培训机制,让党员和群众对地区事务和参与办法有所了解;二是搭建平台,鼓励基层党员和党组织能够自发组织起来,针对某个社会治理或社会建设问题,在权限范围内开展服务或治理行动,并在一定条件下使这些行动项目化;三是建立支持性制度,对发展较好或较成熟的项目给予支持,并进行进一步的经验总结,通过制度建设,使其成为长效机制。

(五)坚持以人民为中心走好新时期群众路线、治理路线

"街乡吹哨、部门报到"运行机制是靠基层发现问题,目的是解决基层困难、服务群众,这与"为人民执政、靠人民执政""尊重民意、汇集民智、凝聚民力、改善民生贯穿党治国理政全部工作之中"的要求相一致。长久以来,朝阳坚持以人民为中心的政治立场,将凝聚和组织社会各领域的党组织力量作为重心,通过党政群共商共治等机制,使基层群众、社会各领域代表能够有效参与社会治理和社会建设,保证了基层党和政府的工作目标聚焦于满足人民群众的需求。在下一步的工作中,要进一步发扬以人民为中心的工作方针,将群众的需求、群众的社会事务参与纳入"街乡吹哨、部门报到"工作机制中,使改革工作与社会治理有的放矢。朝阳区在试点工作中已经对此进行了探索,如多个街道实施"社区吹哨、部门报到"等机制,使"哨源"形成于更基层的群众,使"报到"单位进一步向基层下沉。

人民是改革发展进程的决定性力量,坚持以人民为中心是全面深化改革的价值目标,"街乡吹哨、部门报到"作为一项重要的改革任务,要通过党建引领,定位好解决好群众身边的问题,走好新时期的群众路线。

参考文献

张来明:《一次具有开创性、里程碑意义的重要会议》,《中国经济报》2019年11月13日。

陈竹君、胡燕:《区域化党建:创新基层党建工作的有效途径——以北京市朝阳区建外街道为例》,《改革与开放》2015年第21期。

中央组织部组织二局:《北京市党建引领"街乡吹哨、部门报到"改革情况的调查》,《党建研究》2019年第2期。

段光鹏:《建设人人有责、人人尽责、人人享有的社会治理共同体》,《济南日报》2019年11月7日。

B.7
朝阳区以党建协调委员会为引领健全基层社会治理全域协同机制

摘　要： 朝阳区以党建协调委员会为引领，打造"三级两全六领域多行业"的社会全域协同治理体系，提高了社会全域协同治理的精准性、针对性、实效性，是对我国推进基层社会治理体系和治理能力现代化的探索和创新。本文通过借鉴分析其他区域先进经验，结合朝阳区工作实际，提出进一步推进党建协调委员会在基层社会治理中发挥作用的建议，以期为朝阳区强化基层社会治理提供借鉴。

关键词： 党建协调委员会　基层社会治理　全域协同

一　新时代背景下的基层社会治理需要"全域协同"

（一）建设社会治理共同体是新时代党和国家提出的新要求

社会治理是全社会的责任，全域协同社会治理是新时代社会建设的需要。习近平总书记指出："社会治理是一门科学，管得太死，一潭死水不行；管得太松，波涛汹涌也不行。要讲究辩证法，处理好活力和秩序的关系。"党的十九届四中全会从全局的高度对社会治理工作进行了部署，提出"社会治理是国家治理的重要方面。必须加强和创新社会治理，完善党委领导、政府负责、民主协商、社会协同、公众参与、法治保障、科技支撑的社会治理体系，建设人人有责、人人尽责、人人享有的社会治理共同体"。党的十九届四中全会为我们推动社会治理制度更加成熟、更加定型明确了时间表、路线图。对基层来说，把握基层社会治理方向，关键就是要坚持党建引领，遵循共建共治共享原则，坚持以解决实际问题为导向，善于自我改革、自我超越，大力发展合作治理、共同治理机制，进一步完善民主协商、社会协同、公众参与的制度安排，创新全域协同的治理模式，推进实现基层社会治理现代化，使社会充满生机活力。

（二）北京市"街乡吹哨、部门报到"改革，为党建引领基层治理体制机制创新开拓了新思路

北京市委深入学习领会习近平总书记关于北京工作的重要讲话精神，立足首都发展特点、城市治理现状和创新探索，把"吹哨、报到"改革列为"一号改革课题"，通过党建引领基层治理，破除动体制、动权力、动利益的很多难题。"街乡吹哨、部门报到"从基层街道管理体制改革入手，探索为街道赋权的路径，转变政府职能，将力量下沉到街道，由街道党组织统筹协调，发挥其领导核心作用，实现一招破题、满盘皆活。同时，着眼于打破条块壁垒、各自为政的困局，加强各领域党组织互联互动机制建设，整合各方面力量参与治理。以"吹哨、报到"引领基层治理，把各个方面的力量充分激发出来，为进一步激活全域协同治理的资源打下了坚实的理论基础、实践基础。

（三）需要社会各领域专业力量进一步充实朝阳区基层社会治理条块协作能力

朝阳区作为一个大区，经济社会发展水平高，近些年区域化党建通过党组织领导、规则制定、利益协调、资源整合和思想引导五个方面发挥了在本区域的统筹和引领作用，通过层级管理畅通了自下而上表达需求与民意的渠道，整合汇集了自上而下的资源与力量。但从朝阳实践看，仍存在着统筹不够、功能不足、运转不畅等瓶颈问题，已经到了需要系统研究解决的时候，尤其是运用市场力量解决社会治理问题、引导社会

单位参与社会建设有待加强，政府引领和动员社会专业部门和专业力量参与社会治理的动能尚未充分发挥，缺乏党委、政府、社会单位的有效联结。

针对当前各专业部门统筹不充分、各领域协调不充分，"街乡吹哨、部门报到"专业部门被动参与凸显等问题，通过在各领域成立党建协调委员会，促进领域内外协调，变专业部门"被动吹哨"为"主动吹哨"，推动社会治理发展为区域治理加领域治理的全域治理，从而突破条块束缚，有利于现代社会治理体系的形成。发挥各专业部门的专业保障和领域治理作用，实现朝阳区社会治理的全域协同，形成各方良性互动、共建共享的全域协同治理机制，推动基层治理的各方力量融合，强调各领域统筹共同协商解决问题，构建全民共建共享的社会治理格局显得十分紧迫。

二 朝阳区构建全域协同治理机制的基础扎实

（一）"党政群共商共治"为朝阳区社会治理协商共治开了先河

2013年，朝阳区在系统总结麦子店街道"问政"工作模式和街道系统"为民解忧工程"的基础上，开始在全区推广实施党政群共商共治工程。通过"党政群共商共治"实现了政府治理与社会自我调节、居民自治的良性互动，社区居民的家园意识和主人翁精神明显增强；使各街道充分发挥属地作用，广泛宣传发动，精心组织实施，大力整合辖区社会资源，积极引导各方充分表达意愿，较好地解决了一大批居民反映强烈的突出问题，效果十分明显，共治理念深入人心；政府职能转变，政府"搭台"，全社会共同参与治理，为政府理念的转变，为建设"人人尽责、人人享有的社会治理共同体"奠定了思想基础。朝阳区探索实行的党政群共商共治模式，是国家治理体系和治理能力现代化在基层的重要探索，为基层社会治理模式的创新提供了重要经验。

（二）"一轴四网"区域化党建为创新党建引领基层治理提供了组织保障和工作经验

自2015年7月起，朝阳区针对基层党建实践中存在的共识不够、统筹不力、运转不灵等问题，提出建立"以区域性党组织为核心，以基层各类组织协同参与为基础，以统筹组织服务为手段，以实现党领导的基层社会治理为目标"的"一轴四网"区域化党建模式。通过构建"一轴四网"区域化党建体系，形成了全覆盖、充分发挥功能的组织体系，建立了落实责任、统筹协同解决问题的工作体系，完善了整合各类社会力量开展服务的服务体系，健全了系统化向基层倾斜、向区域聚集的保障体系。通过体系完善为以区域化党建引领基层社会治理、推动区域发展提供了强有力的组织保障。"一轴四网"是为适应时代要求、创新基层党建工作而产生的新的党建工作体系，一方面，创新基层党建工作新格局，强化了基层党建工作队伍，为党建引领全域协同提供了组织、队伍基础。另一方面，"一轴四网"是将党的政治优势和组织优势转化为社会治理优势的有力探索，是制度优势转化为治理效能的实践验证。

（三）"街乡吹哨、部门报到"优化了政府条块运行机制，为全域协同社会治理打破了制度壁垒

2018年以来，朝阳区面对城市基层治理的新形势新要求，针对"大城市病"、城市治理任务艰巨、条块统筹不顺畅等突出问题，结合市委"街乡吹哨、部门报到"工作，立足朝阳区位特点和党建工作实际，不断深化改革工作。朝阳区把建立完善"街乡吹哨、部门报到"机制放到城市治理体系中，统筹整合条块力量，探索党建引领的有效路径，进一步理顺了区直部门、街乡工作联动机制，提高了工作效率。同时，着眼于把工作延伸到基层，大力推进"赋权、明责、下沉、强基、聚能、增效"，提出了"社区吹哨、科室报到""支部吹哨、党员报到""社区吹哨、社会力量报到"，不断强化街乡的统筹、协调力量，从而更加直接地为群众提供服务、解决困难。

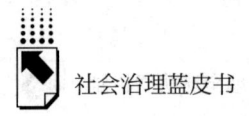

三 朝阳区以党建协调委员会为抓手,创新全域协同治理新机制的实践探索

(一)统一思想,明确构建思路

1. 严格贯彻落实党中央各项精神,立足朝阳区工作实际,明晰工作思路

以习近平新时代中国特色社会主义思想和党的十九大精神为指导,深入贯彻落实全国组织工作会议和全国、全市城市基层党建工作会议以及习近平视察北京市的重要讲话精神,紧紧围绕首都城市战略定位和朝阳建设"三区"、建成小康的奋斗目标,紧密结合朝阳实际,依托"党政群共商共治"机制,构建党建引领全域协同治理的"三级两全六领域多行业"新格局,把党的政治优势和组织优势转化为地区发展和社会治理优势,不断巩固党在朝阳的执政基础,为促进朝阳区改革发展提供坚强的组织保证。

2. 以治理目标为导向,形成创建全域协同新格局的共识

以党建引领社会全域治理为主线,以区、街乡、社区三级党建协调委员会为载体,聚焦城市运行、平安建设、社会民生、经济发展、文化文明、生态环境六大领域,全面构建"三级两全六领域多行业"的社会全域协同治理新格局,发挥专业部门牵头解决各自领域治理难题的行业主管优势,变专业部门"被动吹哨"为"主动吹哨",形成各方良性互动、共建共享的全域协同治理机制。

3. 明确党建工作协调委员会的工作原则

一是坚定政治方向。坚持把加强党的领导贯穿治理全过程,确保全域治理正确方向。以党建工作协调委员会为平台,坚持区域全统筹、领域全协同原则,积极构建党建管统筹、部门管领域、街乡管区域、社区管落地"四管"机制。二是坚持目标导向。围绕实现综合治理、系统治理、协同治理目标,通过党委领导、政府负责、社会协同、公众参与,充分整合社会优势资源和力量,促成全域协同社会治理目标合、组织合、管理合、服务合

"四合"。三是坚持为民导向，牢固树立以人民为中心的发展思想，把推进福祉共享作为治理目标，"民有所呼、我有所应""闻风而动、接诉即办"，将服务群众、造福群众作为全域协同治理的出发点和落脚点，把治理成果变为群众看得见、感受得到的实效和实惠。四是坚持效果导向，围绕实现朝阳"三区"目标，提升群众安全感、获得感、幸福感，以党建为引领，在引导社区治理改革创新方向的同时，寻找社会建设短板，及时调整政策，从整体上增强基层社会治理效果。

（二）完善组织机构建设，实化基层社会治理合力

按照社会全域协同治理需求，将区党建工作协调委员会功能细化，下设城市运行、平安建设、社会民生、经济发展、文化文明、生态环境六大领域党建工作协调委员会专委会（以下简称"专委会"）。每领域专委会设主任1名，由区委、区政府主管相关领域工作的区领导担任；副主任1名，由该领域专委会牵头单位党组织书记担任；委员若干名，由相关领域职能部门、社会单位党组织和行业协会党组织负责人担任。

一是城市运行领域专委会。由区委、区政府分管领导任主任，牵头单位党组织负责人为副主任（该领域由区城建部门牵头，区城管、交通等部门协同，链家公司、我爱我家、顺丰物流、摩拜、朝阳物业、首佳、天塑、仲量等行业或协会参与）。主要职责：从党的建设方面，在全区层面统筹推进城市运行、管理各项工作，搭建城市运行各专业部门、各行业协会的沟通和联络平台，促进城市管理相关单位加强沟通联系和工作联动。加强城市管理工作发展规划和政策研究，对城市发展提出意见和建议，通过单位协商、专家咨询等方式，着力解决疑难问题，明确政策取向，实现超前谋划，做好政策衔接。建立行之有效的工作调度、多元联动、政策评估等机制，建立健全城市运行管理工作体系，保障各项机制互联互动，推进城市运行工作有效开展。着眼于系统解决城市运行问题，明确各方职责，促进专业部门、行业协会、社会组织彼此互动，充分整合各方资源，形成合力，保障城市有序高效运行。专委会应依据议事会商情况，及时制定、完善问题清单，实行项目化

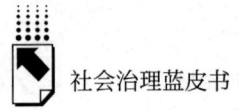

管理，充分发挥统筹和调度功能，明确问题治理的牵头部门、协同部门，以及参与配合社会单位，积极整合各类资源、力量，促进行业发展，及时解决困难。

二是平安建设领域专委会。由区委、区政府分管领导任主任，牵头单位党组织负责人为副主任（该领域由区公安部门牵头，区司法、安全、维稳等部门协同，驻军、武警等参与）。主要职责：从党的建设方面，在全区层面统筹推进各项平安建设工作，建立健全上下统一、协调有力的工作体系，促进平安建设相关单位加强沟通联系和工作联动，为推动首都新发展创造安全稳定的社会环境。树立安全大格局理念，加强平安建设相关立法、普法工作，通过单位协商、专家咨询等方式，着力解决疑难问题，明确政策取向，实现超前谋划，做好政策衔接。建立行之有效的规划制定、工作调度、政策评估等机制，建立健全平安建设工作体系，保障各项机制互联互动、平安建设工作统筹开展。着眼于系统解决平安建设问题，加强社会管理工作发展规划和政策研究，明确各方职责，促进专业部门、行业协会、社会组织彼此互动，充分整合各方资源，形成合力。建立健全各类大数据平台，提升平安建设智能化应用水平。强化问题导向和风险防控意识，专委会应依据议事会商情况，及时更新调整问题清单，充分发挥统筹和调度功能，明确问题治理的牵头部门、协同部门，以及参与配合社会单位，积极整合各类资源、力量，促进难题及时解决。

三是社会民生领域专委会。由区委、区政府分管领导任主任，牵头单位党组织负责人为副主任（该领域由区委社工委、区民政部门牵头，区社保、公积金、医保、教育、卫健等部门协同）。主要职责：从党的建设方面，在全区层面统筹推进各项民生工作，搭建各专业部门、各行业协会的沟通、联络平台，构建全域覆盖、立体联动、全员参与的共商共治工作网络。按照构建"大民生"格局和"七有""五性"要求，制定民生工作近期、中期、长期的发展规划，通过单位协商、专家咨询等方式，着力解决疑难问题，明确政策取向，实现超前谋划，做好政策衔接。建立行之有效的规划制定、工作调度、政策评估等机制，建立健全民生工作体系，保障各项机制互联互动、民生工作统筹开展。着眼于系统解决民生问题，加强民生工作发展规划和政策研究，明确各方职责，促进部门和街乡协同、政府和社会互动，充分整合各方资源，形成合力，保障民生工作开展。专委会应依据议事会商情况，及时更新调整问题清单，充分发挥统筹和调度功能，明确问题治理的牵头部门、协同部门，以及参与配合社会单位，积极整合各类资源、力量，促进难题及时解决。

四是经济发展领域专委会。由区委、区政府分管领导任主任，牵头单位党组织负责人为副主任（该领域由区发改部门牵头，区商务、国资、科信、工商、税务、各园区管委会等部门协同，便利蜂、美团、远洋、首开、住总、昆泰、首创等行业或协会参与）。主要职责：从党的建设方面，在全区层面统筹推进经济发展工作，积极优化营商环境，搭建经济领域各部门、各行业协会的沟通、联络平台，加强沟通联系和工作联动。制定全区经济发展工作规划意见，通过单位协商、专家咨询等方式，着力解决疑难问题，明确政策取向，实现超前谋划，做好政策衔接。建立行之有效的规划制定、工作调度、政策评估等机制，建立健全经济运行工作体系，保障各项机制互联互动、经济工作统筹开展。着眼于系统解决经济发展问题，加强经济工作发展规划和政策研究，明确各方职责，促进专业部门、行业协会、社会组织彼此互动，充分整合各方资源，形成合力，保障经济工作健康开展。定期征求成员单位对朝阳区建设规划、经济发展、公共服务等方面决策的意见建议，并向其通报和交流区域内经济社会发展情况，加强信息共享和服务对接。

五是文化文明领域专委会。由区委、区政府分管领导任主任，牵头单位党组织负责人为副主任（该领域由区文化旅游部门牵头，区体育、文化创意、宣传、文明办等部门协同，《人民日报》、北京电视台等行业单位或协会参与）。主要职责：从党的建设方面，在全区层面统筹推进各项文明文化工作，搭建文化文明领域各部门、各单位的沟通、联络平台，加强沟通联系和工作联动。制定全区文化文明创建工作的意见，通过单位协商、专家咨询等方式，着力解决疑难问题，明确政策取向，实现超前谋划，做好政策衔接。建立行之有效的规划制定、工作调度、政策评估等机制，建立健全文化

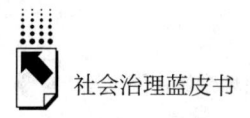

文明创建工作体系，保障各项机制互联互动、文化文明工作统筹开展。着眼于系统解决文化文明问题，加强社会管理工作发展规划和政策研究，明确各方职责，促进专业部门、行业协会、社会组织彼此互动，充分整合各方资源，形成合力，保障文化文明工作开展。

六是生态环境领域专委会。由区委、区政府分管领导任主任，牵头单位党组织负责人为副主任（该领域由区生态环境部门牵头，区绿化、环卫、水务、规自等部门协同，循环经济园等行业单位参与）。主要职责：从党的建设方面，在全区层面统筹推进生态文明工作，搭建生态环境领域各部门、行业单位、社会组织的沟通、联络平台，加强沟通联系和工作联动。制定生态环境整治工作意见，通过单位协商、专家咨询等方式，着力解决疑难问题，明确政策取向，实现超前谋划，做好政策衔接。建立行之有效的规划制定、工作调度、政策评估等机制，建立健全生态文明工作体系，保障各项机制互联互动、生态文明工作统筹开展。着眼于系统解决生态文明问题，加强社会管理工作发展规划和政策研究，明确各方职责，促进专业部门、行业协会、社会组织彼此互动，充分整合各方资源，形成合力，保障生态文明工作有序实施。

各专委会下设秘书处，秘书处设在牵头单位，秘书处主任由专委会牵头单位主管副书记兼任，副主任由牵头单位党建部门主任或负责人担任。秘书处负责组织专委会日常工作，收集汇总分析问题，督促专委会会议议定结果的落实，适时召集本领域相关单位协调解决社会问题和群众关注的难题。

（三）细化实施任务，确保执行落实有条理

推进"党建+治理"工作方式，细分六大专业领域任务，积极把党的领导和社会主义制度优势转化为社会治理优势，并引导专业部门、行业协会、社会企业、社会组织、居民代表等多元主体广泛参与，实现政府治理和社会调节、居民自治良性互动，提升党建引领全域协同社会治理水平。

1. 共商区域发展

定期向各专委会通报和交流区域内经济社会发展情况，加强信息共享和

服务对接；定期探讨谋划朝阳建设的思路和举措，征求各专委会对朝阳区建设规划、城市运行、交通疏堵、社会民生、经济发展、文化文明、生态环境、社会治理等方面决策的意见建议；围绕有关地区党的建设、社会建设等共性、重点、难点问题，研究制定相关指导性文件并形成决议，及时回应各方诉求，推进和完善相关工作决策，推进地区社会经济各项事业发展。

2. 共创平安朝阳

立足社会治安综合治理属地职责，统筹司法、人武、信访、公安、安全等工作力量，认真落实社会治安综合治理的工作责任。积极组织开展并定期会商辖区治安防范、不稳定因素和矛盾纠纷排查化解、重点人员管控、公共安全突出问题排查整治、社区矫正、安置帮教、禁毒戒毒、反邪教、流动人口管理等工作。强化一线日常执法巡查与现场监管工作，加大综合行政执法、国土资源保护、市场监管等领域的执法力度；完善联合执法机制建设，强化应急协作配合，有效提升执法成效。

3. 共营民生福祉

优先发展教育事业，提高教育质量，大力发展普惠性学前教育、特殊教育、职业教育，普及高中阶段教育，让每个孩子都能享有公平受教育的机会。持续推进公立医院改革，实行医疗、医保、医药"三医"联动，提升医疗资源使用效率。夯实社会民生之基，打造幸福工程，努力在"幼有所育、学有所教、劳有所得、病有所医、老有所养、住有所居、弱有所扶"上不断取得新进展。

4. 共促经济发展

以优化营商环境为抓手，进一步深化"放管服"改革，对行政许可标准化进行探索，强化流程监督，不断提升"接""管"能力，破除体制机制障碍。建立"亲""清"政商关系，落实好国家普惠性、结构性减税降费政策，推动各类扶持、激励政策全面落实到民营企业，营造亲商爱商安商护商的良好氛围。制定防范网贷金融风险预防工作机制，加强对网贷金融风险的宣传教育。

5. 共育先进文化

鼓励相关委员单位发挥优势,积极参与区域重点文化项目的建设;注重整合资源,积极支持各类文化资源向社会公众开放,在文明创建、志愿服务、道德实践等方面相融共建,提升地区文明程度;联合开展党建方面的主题活动,通过社会性、群众性、公益性活动,努力营造共创文明的良好氛围。

6. 共建美好家园

树立和践行"绿水青山就是金山银山"的发展理念,严守生态保护红线,拓展绿色生态空间,加快构建绿色产业体系,促进资源节约循环高效利用,走经济高质量发展与生态环境保护的双赢之路。推进大气污染防治,强化水污染防治和土壤污染治理,持续提升人居环境安全水平。加快建立垃圾分类投放、分类收集、分类运输、分类处理的垃圾处理系统,持续开展广泛的教育引导工作,完善刚性处罚措施,让更多人培养垃圾分类的好习惯,共建美好家园。

(四)建立规范性制度,为工作提供持久保障

1. 联络员制度

专委会每个成员单位,要确定1名联络员,负责日常联系工作,及时通报情况,反馈意见建议。遇有人员变动,需及时向专委会秘书处报备。各专委会秘书处,要加强所属领域成员单位、行业协会的协调沟通工作,定期收集情况、反馈意见,积极发挥好在所属行业领域中的"枢纽"作用。

2. 工作责任制

专委会实行工作责任制,主任全面负责协调委员会专委会的工作;副主任负责协助主任开展协调委员会专委会的工作;专委会秘书处负责协调委员会日常工作的开展;各专委会副主任、各成员单位负责推动落实专委会全体会议的议定结果。

3. 工作认领制

各专委会要对口认领与自身行业特点相关的工作事项,以专业资源对接

专业需求,牵头研究各自领域的治理难题,带动街乡、社会单位找准病症,协商研究具体的对策行动,就各自的资源优势进行职责分工。各行业主管部门,要充分发挥自身在政策制定、资源协调、人才储备等方面的优势,加大政策支持力度,完善产业发展环境,加快人才培养和引进,加速主管行业孵化进程,调动社会力量、资源、人才参与全域协同社会治理。

4. 议事会商制度

各专委会每年至少召开两次全体会议,原则上每半年召开一次,会议由专委会秘书处负责召集,由专委会主任主持召开(也可委托副主任召开),相关成员单位党组织负责人参加,沟通研究工作中遇到的重点难点问题,分析原因,统一思想,提出对策,共同推动问题解决。

5. 督导评议制度

各专委会要定期对所属领域党建工作推进情况进行动态跟踪,对专委会全体会议议定结果的推动落实情况和具体服务、项目、活动的开展情况进行督促落实,对已完成的要组织相关单位、群众进行评议评价,并及时向协调委员会专委会全体会议和相关方面通报评价情况。

(五)健全工作机制,保障各组织沟通、运行流畅

1. 建立双向需求征集机制

各专委会及成员单位要围绕市委、区委重要会议精神和重大决策部署,结合朝阳区中心工作和重大任务,在"三级两全六领域多行业"党建工作体系下,依托"党政群共商共治"机制,通过会议、座谈、走访、调研等形式,定期征集双方需求和建议。每年集中性需求征集不少于1次。

2. 建立双向沟通协商机制

各成员单位要及时总结交流工作中好的经验和做法,沟通研究工作中遇到的重点、难点问题,分析原因,提出对策,共同推动问题解决。议事协商时,各成员单位不分级别,本着平等协商、共同研讨的原则,充分发扬民主精神,顾全大局,求同存异,达成共识。

3. 建立双向提供服务机制

专委会成员单位、行业协会单位相互间要结合自有资源，按照可提供、可利用、可共享的原则，对空间、技术、数据、场地、人才、资金、设备、服务等各类资源进行梳理，建立资源台账。

4. 建立双向评价通报机制

各专委会和行业委员会要对双向服务确定的项目督促落实，对已完成的项目要组织相关单位、群众进行评议，相互做出评价，并通过专委会会议及时通报评价情况。

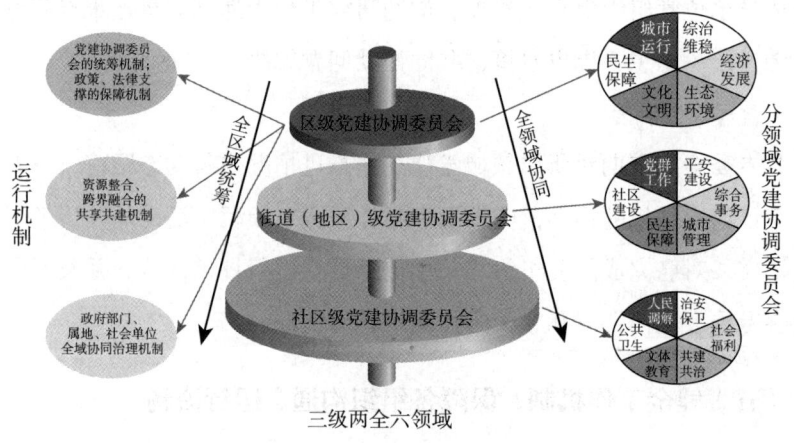

图1　朝阳区党建全面引领社会全域协同治理运行结构

四　关于进一步推进朝阳区党建协调委员会在基层社会治理中发挥作用的几点建议

（一）强化党建协调委员会的统筹作用

将委员会作为新时代城市基层党建的重要抓手，打造城市社会治理共同体，促进共建成员单位发展命运共同体。一方面，在顶层设计上，要将委员会作为统领城市基层党建的核心平台，作为构建条块协同社会治理新格局的主要抓手，加快打造城市社会治理共同体。另一方面，要树立"一家人"理念，借助委员会形成资源整合、跨界融合的共享共建机制。整合社区、社会单位、社会组织等多方面力量，从人、地、房、事、组织五个要素出发，发挥各自的优势和功能，最大化地运用好资源，实现多主体联动、政企跨界融合的共享共建。朝阳区物流、房产中介、连锁便利店等新兴行业的领军企业众多，门店分布广、从业人员聚集、行业影响力大，应率先充分发挥行业领军企业的示范带动作用，树立一批企业典型，健全企业的利益表达、协调和保护机制，政府要积极引导社会单位表达诉求、行使权利，营造社会单位有序参与、有效参与、规范参与社会治理的良好氛围。

（二）建立政府部门、属地单位、社会组织全域协同治理的机制

全域协同治理是一项复杂的系统工程，涉及政府部门、企事业单位、社会组织等多元主体的协同治理网络，落实属地和驻区单位"四个双向"（双向需求征集、双向提供服务、双向沟通反馈、双向考核评价）制度，密切区域治理协作；拓宽议事协商渠道，通过"吹哨、报到"机制，动员部门、社会单位、社会组织等多元主体共建共治，通过居民议事厅、恳谈会等方式，听民声、汇民意、集民智。畅通沟通与协调渠道，改变信息壁垒、信息不对称的现状，充分发挥各政府部门的统筹领导作用，如探索建立社会单位参与城市基层治理的政策奖励支持机制、探索建立社会单位数据信息服务政府决策机制。

（三）全面树立"服务"理念，塑造双向认同的格局

全区各街道、社区在工作开展过程中，要摒弃传统社区治理的"管理"思维，全面树立"服务"理念，既服务好居民，也服务好驻区单位。在要求驻区单位提供服务的同时，也要找准突破口，为其提供实质性服务。街道和社区切不可一味索取，要通过营造"双向服务"的氛围，塑造"双向认同"的格局。"双向认同"要着重体现在三个层面上——社区与居民、社区

与辖区单位、居民与辖区单位之间。在具体举措上，最直接、最便捷、最有效的方式，就是通过梳理街道、社区文化，以区域文化为号召，凝聚区域发展合力，实现党的建设和北京市全国文化中心建设"双向互动"。

（四）利用现代信息技术，围绕"需求"做文章，激发各级委员会生命力

如果说委员会存在的基础是党建，那么激发委员会生命力，则在于满足或解决成员单位和居民的需求或问题。要围绕需求，做好两方面文章。一方面，结合现有技术和平台资源（如社区通），建立全区需求库和资源库。库内进行分级和分类管理，确保各级资源和需求信息精准。各级委员会的需求征集可不拘泥于形式，确保一次征集、全面梳理，形成需求库即可。另一方面，要与企业（如百度搜索）合作，利用技术实现库内资源和需求可查询可搜索。必须注意的是，成员单位和居民的需求具有随机性和突然性，需求的满足重在时效性。因此，在满足存量需求的同时，要重点、及时满足新增需求，确保早见成效，激发委员会活力。

（五）探索政策、法律支撑的保障机制

目前关于社会单位参与基层社会治理的机制尚处于探索阶段，并没有上升到政策层面，也无完善的法律支撑。为了提升社会单位参与基层社会治理的长效性、规范性、可持续性，应当通过各主体不断协商沟通以达成共识，形成目标一致的共同行动，再以完备的政策、法律为支撑和保障，有法可依，充分体现全域协同治理的价值，提升党委领导、政府负责、社会单位参与治理的法治化水平。

参考文献

北京市委组织部：《党建工作协调委员会议事规则（试行）》（京组通〔2019〕19

号），2019年。

朝阳区委社会工委：《朝阳区党建引领社会全域治理实施方案暨朝阳区区级党建协调委员会建设方案》，2019年。

西城区委社会工委：《关于西城区街道和社区党建工作协调委员会运行现状的调研报告》，2019年。

宋贵伦：《努力构建新时代中国特色社会建设体系》，《中国特色社会主义研究》2019年第1期。

殷星辰：《新时代以基层党建引领社区治理创新的实践与思考——以北京市为例》，《中共山西省委党校学报》2019年第4期。

杨维汉、罗沙、白阳、王琦：《释放"中国之治"最强信号》，《团结报》2019年11月1日。

刘伟忠：《协同治理的价值及其挑战》，《江苏行政学院学报》2012年第5期。

张韬：《新时代城市社区党建问题与对策研究》，中共湖北省委党校硕士学位论文，2019。

杨宜勇、黄燕芬：《习近平总书记关于社会建设的重要论述探究》，《中国井冈山干部学院学报》2019年第6期。

指 数 报 告

Index Report

B.8 朝阳区社区评价指标体系构建研究

摘　要： 在推进国家治理体系和治理能力现代化进程中，强化社区治理是重要的组成部分，而构建社区评价指标体系是现阶段城市社区治理研究摆脱定性分析盲区的重要途径。朝阳区经过多年探索，为构建社区评价指标体系积累了丰富经验，本文立足朝阳区社区重点工作，总结出社区评价21项共性指标；根据社区发展实际，对社区进行分类，分为4种不同类别社区，提炼8项个性化指标，并通过指标评分法对各项指标进行赋值分级。

关键词： 朝阳区　社区治理　基层治理评价

一　朝阳区构建基层治理评价体系的背景

社区是我国国家治理体系的基本单元，社区党委是与群众联系最为密切的基层党组织，社区居委会是党领导下的人民群众自治组织。社区治理是国家推进治理体系和治理能力现代化过程中的基础性工程，构建社区评价指标体系为社区治理提供导向性支撑，事关党和国家大政方针贯彻落实，事关居民群众切身利益，事关基层政权和谐稳定。

《中共中央关于坚持和完善中国特色社会主义制度、推进国家治理体系和治理能力现代化若干重大问题的决定》提出"建设社会治理共同体"的要求，从基层社会治理来看，朝阳区构建社区评价指标体系是夯实基层基础、增强基层社会治理能力的重要手段，是朝阳区贯彻落实党的十九届四中全会精神、推动治理体系和治理能力现代化的生动实践，也是加强"基层建设年"工作任务的重要抓手。

从长远来看，在朝阳区转型发展过程中，构建社区评价指标体系，是新时代加强基层社会治理科学化、数字化、精准化建设的新要求。通过指标体系构建，对朝阳区基层公共服务、民生保障和社会治理的进展与现状、成效与经验、需求与问题开展全方位、系统性的体检，挖掘经验、发现问题、找准需求，以更全面地了解需求，更精准地提供服务，更有效地开展工作，更好地满足人民日益增长的美好生活需要，使人民获得感、幸福感、安全感更加充实、更有保障、更可持续。

二　朝阳区基层治理评价体系建设的意义

（一）社区评价指标体系是推进基层社会治理体系和治理能力现代化的有效抓手

一是推动"治"理，提升基层社会治理社会化水平。党的十九届四中全会提出，要建设人人有责、人人尽责、人人享有的社会治理共同体。构建社区评价指标体系，重在推动社会治理重心向基层下移，让多元主体充分参与社区治理的各个环节，统筹多种社会力量、专业力量参与社区治理，推动社会治理资源与本土社区力量协同合作，强化基层社会治理的基础力量。

二是加强"制"理，推进基层社会治理法治化进程。法治国家、法治政府、法治社会一体化建设，必须加快推进社会治理法治化进程。具体到社区层面，就是要从治理的内部运行入手，落实法治精神，加强制度建设，实现规则之制。构建朝阳区社区评价指标体系，重在提高社区治理方式的合法性、合规性，强调社区治理流程的程序化、规范化。

三是创新"智"理，引领基层社会治理智能化趋势。构建朝阳区社区评价指标体系，逐步探索"大数据+社区治理"的新型治理模式，重在让具有高度关联性的数据在社区平台持续聚集，优化社区公共资源配置，提高民生服务效能，不断提升朝阳区基层社会治理智能化水平。

（二）构建社区评价指标体系是检验基层社会工作的重要方式

一是量化社区治理水平。社区治理能力现代化指标体系，标志着治理能力的可操作化，治理结果的可检验化、可衡量化，体现着社会治理的科学化、现代化水平，是党和政府基层治理水平、能力的体现。

二是弥补基层社会发展领域评价指标的缺失。在经济社会发展中，经济发展的速度、质量通常都有完整的指标体系进行评定。相对而言，关于基层社会发展的评价指标相对较少，而系统性、科学性的评价指标体系则更是与社会发展的需求和社会建设的要求相比存在较大差距。构建社区评价指标体系，就是要构建一套完整的社会发展指标体系，能够按照民生保障、公共服务、精细治理既要有又要好的标准与要求，对人民群众的生活水平进行客观的衡量，反映基层社会发展的能力和水平，是对社会建设领域指标体系的重要补充。

三是对社会治理、公共服务的监测，通过对社会建设领域各个方面情况的摸底，以及对群众满意度情况的调查，对北京市民生保障、公共服务的进展与现状、成效与经验、需求与问题进行全方位、系统性的体检，摸清北京市当前社会建设领域的工作与群众需求之间存在的差距，通过短板的补足，不断满足群众的需求，促进北京市服务供给和需求的持续平衡发展。

(三)社区评价指标体系是丰富社区自治方式,提升社区自治能力的重要工具

一是减轻社区负担,赋予社区更充分的自治权、主动权、话语权。通过构建社区评价指标体系,向社区赋予更充分的自治权。通过评价体系的建设和综合平台的建设,进一步更新社区的治理格局,赋予社区在治理环节中更多的主动权。通过评价体系的建设,让社区更便利地掌握基层的各项数据,变基层政府向社区要数据为向社区沉淀数据,赋予社区在数据融合、利用方面更多的话语权。

二是丰富社区治理方式,创新基层社会治理模式。通过评价体系的建设,促进社区专业化分工,让专门人才使用专门工具解决专业问题,以此提高基层社会治理的质量和效能。构建朝阳区社区评价指标体系,重在按照社区治理的科学规律及工作实际,开发一揽子社区治理工具,为社区治理提供标准化、专业化的工具模型,为社区治理提供专业指导。

三是便于开展"补短板"工程,提高居民对社区工作的满意度。通过评价指标体系的运用,对社区治理各项指标进行评价,为社区赋值,反映社区发展的水平和发展中存在的一些问题,查缺补漏,探寻原因,加以改进,开展"补短板"工程,切实为群众解决实际问题,提升群众的满意度,进一步提升社区发展品质。

四是社区评价指标体系的建立是衡量社区治理能力现代化程度的重要标尺。社区评价指标体系是社区治理由传统的经验主义走向科学主义的必经之路,社区治理现代化体系的建立,是探寻社区治理规律、总结社区治理规律的过程,也是社区治理能力现代化建设的重要依据,还是衡量社区治理能力现代化程度的重要参照标准。

三 朝阳区社区评价指标体系构建的条件与基础

(一)社区分类治理为朝阳区基层治理评价体系建设提供了条件

建立一套有效的评价体系的前提是在评价系统中评价对象有可比性。

开展基层治理评价，涉及不同类型的社区，各类社区面临的问题不一样，解决问题的方式方法也不一样。因此，对社区进行分类是开展基层治理评价的前提。朝阳区在推进社区分类治理工作中积累了丰富经验，根据社区建设时间、产权主体、管理模式、用地类型等要素，把社区划分为老旧小区、商品房小区、保障房小区、国际化小区、村庄居住区、功能型社区等六种类型，对不同类型的社区开展分类治理。这为朝阳区基层治理综合评价体系建设提供了条件。围绕社区评价指标体系构建，主要开展对老旧小区、商品房小区、保障房小区、国际化小区四类社区的个性化指标构建。

（二）社区自治实践探索为朝阳区基层治理评价体系建设奠定了基础

基层治理综合评价体系着眼于社区治理的全生命周期，包括对社区需求与问题的诊断、社区治理方式与流程的评价、社区治理结果与成效的反馈等三个环节。朝阳区在推动社区自治的过程中，编制了《社区自治指导手册》，指导开展社区的基础分析、问题分析、需求分析和资源分析等实践探索，为开展社区需求与问题的诊断奠定了基础。下一步，在基层治理综合评价体系的建设过程中，可以重点围绕社区治理方式与流程的评价开展研究与实践。结合社区指导师制度，通过基层治理综合评价分析"社区有什么、缺什么、怎么做的、做得怎么样、下一步该做什么"，为社区治理提供更好的指导。

（三）"五化协同"模式为朝阳区社区评价指标体系构建提供经验

朝阳区从党建区域化、自治单元化、动员社会化、管理精细化、服务精准化五个维度，探索建立了"五化协同"社区治理体系，推动社区治理方式创新，并且在"五化协同"治理模式的基础上制定"五化协同"指标体系，党建、自治、动员、管理、服务是评价体系涉及的重要内容，为社区评价指标体系的构建提供了经验。

四 朝阳区基层治理评价体系建设的整体考虑

(一) 总体思路

全面贯彻党的十九届四中全会精神,贯彻落实北京市街道工作会议精神,深化"街乡吹哨、部门报到"改革,强化"基层建设年"工作,以建设社区治理评价体系为抓手,促进基层社区治理水平的全面提升。

一是突出社会建设与人的发展相结合的价值导向。促进人的全面发展、全体人民共同富裕是保障和改善民生的重要目标,是社会建设的出发点和落脚点。社区评价指标体系设计将政府有效提供公共产品和公共服务作为保障社会公平的重要条件,力求全面反映社区居民在生活安全、教育质量、健康水平、舒适程度以及自然和社会环境等多个方面的综合情况。

二是秉持立足实效与注重长效相结合的设计要求。必须充分认识加强社会建设,保障和改善民生是一项系统性、长期性的工作,既要从人民群众最直接、最现实的利益问题入手,抓出实效,更要关注关系全局和人民群众长远利益的问题,建立长效机制。因此,社区评价指标体系的构建,必须统筹考虑横向和纵向的可比性,横比以找到差距,纵比以看趋势,切实从社区工作入手,在纵横比较中找准工作切入点。

三是强调共性要求与社区类型区别相结合的实施路径。指标评价是在特定治理单元内开展评价,反映地区的服务现状和工作导向。一方面,作为在全区范围内使用的指标体系,社区评价指标体系在构建上既要凸显全区统一的标准和要求,特别是要对标对表国家相关部门及北京市的相关指标及参考数值,以体现朝阳区社区发展的整体水平和共性要求。另一方面,也要尊重不同社区之间存在的差异性,探索建立必要的差异性指标,以突出客观实际。特别是可以考虑设计一部分鼓励社区结合自身实际开展创新性项目的指标,以激发基层创新的主动性。

四是坚持系统性与独立性相结合的标准。社区评价指标体系构建作为一

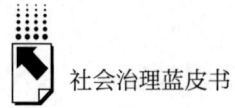

项系统性工程要能反映社区在民生保障、公共服务方面的整体情况。同时，在指标的选取上要保持指标的相对独立性，保证指标间形成并列关系，严禁出现包含与被包含的关系，尽可能减少各指标间的关联度，消除指标间的相互依赖关系。

（二）基本原则

一是超前设计和有序推进相结合。朝阳区基层治理评价体系建设要坚持理念超前，按照基层治理创新的发展趋势，把评价体系设计与研发社区治理大数据平台相结合。同时，坚持稳步推进、试点先行，把理论创新、制度创新与实践创新相结合，确保社区治理评价体系可操作、能落地。

二是体系建设与实践创新相结合。紧紧围绕朝阳区"基层建设年"工作，把社区治理评价体系建设与社区治理创新相结合，通过基层治理评价，定期为社区体检，查找治理问题，并以问题为导向，建立社区规划师、社区指导师、社区分析师制度，切实解决问题，总结治理模式，切实提高社区治理水平。

三是政府主导和社会参与相结合。在基层治理评价体系的前期建设和后续运行过程中，既要发挥政府主导作用，统筹好各方面资源和力量，做好顶层设计和支撑保障，也要充分发挥社会组织、企业以及居民的作用，广泛听取各方面意见，确保基层治理评价体系建设符合需求、贴近实际。

四是指标可量化和具备实操性相结合。社区评价指标体系要客观反映社区治理的整体情况，要解决好社会建设领域普遍存在的主观性指标多、数据获取难的问题。同时，在不给社区增加负担的前提下，要从易操作、能评价、可获取的角度，建立一套以客观性指标为核心的指标体系。

（三）主要目标

社区评价指标体系要围绕协助政府工作、提供服务和强化治理、加强自身建设、完善社区整体运行情况四个方面的功能。

一是强化社区协助人民政府做好服务工作，提高社区办事效率。社区评价指标体系帮助社区对行政事务执行做出正确引导，指标的设定严格按照社区职责范围规定，通过评估达到基层工作不偏离、工作导向清晰的目的，避免基层工作乱而杂，保障社区工作的有效性，提高社区办事效率。

二是增强社区精准服务和精细化治理的效果。通过指标结果的呈现，对群众在社区服务、居住环境、文化娱乐、医疗卫生等方面的需求进行量化处理，以指标为导向，提升群众安全感、获得感、幸福感。通过评价考核结果的运用，分析现阶段朝阳区社区治理工作存在的难点，从群众需求出发，不断调整治理方式，优化服务品质，从整体上增强社区服务和治理的效果。

三是加强社区自身建设，增强自治效能。社区治理离不开社区自身能力的提升，通过社区评价指标体系的评估作用，督促社区党组织、社区居委会及社区服务站不断完善运行流程，提升工作能力。

四是优化社区整体运行情况，打造安全、有序、宜居的社区生活共同体。构建社区治理评价指标体系，首先要清楚什么样的社区是"好社区"。"好社区"应该是党领导下的运行高效的群众自治组织，基于政府赋权内容、法律框架和道德约束，通过人与人、人与社会、人与自然的协调发展，打造社区生活共同体。

五 朝阳区社区评价指标体系建设的基本框架

社区评价指标体系目标要鲜明、要素要完善、路径要清晰，切实起到提升社区治理效能的作用。

（一）社区评价指标体系的共性评价内容

由于朝阳区社区类型多样，在指标体系设计过程中要注重共性和个性相结合，围绕社区共性要求，根据主要目标将评价内容分为四大部分。

1. 社区协助政府完成行政任务的时效性

社区作为落实党和政府方针政策的"最后一公里"，肩负着重大使命。

社区协助政府开展工作属于社区的共性工作，如协助开展社会治安综合治理、卫生健康、社会保障、民政等工作，社区的行政工作完成情况关乎政府政策执行的效率和群众办理行政事务的满意度。同时，将散落在社区的不同部门的工作落实情况收集起来进行综合分析，有利于各级党政领导干部及时把握全区社区工作的进展情况，督促落实党的各项大政方针在社区的执行情况，有助于推动制度优势的治理效能转化，真正做到以政策创新来为民解忧，统筹解决问题，促进协调发展。因此，需要围绕社区协助政府完成行政任务的实际情况，对社区开展评估。根据现实情况，在不给社区增加额外负担的前提下，只针对目前社区开展的协助性工作开展评估（政府临时性项目创建、保障性任务等工作），对社区开展的日常政务服务内容评估以居民满意度为主。因此，在社区协助政府完成行政任务的时效性这一项中，应以政策落实情况、工作任务完成情况为主，围绕"政府需协助任务的完成时间、社区人力投入合理性、行政部门满意度、宣传教育活动举办频次"等4项指标进行评价。

2. 群众对社区服务、治理效果的满意度

社区评价指标体系的构建突出以人民为中心的理念，评估结果体现群众对社区工作的满意度。根据公众需求满意度评估社区治理水平，有助于及时有效地找出政府在公共产品与服务供给管理方面的漏洞与不足，并进行有针对性的改进。将居民满意度作为一项重要的评估指标，一方面，可从需求端评估政府当前的社区治理水平和公共服务供给质量，以把握症结所在，提高治理的针对性。另一方面，也是社区自身治理能力的体现，社区是沟通群众和党政机关的桥梁，社区治理能力直接影响群众享有的治理成果。鉴于满意度是居民主观意愿的表现且具有个体异质性，因此需采用对目标社区居民进行问卷调查和访谈等方式获取居民满意度评价的资料。要注意的是，问卷调查的目的是得到居民对社区治理水平的真实态度，因此在问卷具体问题的设计上，要注重类型与形式的多样化，以确保调查结果真实完善。因此，在群众对社区服务、治理效果的满意度一项中，应围绕社区依法履行职责的主要事项及效果，对标群众获得感、幸福感、安全感的目标要求，选取"居民对政务服务的满意度、居民对公益服务的满意度、居民对便民便利服务的满意度、对社区开展自治项目效果的满意度、居民对社工工作积极性的满意度、社区文体活动服务情况满意度"等6项指标。

3. 社区自身建设的规范性、科学性和创新性

社区自身建设是社区发展的内生动力，社区规范性建设主要指在社区层面"两委一站"按照"职责明确、分工合理、优势互补、协调联动"的原则，进行明确分工，能够深刻反映社区工作状态，厘清社区内部运行流程，建立在社区党组织领导下，社区居委会和社区服务站紧密对接、协调联动的工作机制，凝聚社区党组织牵头、社区居委会和社区服务站共同努力为群众服务的工作合力，不断完善工作机制，不断为社区发展探索新的治理模式。因此，在社区自身建设的规范性、科学性和创新性方面，选取"社区党建工作建设、社区协调联动工作机制、居务公开机制、社工队伍建设、社工包楼入户率、社区办公设施标准及规范性"等6个指标来进行评价。

4. 社区整体运行情况

社区整体运行情况反映社区的实际状态和整体治理效果，社区治理效果是衡量地方治理能力高低、辨别地方治理成败的科学工具，也是考量地方治理水平与质量的有效手段。目前，更多的研究侧重于探讨基层政府及居委会等社区组织在社区治理中的职能与绩效，这种方法具有数据来源便捷、指标量化简便、可操作性等优势，但却容易忽略社区实际状态背后反映的治理效能。此项指标作为前三项的补充性指标，以统计部门或第三方的数据来源为主，运行指标是综合运用大数据技术，通过多方面获取数据进行分析，来直接或间接反映社区民生保障和公共服务的水平。社区整体运行情况选取"12345投诉举报反馈效果、治安安全性、通勤便利性、空间品质宜居性、人文文化环境宜居性"这5项指标展开评价。

（二）社区评价指标体系的个性化指标设计

按照朝阳区"分类治理"对小区类型的划分，本文分别对以老旧小区、

商品房小区、保障房小区、国际化小区为主的社区进行个性化指标设计,对社区评价指标体系进行补充完善,使其更具针对性。

1. 老旧小区指标设计

老旧小区为主的社区主要围绕准物业管理转型升级增加评价指标,对比同类型社区工作情况,选取"物业公司引入情况、物业管理服务质量、自管会运行情况"3项指标。

2. 商品房小区指标设计

商品房小区为主的社区主要围绕"五方共治"协同治理情况增加评价指标,对比同类型社区工作情况,选取"社区议事平台建设情况"1项指标。

3. 保障房小区指标设计

保障房小区为主的社区主要围绕"三社联动"情况增加评价指标,对比同类型社区工作情况,选取"社区社会组织发育情况"1项指标。

4. 国际化小区指标设计

国际化小区为主的社区主要围绕国际化社区创建情况增加评价指标,对比同类型社区工作情况,选取"社区外籍人士服务情况、国际文化交流情况、外籍人士参与社区治理情况"3项指标。

表1 社区评价指标体系及主要指标情况

序号	一级指标	二级指标	选取说明
1	社区协助政府完成行政任务的时效性	政府需协助任务的完成时间	本指标以工作时间为主要衡量标准,在各社区相同限定的工作任务下,社区协助政府完成工作的时间比较,反映工作效率
2		社区人力投入合理性	在进行协助性工作时,社区本职工作人员与临时性协助工作人员占比,在保障政府工作任务的同时,不能影响社区本职工作的开展
3		行政部门满意度	以工作结果为导向,通过街道或职能部门的评价反映社区工作效果
4		宣传教育活动举办频次	围绕党和国家重要会议精神、重大部署的宣传活动开展情况,以及日常法治、卫生教育开展情况,反映党和国家大政方针在基层的落实情况

续表

序号	一级指标	二级指标	选取说明
5	群众对社区服务、治理效果的满意度	居民对政务服务的满意度	围绕社区党委、居委会和服务站的职能,尤其是社区服务站代办、转办居民政务服务事项的情况,反映社区为群众办事效率
6		居民对公益服务的满意度	社区通过社会组织、志愿者开展公益、志愿服务的情况,反映群众对公益服务的满意度
7		居民对便民便利服务的满意度	主要围绕餐饮店、便利店、理发店、洗衣店、药店、金融网点、邮政网点、家政服务点等贴近居民生活的服务项目开展情况,切实满足居民生活需要
8		对社区开展自治项目效果的满意度	此项指标结合社区治理实际情况,不再分别对治理效果进行评估,而是针对社区开展的治理项目实施情况,以居民满意度为评估方式。目的在于减少评估种类,推进社区以项目开展基层治理
9		居民对社工工作积极性的满意度	以居民对社区社工工作满意度的实际情况为评估标准,反映社工开展走动式工作法的情况,避免社工长久"坐班"的情况
10		社区文体活动服务情况满意度	居民对社区开展的文化、体育活动的满意度
11	社区自身建设的规范性、科学性和创新性	社区党建工作建设	反映书记抓党建工作责任落实情况,年度党建工作要点制定情况,以及社会组织党建联系站点建设情况
12		社区协调联动工作机制	形成社区党委、社区居委会、社区工作站、辖区单位、社会组织、社区居民多元参与的治理格局
13		居务公开机制	反映依法依规发挥上传下达的沟通作用,及时公开政府信息,保证信息透明度和居民知情权情况
14		社工队伍建设	社工队伍培养情况
15		社工包楼入户率	反映社区工作基础扎不扎实,社工对社区居民的了解程度
16		社区办公设施标准及规范性	按照规定,350平方米的社区活动空间建设情况,社区办公区域的整洁情况和相关标识的清晰度
17		12345投诉举报反馈效果	通过12345投诉情况反映社区在服务、治理方面存在的短板
18	社区整体运行情况	治安安全性	反映社区整体治安水平,是居民安全梯的集中体现
19		通勤便利性	社区及周围交通拥堵情况
20		空间品质宜居性	社区绿色生态宜居性
21		人文文化环境宜居性	社区人文环境、社区文化氛围情况

续表

序号	一级指标	二级指标	选取说明
22	个性化指标	物业公司引入情况(老旧小区)	是否引入物业
23		物业管理服务质量(老旧小区)	引进的物业在停车管理、垃圾清运、维修维护方面的服务质量是否达到群众要求
24		自管会运行情况(老旧小区)	自管会与物业衔接、配合情况
25		社区议事平台建设情况(商品房小区)	社区议事平台建设情况,是否为群众办理实事
26		社区社会组织发育情况(保障房小区)	社区社会组织参与社区公共事务情况
27		社区外籍人士服务情况(国际化小区)	社区为外籍居民提供服务的能力
28		国际文化交流情况(国际化小区)	社区国际文化交流活动开展情况
29		外籍人士参与社区治理情况(国际化小区)	外籍人士在社区参与社区治理的情况

(三)评价主体

为保证考核评价的科学全面、严谨细致,社区评价指标体系的考核应当引入多元主体,通过自查、互查、上级评价以及第三方评价等多种方式对开展社区治理及服务的效果进行评价。一是业务主体自查,业务主体自身对照社区评价指标体系检查自己的各项测评指标是否合格,主要针对"社区自身建设的规范性、科学性和创新性"情况,通过自查查缺补漏,指导其自身工作的开展;二是同类型社区互查,业务主体之间参照评价指标体系进行互相检查,主要针对同类型的个性化指标情况开展交流,找到其中的不足,用来指导自身工作的开展;三是上级部门主体检查,主要针对"社区协助政府完成行政任务的时效性"情况进行评价,上级部门对照评价指标体系对各个业务主体进行考核,及时发现问题,并限期整改;四是第三方机构评价,通过聘请第三方专业评估机构对各社区整体运行情况进行测评,利用第三方科学测评,可以取得较好的考评效果。

（四）社区评价分类、分级情况

根据21项共性指标和8项个性指标，按照同类社区对比的原则，分为"4+N"类，社区根据自身实际情况，增加个性化指标，在社区分类上一方面要听取各社区对自身实际情况的认识，另一方面需征求社工委相关科室意见，对社区种类进行明确划分，避免社区在选取个性化指标时"扬长避短"。

评价分级通过指标评分法进行赋值，以每项指标5分计，分为3级，分值在总分值90%以上为优，在80%～90%为良，80%以下为普通。

表2 社区评价指标分级情况

序号	一级指标	二级指标	分级情况
1	社区协助政府完成行政任务的时效性	政府需协助任务的完成时间	效率低:1～2分;适中:3～4分;效率高:5分
2		社区人力投入合理性	投入较大:1～2分;适中:3～4分;投入较小:5分
3		行政部门满意度	不满意:1～2分;满意:3～4分;很满意:5分
4		宣传教育活动举办频次	宣传不到位:1～2分;听安排宣传:3～4分;提前宣传:5分
5	群众对社区服务、治理效果的满意度	居民对政务服务的满意度	不满意:1～2分;满意:3～4分;很满意:5分
6		居民对公益服务的满意度	不满意:1～2分;满意:3～4分;很满意:5分
7		居民对便民便利服务的满意度	不满意:1～2分;满意:3～4分;很满意:5分
8		对社区开展自治项目效果的满意度	不满意:1～2分;满意:3～4分;很满意:5分
9		居民对社工工作积极性的满意度	不满意:1～2分;满意:3～4分;很满意:5分
10		社区文体活动服务情况满意度	不满意:1～2分;满意:3～4分;很满意:5分
11	社区自身建设的规范性、科学性和创新性	社区党建工作建设	尚有欠缺:1～2分;普通:3～4分;优:5分
12		社区协调联动工作机制	尚有欠缺:1～2分;普通:3～4分;优:5分
13		居务公开机制	尚有欠缺:1～2分;普通:3～4分;优:5分
14		社工队伍建设	尚有欠缺:1～2分;普通:3～4分;优:5分
15		社工包楼入户率	90%以下入户率:1～2分;90%以上入户率:3～4分;100%入户:5分
16		社区办公设施标准及规范性	尚未达标:1～2分;达标:3～4分;优化布局:5分

续表

序号	一级指标	二级指标	分级情况
17	社区整体运行情况	12345投诉举报反馈效果	反馈不积极:1~2分;反馈及时并改进:3~4分;反馈改进并进行跟踪监督:5分
18		治安安全性	有待提高:1~2分;一般:3~4分;优:5分
19		通勤便利性	有待提高:1~2分;一般:3~4分;优:5分
20		空间品质宜居性	有待提高:1~2分;一般:3~4分;优:5分
21		人文文化环境宜居性	有待提高:1~2分;一般:3~4分;优:5分
22	个性化指标	物业公司引入情况(老旧小区)	尚未引进:0分;已引进:5分
23		物业管理服务质量(老旧小区)	有待提高:1~2分;一般:3~4分;优:5分
24		自管会运行情况(老旧小区)	有待提高:1~2分;一般:3~4分;优:5分
25		社区议事平台建设情况(商品房小区)	有待提高:1~2分;一般:3~4分;优:5分
26		社区社会组织发育情况(保障房小区)	有待提高:1~2分;一般:3~4分;优:5分
27		社区外籍人士服务情况(国际化小区)	有待提高:1~2分;一般:3~4分;优:5分
28		国际文化交流情况(国际化小区)	有待提高:1~2分;一般:3~4分;优:5分
29		外籍人士参与社区治理情况(国际化小区)	有待提高:1~2分;一般:3~4分;优:5分

(五)评价结果应用

社区评价指标体系的评价结果要向社区管理机构、上级职能部门及居民公布,其目的在于传达社区建设的情况,帮助社区查漏补缺,认识到发展短板,并协助社区管理者深入了解组织中各层面的工作效率、效果及存在的问题,使政府能够更好地针对社区的实际情况对其进行指导和监督,加强对社区治理资源的管理,提高各类资源的利用率,在社区社工队伍建设、社区社会组织建设等方面做好服务保障工作。同时,结合社区重点项目,把评价结果运用到社区治理项目的绩效管理上,把治理的绩效作为衡量其工作的一个重要标准,作为对相关部门、街道、社区及个人的考核奖惩的依据。

六　关于朝阳区提升社区治理体系和治理能力现代化水平的几点建议

（一）定期开展检测评价，精准发现服务供给与群众需求的差距，适时启动"补短板"工程

社区治理能力现代化的关键在于治理主体的行为符合现代化标准，必须强化治理主体的能力建设。要将社区居民的自治意识外化为自治行为，通过积极参与社区事务形成符合社区自治要求的治理能力，这是实现社区治理能力现代化目标的基础。社区评价指标体系的目的是检测、衡量一个社区社会建设的实际情况和社区工作的整体水平，是社区内部运行的一套评价体系。在实际工作过程中，可以通过使用社区评价指标体系，定期对社区实际情况进行检测和衡量，发现基层经验，找准实际问题。并由区社工委、区民政局发布年度检测报告，形成年度决策建议报告，区委、区政府根据建议，可以考虑适时启动"补短板"工程，制定实施"关于补短板的实施意见"，补足社区建设领域的短板。着眼于最大限度地解决群众的诉求，满足社区群众的需求，在注重社区服务创新的基础上，加快扩大改善民生的基础设施覆盖面，实施安居惠民工程、平安惠民工程、文化惠民工程、便民惠民工程、智慧惠民工程等惠民利民工程建设，构建全方位的社区居民服务体系。同时，建立居民生活共同体，培育社区自治氛围。充分发挥居民带头人的作用，动员居民开展丰富多彩的社区活动，增加社区居民交往频率，在社区中逐渐形成熟人氛围，不断以活动带动交流，培育社区温情，增进社区信任，营造温馨社区大家庭。

（二）依托社区评价指标体系沉淀数据，探索构建基于大数据手段形成的响应型政府治理方式

社区评价指标体系的背后是一系列公共服务和基层社会治理的数据。通

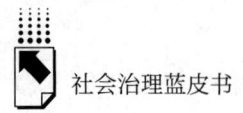

过对社区评价指标体系的使用,在对基层社会建设情况进行持续摸底的过程中,积累和沉淀大量的数据信息。在此基础上,要积极探索运用大数据的统计分析技术和治理理念,对数据进行统计分析、关联分析。一方面,通过数据化的方式,对重点领域、重点人群形成"标记式"服务,提高社会安全防控的准确性。另一方面,政府可以通过数据分析,了解实际需求,在硬件设施、支持政策等都具备的情况下,摸清是否真正满足了群众需求,群众满意度是否真正得到提升,逐步构建基于大数据的民生需求响应型政府服务供给模式。

(三)以"共建共治共享"为目标,培育社区多元治理主体,完善社会支撑体系

培育社区多元治理主体先要构筑基层社会的自我支持体系。首先,发挥党建引领作用,通过党建活动将辖区楼宇、企业统筹起来,充分利用企业的优势资源。其次,积极引导居民参与自治建设,比如加强对业委会、文体活动团队的指导,将居民自治组织完善起来。最后,以政府购买服务的形式来激活社会协同,通过公共服务项目来吸纳社区多样化的利益表达和自治形态,引导社区社会组织的发展,并让社会组织积极发挥作用,通过共同治理生成新的社区规范。

参考文献

朝阳区委社会工委:《关于构建朝阳区"五化协同"社区治理现代化体系的研究》,2017年。

朝阳区委社会工委:《社区分类治理新模式破解社区治理难题》,2016年。

陈诚、卓越:《基于结构与过程的社区治理能力评估框架构建》,《华侨大学学报》(哲学社会科学版)2016年第1期。

王璇:《基于"城市双修"的宜居社区评估方法与实践——以福州市为例》,《西部人居环境学刊》2019年第2期。

胡仙芝、罗林：《社会组织化与社区治理研究》，《中共福建省委党校学报》2007年第11期。

褚宸舸：《基层社会治理的标准化研究——以"枫桥经验"为例》，《法学杂志》2019年第1期。

陆军、丁凡琳：《多元主体的城市社区治理能力评价——方法、框架与指标体系》，《中共中央党校（国家行政学院）学报》2019年第3期。

调研报告

Investigation Reports

B.9
朝阳区推进社区减负工作的调研报告

摘　要： 构建具有首都特色的超大城市治理体系，是为人民群众打造安居乐业幸福家园的基本路径。作为城市治理体系的基本单元，社区是党和国家政策落实到群众当中的"最后一米"，减轻社区负担，是深化社区管理体制改革、落实"街乡吹哨、部门报到"机制、强化社区自治和服务的重要举措。为了解社区减负工作开展情况，本研究采取走访、座谈、访谈等实地调研的方法，历时1个月，对朝阳区7个街道14个社区深入调查。通过分析调查结果，明晰造成社区工作负担过重的主要因素，同时总结了当前朝阳区推进社区减负的创新实践与成效，梳理了工作推进过程中的相关问题，并有针对性地提出推进社区减负增效的建议。

关键词： 治理体系　社区减负　社区自治　管理体制改革

一 推进社区减负是提升首都基层社会治理能力，积极构建更加有效的首都治理体系的题中应有之义

（一）推进社区减负是社区治理现代化的前提

党的十八大确立了全面深化改革的总目标，为推进社区治理创新指明了方向。社区居委会是基层治理体系和治理能力现代化建设的重要一环，是解决基层治理"最后一公里"难题的战斗堡垒。在社区治理中，居委会承担着大量工作。当前，推进社区减负工作主要面临三个认识上的误区，一是把社区当下属单位；二是把工作落实到基层理解为把任务交给社区居委会；三是把属地管理理解为社区居委会管理。必须更加积极有效地推进社区减负，使社区"两委一站"能够有精力回归本职工作，更好地在社区治理中发挥作用。

（二）社区减负工作是进一步深化社区管理体制改革的重要内容

社区"两委一站"目前功能繁杂交叉、行政化严重，这些问题的解决都涉及基层管理体制机制改革。北京市委、市政府于2015年发布《关于深化街道、社区管理体制改革的意见》，明确提出了"推进社区减负增效"的工作任务；在2018年印发的《关于党建引领街乡体制机制创新实现"街乡吹哨、部门报到"的实施方案》中，社区减负被列为重点工作任务。当前，社区减负工作已被纳入构建新型街道社区管理体制的重要内容。

（三）推进社区减负是促进社区工作法治化规范化的必然要求

推进社区减负，根本目的在于依法明确社区职责，使社区居委会聚焦主业，满足社区居民多样化需求。根据《中华人民共和国居民委员会组织法》，居委会是"居民自我管理、自我教育、自我服务的基层群众性自治组

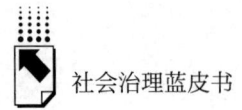

织";北京市委、市政府《关于全面加强城乡社区居民委员会建设工作的意见》中规定,社区居委会承担"依法组织居民开展自治活动,依法协助基层人民政府或其派出机关开展工作,依法依规组织开展有关监督活动"三项职责。让社区居委会依法依规回归本职功能,这不仅是治理模式创新,是践行党的群众路线、推进政府职能转变的具体实践,更是建设法治中国的基层基础和保障。

二 朝阳区社区工作负担过重的主要原因

(一)事务性工作过重

社区普遍反映任务重、工作量大的事务性工作有三项。一是城建工作,包括创建文明城区、卫生城区等申报工作,无长效机制保障的突击性的清理广告、打扫卫生等工作,以及投入极大人力对无物业小区进行管理等。二是申报典型模范工作,包括准备大量迎检材料、报表等。三是站岗、执勤类任务,包括重大会议、重大活动的安保工作等。社区居委会成员将大量的时间和精力用于完成这些事务性工作以及所有职能部门安排的任务,而真正需要居委会实施推进的群众自治工作,如对居民进行入户走访等,却几乎无暇顾及,这也使社区居委会无法起到在"最后一公里"团结群众、联系群众的作用,甚至导致居民群众不了解社区、不支持社区工作。

(二)临时性任务过多

社区"两委一站"还面对许多临时性、突发性工作,如人口普查、经济普查的调查统计工作等,而这些工作大部分本应由政府部门完成。此外,一些职能部门自行开展的调查工作也交由社区完成,如餐饮行业调查、拆迁户民意调查等,这些工作往往专项经费很少,但却需要大量时间去完成调查和统计,加之商户企业出于保护商业秘密的考虑对调查不配合,而社工缺乏相关专业知识,导致呈报的数据部分虚假,进而造成"返工",再次增加了社区的工作量。

（三）台账、簿册工作繁重

一些政府部门往往要求社区建设台账、簿册（2018 年朝阳区社区台账项目 171 项，目前已转电子台账），但这些建设台账、簿册工作往往过于繁重。据有些社区反映，以群团、计生、就业、民政、文化等五项工作统计，每项工作的台账中，仅簿册就多达十几盒，各种统计报表上百张，这体现了许多政府部门不注重从工作实际出发的问题。在部门的相关要求下，社区工作人员不得不进行大量的填表、补记录、报信息、写汇报等工作，甚至对有些工作只能造假应付。

（四）人员管理不畅

目前社区工作人员的来源主要包括两部分，一是民选产生的居委会成员，二是统一招聘的公益岗位人员。其中，公益岗位人员存在多头管理的问题，即由人社部门进行招聘和工资发放，由主管部门布置具体业务，日常管理考核在社区。社区要规范运行，必须实现人员的一体化管理，但是目前公益岗位政出多门、各自为政、管理混乱，不仅影响社区整体形象，也使对公益岗位人员的统一管理难以实现。比如，即使社区已统一安排部署工作，但主管部门发一个通知，人员就被调走了，使社区正常工作安排被打乱。社区内部人员管理不顺畅，导致落实给社区的工作很难得到高效完成，这也是造成社区负担过重的内部原因。

（五）社工素质参差不齐，影响工作效率提升

目前社区工作人员都有很高的工作热情，但在工作方式方法上仍需突破创新。一方面，社区干部年龄差距大，缺少中青骨干，新入职的社工有很强的学习能力，容易接受新鲜事物，但是缺乏与群众沟通的方法；年龄较大的居干有丰富的群众工作经验，但是工作热情、创新意识又不及年轻人。另一方面，社区服务站窗口改革后，对社工的业务能力提出了更高的要求，部分社工业务素质和能力跟不上，影响社区工作效率。

（六）居民需求增加，社区服务任务加重

随着群众对社区服务质量的要求越来越高，其对社区的自治能力建设、多元治理发展提出了更高的要求。但目前社区普遍自治能力不足、社会参与不足、人员关系复杂，这就使得社区需要承担更多的自治功能。同时，基层民主制度不完善、社区管理人员不稳定等问题，也导致社区难以充分为居民提供专业的公共服务。通过调查和分析了解到，目前群众对社区服务的需求包括三个方面：一是由社区组织、发起、承包和供给，为本社区提供生活服务；二是公共服务进社区，如科教文卫、环境保护、社会保障、公共安全等，由社区节制、引导、代理；三是市场化产品、服务进社区，由社区承担管理、协调、代理、监督等功能。

三 朝阳区推进社区减负的实践探索与工作成效

朝阳区持续推进社区减负工作。2014年，区社工委选取麦子店、朝外等六个街道作为试点单位反复梳理社区任务分解表，区政府开始梳理社区行政事项清单。2016年，《朝阳区关于进一步开展社区减负工作的实施意见》发布，正式推行社区减负工作。随着工作深入开展，朝阳区不断探索社区减负增效有效措施并取得了积极成效。

（一）朝阳区推进社区减负的具体措施

1. 调整优化社区规模

按照有利于加强社区服务和管理、有利于居民自治的原则，根据新建住宅区、城乡结合部地区、农村拆迁新建小区等不同类型，适当调整和优化社区规模，并做好相应的社区居民委员会设立、调整工作。社区规模原则上为1000户至3000户，在条件允许的情况下，逐步减少1000户以下和5000户以上规模社区的数量，减少社区间差异。

2. 推进完善社区服务站改革

按照全面梳理业务流程、优化人员窗口配置、再造服务功能空间等步骤和途径，对社区服务站进行改革创新和全面升级。根据各街道、社区具体情况，整体推进布局优化，推广"一站一居，一站多居，厅站合一，一人多岗，全能社工，综合受理"的经验，不断规范社区服务站工作流程，解放服务站人力资源，提升了服务站办事效率。

3. 依法实施社区工作事项清单制度和准入制度

在北京市民政局、中共北京市委组织部2016年发布的《关于进一步开展社区减负工作的意见》中，明确了社区工作事项的两种类型，即依法履行职责主要事项、依法协助政府工作主要事项，并对部门、街乡要求社区协助开展工作的相关条件提出了要求。朝阳区依照北京市《社区依法履行职责主要事项》《社区依法协助政府工作主要事项》，结合本区的社区治理服务创新建设经验，梳理了社区工作事项清单，建立社区工作事项准入联席会制度。

4. 切实减少社区行政事务工作

根据北京市、朝阳区开展社区减负工作的相关意见要求，全区切实推进社区减负增效，通过对不符合规定的在社区设立的组织机构、工作台账、考核评比创建、专项调查、报刊征订等事项进行剥离，切实减少社区行政事务工作。如按区社工委、民政局要求取消评比达标项目；对挂牌在社区的各委办局进行摘牌；取消规定外的事项办理，如出生登记、出生证明、老年优待卡、养老助残卡、老年证等，相关职能流转到农商行由居民自行办理；精简会议，街道各科室统一时间进行会议布置，减少社区负责人开会次数；社区人口台账取消一月一报，按照街道科室需求改为不定期报送；取消堆物堆料统计报表，职能回归到街道城建科。

5. 强化街乡统筹

建立街乡社区减负增效工作领导小组，并由社区牵头，做好进入社区事项的统筹、把关、核查工作。建立分级会议制度，并通过视频会议、微信会议、QQ会议等方式，切实减轻社区开会负担。各街道通过银行代管托收的

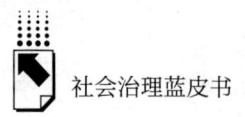

方式，解决社区报销水电气暖、电话、网络等费用多头跑路的问题。注重社区心理建设和文化建设，开设社工心理辅导驿站，成立社工艺术团，切实疏导缓解社工心理和工作压力。

6. 推进社区多元共治

整合社区多元主体力量，开展共商共治，减轻社区"两委一站"工作负担。通过政府购买服务等方式，将部分公益性服务事项转移给社会组织承担，开展为老、医疗、文化等服务，切实解决群众身边生活难题。进一步深化党政群共商共治工程，引导、规范社区议事厅和楼院（小区）议事厅等平台建设，促进社区议事协商，鼓励驻区单位参与社区建设，强化社区居民自治，并鼓励和规范社区居民成立环保、治安、为老等志愿服务队，积极参与社区治理和服务。完善社区需求库和资源库，通过多元主体参与的议事协商对接需求和供给。

7. 整合社区综合信息网络

深化全国社区治理和服务创新实验区成果，大力推进社区公共服务综合信息平台建设，建立前台"统一受理"、后台"分类处置"、管理"全程监控"的运作体系，实现信息资源共享和业务协同，优化政务服务提供方式，逐步实现社区公共服务事项的一站式受理、全人群覆盖、全口径集成和全区域通办。

（二）朝阳区推进社区减负的工作成效

1. 全面落实"四减"，推动社区"瘦身健体"

一是部门主动减。经过街道梳理和部门确认，将全区29个部门下放到社区的322项工作规整为社区依法履行职责主要事项23大项、社区依法协助政府工作主要事项13大项。各部门主动取消社区评比达标25项，取消社区工作机构27个，取消社区盖章证明74项，取消社区挂牌27个，全区共摘牌2396个，实现了"减牌、减章、减事项"。

二是街乡统筹减。建立街乡社区减负增效工作领导小组，由社区牵头，做好进入社区事项的统筹、把关、核查工作。建立分级会议制度，并通过视频会议、微信会议、QQ 会议等方式，切实减轻社区开会负担。各街道通过银行代管托收的方式，解决社区报销水电气暖、电话、网络等费用多头跑路的问题。注重心理建设和文化建设，开设社工心理辅导驿站，成立社工艺术团，疏导社工压力，切实缓解心理和工作压力。

三是技术支撑减。全面推广社区公共服务综合信息平台应用，集中汇总梳理 7 个委办局下沉街乡事务 145 项，其中 119 项经业务部门确认上线试运行。按照程序和材料从简，协调实施业务优化和权限下放，梳理出即办事项 36 件、流转事项 86 件，约 70% 的项目办理时间、申请材料都有减少，实现了"数据信息多跑路，群众社工少跑腿"。

四是准入源头减。在深化社区管理体制改革和社区减负的文件中，均明确了社区事项准入制度，明确除法律、法规和规章有明确规定外的其他需要社区协助的工作事项，"须经区委、区政府同意方可进入，未经批准的工作事项，一律不得交由社区落实"。同时建立"费随事转、人随事增"机制，加强进入社区事项的各类保障。

2. 突出强化"三增"，助力社区"全面发展"

一是注重社区主体增能。以增强基层党组织的引领力为目标，全面夯实"一轴四网"党建工作体系，深化单元化自治机制，深入推进居民议事厅向社区、向楼院、向小区延伸，实现党建组织体系和居民自治工作体系的有机融合，集聚社区工作合力。以增强社区居委会的自治力为目标，划细划小社区自治单元，通过全要素小区和全景楼院等工作载体，通过整合各类执法、协管和居民骨干等工作力量，切实夯实社区自治网格，用居民自治的方式开展入户排查、安全检查、矛盾调解、文化活动等工作，凝聚"朝阳群众"的力量帮助社区减负。以增强社区工作者的服务力为目标，持续深化"三横四纵"的社区工作者能力建设体系，突出实战导向和需求导向，实施精准化培训和职业化发展，打造高素质专业化的全能"朝阳社工"。

二是突出社区服务增效。以提升办事效率为导向，全面推进社区服务站改革，探索实践"一站一居""一站多居""厅站合一"改革方案，全面推行"综合窗口+全能社工",快速处理社区日常事务,切实提升社区事务的便捷性和高效性。以提升社区空间使用效能为导向,本着"办公小化、服务大化"的原则,全面优化社区的空间布局,使社区有限的服务空间承载更多的服务功能。同时,积极探索社区服务用房社会化运营,让社区公共空间运行更加自主、灵活,切实提升社区公共空间使用的效能。以提高社区服务效果为导向,全面落实"社区吹哨、科室报到",深入实践"七流程、三平台、三清单、六机制",切实推动部门政策、街道力量、社会资源下沉到社区,针对社区困难问题提供政策、经费和力量支持,在服务群众"最后一公里"方面,逐步实现"社区只吹一次哨,居民诉求全响应"。

三是契合居民需求增质。减负的目的是增效,最终要落到服务群众上。在社会服务方面,逐年加大政府购买社会组织服务力度,每年区级购买服务项目、街道自行购买若干个项目投放到各社区,打造社区品牌项目,切实提升社区服务的专业水准。在便利服务方面,充分发挥各职能部门的优势,协调商委织补社区便利网点,通过流动蔬菜售卖终端、社区服务连锁店等方式,切实解决买菜难、买菜贵的问题。在自我服务方面,充分发挥"创享计划"的专业工作优势,挖掘社区骨干,培植邻里互助、安全守护、楼道清理、文化传承等居民自我服务项目,用居民自治的方式解决居民身边事,切实激发社区自治的活力。

3. 注重实现"两满意",营造良好"社区生态"

一是注重群众满意。在服务便捷方面,深入落实《社区服务站改革实务指引手册》,优化办事流程,简化办事程序,让社区公共服务更加便捷,让群众办事更省心。在服务环境方面,全面优化社区服务场所的空间布局,处处体现人文情怀和家园意识,让"社区有我、共享有我"的理念融入服务全过程。在作风转变方面,全面提升社区工作者的服务态度,走家入户了解民情,实心实意解决难题,让群众切实体验到变化、感受到温暖。

二是注重社会满意。减负的目的是通过社会治理创新更加促进社会和谐。让社工舒心,通过建立社工之家,完善区、街两级社工联合会和社工工会体系,开发"朝阳社工E空间"公众号,为社工提供更新专业知识、交流工作经验、排解心理困扰等服务，不断提高社工的归宿感、获得感和认同感。让社会认同，通过减负，让社工更多地走访居民，更多地走访社会单位，并通过社区议事协商平台，加强沟通，增进了解，促进共商共治，促进社会和谐，提升多元社会主体参与社会治理的积极性，提升社会对社区工作的认可度，从而提升社会服务满意度。

四 朝阳区社区减负面临的主要问题

（一）职能部门工作惯性难以彻底扭转，"案头工作"减负不彻底

行政事项表格的减少更大意义上是方式上的减负。在区委、区政府统一安排下，确实对填表格等事项进行了减负，然而由于固化的工作体制、惯性的思维方式和行为方式，部分职能部门对所有工作都要求纵到底、横到边，将责任都压到社区，又造成了一部分临时行政事项的回归，如文明城区、卫生城区创建，虽然未要求填报表格，但相应的文字资料却很多，且不如表格清晰简洁；再如一些新的评比项目又在社区出现，目前已被叫停。纵到底、横到边的行政理念，使"街道—社区""委办局—社区"等垂直管理机制还需进一步理顺，厘清职权归属，确保社区减负工作顺利开展，实现从表格减负到实际工作减负。

（二）社区减负流于部门工作，在社区缺乏配套实施细则

从社区工作来看，社区除去本职工作，其他的行政事项工作都来自职能部门摊派，目前，减负工作执行的重心也同样存在于职能部门。职能部门通过梳理社区工作事项，对不符合社区权责范围的工作进行剥离；而社区只对减负工作本身有所了解，对相应配套政策并未完全了解，或是了解以后也没有能力做出改变。比如，在减负工作中强调准入源头减负，明确了社区事项准入制度，配发了《社区工作准入审批表》，但是从调研结果来看，《社区工作准入审批表》在社区的"知名度"几乎为零。社区习惯

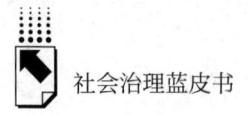

于遵从职能部门的安排,社区工作事项准入联席会制度尚未很好地发挥作用。

(三)部分信息系统的使用、关停存在"一刀切"现象,未考虑社区实际情况

在上级统筹安排下,目前社区去除了一些烦琐的数据录入和系统维护工作,实现了一定程度的减负。但是,对于一些数据运用成熟的社区来说,平台的应用并不是一种负担,而是便于工作开展的有力工具,关停平台对这些社区的工作造成一定障碍。比如,部分社区反映"北京市养老服务与信息管理平台"关闭,给社区查询老年居民信息带来困难(但是北京市民政局2019年4月19日下发的《关于北京市养老服务与信息管理平台相关业务调整的通知》规定,社区和村可根据需要登陆原账号进行数据查询)。再如"北京市社区管理信息系统"(小红树系统)的关停,小红树系统较为全面地记录了社区基本信息、户籍信息、个人基本信息、责任片、楼院信息、房屋信息批量维护、社区外相关人员等七个方面的数据信息,是社区自己的"数据库"。不可否认,系统的信息录入工作确实给社区带来了沉重的工作负担,但是这一系统存在价值较大,方便社区及时了解、把握居民信息。此外,通过调研了解到,社区关停的信息系统基本上都属于民政领域的系统,在其他如社保、计生、综治、城管、纪检监察等领域,街道层面业务也有各自的系统,数据来源仍是社区,需要社区工作者承担相应的数据统计和录入工作。

(四)社区服务站改革不彻底,后续环节存在欠缺

一是"一站多居"改革。通过调研了解到,实行"一站两居"模式,很大一部分是在社区规模调整的基础上,拆分后的两个社区共用一个服务站,这种模式虽然实现了窗口工作人员精简,使社区自治力量得到加强,但也存在问题。一方面,两个社区共用办公楼,导致活动场地协调麻烦、居民活动空间较少;另一方面,共用办公场所,使人员工作安排存在两个社区互相推诿的情况，如在证照发放等事务性工作安排上，两个社区应加强沟通，确保"一站两居"模式的工作流程更加顺畅。

二是"综合窗口＋全能社工"改革。实行后，窗口减少，但办公区域未减，空间布局不合理。社区希望根据自身特色的功能定位，重新规划调整工作区、活动区的空间布局，但是受限于资金、场地而无法实施改造。

（五）社会主体履职不到位，专业社会组织、社会企业的承接能力不足问题凸显

社区仍承担着大量小区管理及周边街巷环境治理工作。从调研情况来看，一方面，老旧小区物业公司的作用不能得到充分发挥，使大部分的物业管理工作落到社区；另一方面，辖区内的社会单位、六小门店等社会主体履职不到位，导致社会管理的责任只能落到基层政府和社区，以上情况使社区工作负担和责任大量增加。

推进社区减负工作需要社会组织的积极参与。区、街道已建立了公共财政对社区社会组织发展的支持机制，如开展优势主导的"三社联动"模式，推动社区内各类组织之间、各利益群体之间、各社会力量之间良性有效联动。但从调研情况来看，当前专业社会组织发展还不成熟，承接政府职能、社区事务的能力不足；一些第三方社会组织只以营利为目的，参与社区项目没有长效性，不能起到承接社区工作的作用。

五 关于进一步推进朝阳区社区减负增效的对策建议

（一）以全面落实街道体制改革工作为主线，建立起推进社区减负工作的长效机制

1. 深化"街乡吹哨、部门报到"，深化探索"社区吹哨、科室报到"机制

将减负工作纳入街道社区管理体制改革的全过程，进一步深化"社区吹哨、科室报到"工作机制，落实政府力量、协管力量下沉社区工作，扩大政府力量与社区工作的对接面，在社区层面争取做到只吹一次哨，切实为

社区工作解决难题。实现社区层面常态化的共商共治,充分发挥人大代表、政协委员的作用,多方呼吁,积极争取,力争通过立法的方式,促进社会多元主体积极、规范地履行社会责任。

2. 健全社区工作事项准入联席会制度,严格落实社区工作发文联审

按照市、区相关工作要求,深化推进将各委办局是否履职社区减负纳入年终千分制考核。同时拟定社区工作发文联审制度草案,进一步争取领导和各部门的支持,按照一年两次召开联审会,由区社会建设领导小组把握是否将工作纳入社区,通过制度严把社区工作入口关,推进社区减负增效。同时建立负面清单,根据社区反映和具体执行情况,通过联审实现部分事项退出机制。目前联审制度已拟定,将作为社区减负文件附件提交相关会议议定印发。

3. 厘清街道和社区的职责定位,转变职能部门工作惯性

在基层社会治理工作过程中,要明确街道在基层治理中的重要地位,突出街道的协调统筹能力,其应对区域内涉及跨部门的综合性工作进行组织领导、统筹协调、监督检查;另外,各个部门要明确自身职责任务,要把社区从繁重的文字材料、记报表、统计调查、达标考核中解脱出来,进一步减少社区的行政工作事项。

(二)以落实社区管理体制改革为发力点强化社区自治能力,以自治促减负

1. 强化社区党组织领导核心作用,推动社区治理多元协同,灵活共治

社区党组织是社区各类组织和各项工作的领导核心,主要负责宣传、执行党的方针、政策,研究、决定社区区域化党建以及社区发展中的重大问题,统筹社区居民委员会、社区服务站以及各类群团组织、社会组织等开展工作,充分发挥朝阳区"三社联动"模式的作用,推动社区社会组织发展。进一步创新社区党建工作机制,以社区党建协调机构为载体,定期召开党建工作联席会议,建立以社区党组织为核心,社区居民委员会、社区服务站、社会组织、社会单位、居民代表及多方人士等共同参与的区域

化党建机制。

2. 持续推进社区服务站改革，激发社区服务站的基础服务作用

街道负责社区服务站的设立工作，按照"方便居民、精简效能、分类设立、便于管理"的原则，科学整合工作资源，积极推动社区服务站改革工作，加强专业服务能力建设，努力将社区服务站建设成为标准化、专业化、网点化的服务窗口，加快推进开放式社区服务站体系建设。充分考虑地域特点、人口结构、群众需求等因素，通过合并、新建、调整等方式，积极探索"一站多居、厅站合一"的管理体制，构建扁平化、现代化的基层服务体系，逐步实现布局合理、功能完善、业务通办。

3. 强化社区居民委员会主体作用，引导居民参与自治

居民委员会要充分发挥在社会动员、服务居民、协调利益关系和维护基层稳定等方面的积极作用，统筹协调社区居民、社会组织、驻区单位的关系，加强对业主委员会、物业服务企业的指导和监督，建立健全社区多方参与、协商共治的工作机制。进一步加强社区自治组织体系建设，形成自治组织的体系化建设和协同联动。加强社区社会动员，建立健全重大活动、重大事件、突发事件等的社会动员工作制度和预案体系，提高社区居民和驻区单位在社区建设中的积极性、主动性。

4. 强化社工队伍建设，提升社区工作效率

一是发布相关政策，完善社区工作者的培训、选拔、激励等机制，不断优化人员结构。二是注重专业培育，科学制定培训计划，提升社区工作者的岗位知识和专业技能。三是建立评价标准，建立社区工作者录用、考评等机制，建立专业服务标准。四是提高社区工作人员待遇。

5. 根据社区实际情况，持续推进社区规模调整

社区居民委员会的设置要充分考虑公共服务资源配置、人口规模、历史沿革和群体的融合度，按照便于管理、便于服务、便于居民自治的原则确定管辖范围，根据新建住宅区、城乡结合部地区、农村拆迁新建小区等不同类型，调整和优化社区规模，做好社区居民委员会调整、设立工作。

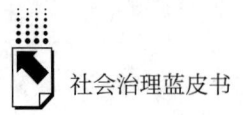

（三）以现有信息平台资源为基础健全社区大数据平台，用技术减负

1. 深化朝阳区社区公共服务综合信息平台建设

朝阳区社区公共服务综合信息平台的主要功能偏重于社区公共服务网上办事，便于群众少跑路，提高办事效率。在此基础上，要进一步对平台加强管理、丰富其服务内容。委派专业部门，对信息化建设和信息资源进行管理，打破各职能部门间的信息壁垒，将各类政务信息资源聚集在社区服务综合平台上。通过建立数据资源整合利用机制，实现部门间协同服务。通过数据挖掘、预测等技术手段，支撑政府管理决策，拓展数据应用。着重对组成公共信息平台的各大系统进行建设，包括数据交换服务系统、目录管理服务系统、数据整合服务系统、运行管理服务系统、接口与服务系统以及平台门户系统，实现数据的关联集成、统一交换、同步更新、查询统计、动态权限等级设置、对外展示、服务公开等功能，切实为社区工作带来便利。

2. 提高社区数据挖掘利用水平，数据平台运营引入市场机制

以市场为导向，促进政府对信息资源进行深度加工、关联与整合，促进信息资源应用，拓宽公众信息获取渠道。由于公共信息资源的特殊性，在实施信息资源和数据平台市场化运营过程中，要保证政府的主导地位和资金的投入，促进社会创新。

（四）以资金投入和权限下放保障社区建设，提升社区服务效能

1. 加大资金投入和社区自运行的保障力度

按照"财政拨付、费随事转、社会资助"的公共财政要求，建立社区建设的财政投入机制，为基础设施、人员培训、人员工资待遇等经费提供财政保障。同时，鼓励福彩、体彩公益金的适当资助，以及多元化的社会捐赠。

2. 给予社区一定实权，倒逼街道、职能部门主动为社区减负

社区是基层社会治理的重要衔接点，应对社区赋予一定实权，实现政府

工作重心下移与管理权限下放同步。政府要进一步简政放权，把与群众关系密切的职能权限下放到社区。将社区减负工作作为部门、街道（地区）考核评议的重要内容，对工作不到位的，要进行通报批评并督促整改。社区将成为监督的重要一环，对街道及职能部门分摊到社区的工作进行衡量和监督，强化社区在社区工作事项准入联席会制度中的作用。

3. 完善政府购买服务机制，分化社区社会服务功能

设立政府购买社区服务的专项资金，确定政府购买社区服务的项目内容，由政府出资，向社会组织购买养老助残、妇幼保护、医疗卫生、文体科普、法律服务、创业就业、专业社工等事务性服务。通过实行政府购买服务，从而为居民提供更加专业的社会服务，同时既可减轻社区原有的行政工作负担，也可达到提高政府行政效率和公共服务质量的核心目标。目前，社区实行的政府购买服务主要针对居家养老和家政服务，未来可进一步探索更广阔的服务购买领域。

参考文献

中共中央办公厅：《关于解决形式主义突出问题为基层减负的通知》，2019年3月。
中共北京市委、北京市人民政府：《关于加强新时代街道工作的意见》，《北京市人民政府公报》2019年4月。
李万钧：《从社区减负增效到基层治理创新》，《前线》2018年第7期。
堵锡忠、李娟：《发挥街道的城市管理基础作用 不断提升新时代基层治理水平——〈关于加强新时代街道工作的意见〉解读》，《城市管理与科技》2019年第4期。
孙琳：《精准减负是社区"增效"的基础》，《兰州日报》2019年7月16日。
中国城市科学研究会数字城市工程研究中心：《智慧城市公共信息平台建设指南》，2013年4月。

B.10 "社区成长伙伴计划"助力朝阳区探索社区发展新路径

摘　要： 党的十九届四中全会审议通过了《中共中央关于坚持和完善中国特色社会主义制度、推进国家治理体系和治理能力现代化若干重大问题的决定》，提出了"建设社会治理共同体"的要求。多元主体参与是新时期社会治理的鲜明特征，推动模式创新，完善各类主体协同参与的社会治理机制，形成治理合力是实现治理现代化的必然举措。朝阳区历来重视基层社会治理工作，2019年率先推出了"社区成长伙伴计划"，强化党的领导，探索多元协同治理机制，在老旧小区治理方面取得了突破性进展。本文通过调查研究法和案例研究法，对朝阳区以"社区成长伙伴计划"创新社区治理的经验和模式进行总结，为其他地区推进基层社会治理现代化提供重要实践参考。

关键词： 社区成长伙伴计划　社区治理　多元共治　朝阳区

一　朝阳区探索基层社会治理新路径的背景研究

（一）基层社会治理新形势要求推动社区治理模式创新

党的十九大报告指出，"把人民对美好生活的向往作为奋斗目标"，民生建设始终是党和国家关注的重点领域和社会建设的关键一环。党的十七大报告提出了"五有"民生建设目标。在此基础上，党的十九大报告系统地提出了"七有"目标①，进一步丰富了民生建设内容，是对人民群众对美好生活需要的积极回应，也为现代城市基层治理指明了方向。十九届四中全会提出了要建设"人人有责、人人尽责、人人享有的社会治理共同体"，确立了"构建基层社会治理新格局"的战略目标，提出了"推进市域社会治理现代化"的行动目标。当前，我国社会治理中面临的参与主体分散、资源整合不足、自治能力不高、治理水平不均等问题，严重制约了区域内基层社会治理。在国家加快推进市域治理现代化的背景下，基层社会治理能力和水平直接关系着城市转型和高质量发展。新形势下，对城市基层来说，社会治理重点聚焦在社区治理，关键是要在模式创新上有所突破，推动形成共建共治共享的社会治理格局。

（二）社会治理理念创新不断呼吁社会治理新实践

随着工业化、城镇化和市场化的发展，党的执政理念也经历了从"社会管理"到"社会治理"的变化，这主要体现在主体、主体承担的责任、实现形式、实践路径等方面。这一转变是适应新世纪、新阶段我国经济社会发展的客观要求，也表明了我们党对共产党执政规律、社会主义建设规律和人类社会发展规律认识的不断深化，是党的执政理念进一步升华的重要标志。习总书记指出："治理和管理一字之差，体现的是系统治理、依法治理、源头治理、综合施策。"这意味着我国社会治理实践已经从政府大包大揽的模式转向由政府主要负责和社会共同治理的模式，从管控规制向法治保障转变。在治理手段方面也打破了过去的单一治理手段，而转向多元化治理手段。与管理相比，治理更强调的是社会各界力量共同关心、共同参与、共同解决公共事务和相关问题，最终实现源头治理和预防治理。其进一步丰富和拓展了我国的社会治理理论，更好地指导我国的社会治理实践。

---

① "七有"目标，即幼有所育、学有所教、劳有所得、病有所医、老有所养、住有所居、弱有所扶。

（三）社区治理是朝阳区推动治理现代化的重要突破口

城市社区作为社会治理的基础单元，是创新社会治理的关键一环，社会治理的重心只有落实到基层社区才能发挥实际效能。朝阳区地域面积大，人口多，辖区有43个街乡和466个社区，社区是朝阳区开展社会治理的基础单元。朝阳区把社区治理作为推动基层治理现代化的重要突破口，实行准物业管理模式、全模式网格化管理模式、党政群共商共治、全要素小区建设模式、共享生活圈，朝阳区在基层社会治理方面理念和模式不断创新，社区治理能力和治理水平全面提升。2019年是朝阳区基层建设年和社区减负年，以此为契机，朝阳区进一步推出了"社区成长伙伴计划"，为社区引入专业伙伴团队，共同研究、协商、解决社区治理难题，让多元力量参与为社区赋能，提升城市基层社会治理能力，提高城市治理精细化水平和生活品质。

二 朝阳区实施"社区成长伙伴计划"提升社区治理水平的创新模式

（一）党建引领强定力，把党的领导贯穿社区治理的各个环节

作为基层社会治理创新实践，"社区成长伙伴计划"从顶层设计、运行机制、人员构成等各个方面都坚持和强化党的领导，充分发挥组织总揽全局、协调各方的作用。从组织构成上，"社区成长伙伴计划"的"1+6+N"组织体系中，成长创新中心是由社区党建科联合专业机构共同发起成立的，6个统筹协调指导组也由社区党建科、组织部组织科等党建部门或科室构成（见表1）。在实施过程中，"社区成长伙伴计划"始终把加强党的领导贯穿其中，把加强社区党组织建设、提升社区党组织的组织领导能力作为重要内容，以社区党组织的强化和提升引领带动社区治理能力和治理水平的提升。

"社区成长伙伴计划"助力朝阳区探索社区发展新路径

表1 朝阳区"社区成长伙伴计划"简介

成立"1+6+N"工作组	即1个成长创新中心,负责社区成长伙伴计划及各工作组整体统筹协调、运行服务。6个工作组,每组配备2名理论专家、3名实践专家、1~2家社会组织、1名社区协调指导员,对全区50个样本社区进行全面帮扶,对社区治理重点难点问题进行一对一、多对一会诊			
专业团队	理论专家团队:由朝阳区委社会工委、区民政局选聘的业内专家组成	实践专家团队:由优秀社区书记、主任组成	社会专业团队:参与社区项目策划、设计、实施	社区协调指导员团队:由街乡选派的科级及以上干部负责相关事务
计划实施期限	3年		样本小区数量	50个
计划实施阶段划分	探索启动阶段	提质拓面阶段	巩固深化阶段	
"三类两级"标准	"三类"即商品房小区、老旧小区、保障房小区;"两级"即潜力社区、提升社区,二者比例为2∶3			

(二)"统""专"结合聚合力,推动社区治理由"分治"走向"共治"

经过多年社会治理创新实践,目前在社区层面治理主体日益多元,但面临的掣肘是各个主体之间处于"分治"的状态,政府、社会、市场、居民各自为政,政府治理和社会调节、居民自治良性互动的格局有待进一步完善。"社区成长伙伴计划",核心就是要创新统筹来自社会组织等专业机构的力量参与社区治理,进一步完善社会治理机制和模式,不断推动社会治理资源与本土社区力量协同合作。一方面,强化统筹力量。成立了社区成长创新中心,负责社区成长伙伴计划整体统筹协调。并由朝阳区委社会工委、民政局联合区委组织部、区农业农村局等8个业务科室组建了6个统筹协调组,以业务科室专业力量组建社区成长伙伴计划指导组,下沉到社区。另一方面,突出专业优势。"社区成长伙伴计划"工作组整合了4类专业团队力量,其中包括:一支由区委社会工委、区民政局选聘,由业内专家组成的理论专家团队力量;一支由优秀的社区书记、主任组成的实践专家团队力量;一支由专业社会组织组成的社会专业团队力量;一支从参与"社区成长伙伴计划"的街乡中选派的经验丰富、责任心强的科级及以上干部组成的社区协调指导员团队力量。"社区成长伙伴计划"通过"统""专"结合的方式,改变了社区以往各治理主体力量分散的现状,社区治理主体聚合力增强。

(三)"内""外"结合提能力,通过给社区赋能提高社区治理水平

能力不足是制约社区治理现代化最关键的问题。为社区赋能,不断提升社区治理的内驱力和能力是朝阳区开展"社区成长伙伴计划"的初衷,也是其特色所在。一方面,外部赋能。依托指导小组联合多方力量,围绕社区治理的基础性、前瞻性、创新性问题开展应用研究,研制工作手册、工作表格、调研分析、应用软件等系列工具,对社区治理的工作理念和工作方法进行总结提炼,形成具有普遍性、可推广可复制可操作的工作机制和制度模式,为解决社区治理问题提供服务产品和输出满足社区需要的解决方案。另一方面,内部储能。围绕社区工作者能力建设的系统性、实用性要求,采取经验交流、教育培训、主题研讨、实务训练等方式,推进社工队伍建设,增强社区工作者的工作本领,为建设梯次人才队伍奠定基础。

(四)"诊""治"结合促活力,完善全流程工作机制提高社区治理效能

"社区成长伙伴计划"注重对社区开展全流程的诊治、指导和评估,确保社区准确发现问题、有效解决问题。首先,进行会商诊断。定期对社区遇到的难题进行会诊,结合具体工作进行分析研究,通过会诊寻找规律,制定解决方案。其次,进行联合指导。针对综合性、系统性难题,由社区成长创新中心牵头,组织各专项指导组集中参加,对目标社区进行联合指导,帮助寻找难题破解对策。再次,开展培训交流。组织各试点社区针对共性问题开展集中培训,对各试点社区取得的工作成果进行交流,实现互学互鉴、取长补短、共同提高的目的。最后,进行监测评估。由社区成长创新中心全程跟踪各指导组工作情况,对各组在理论研究、咨询辅导、实践指导、工作成

效等方面进行评估,并通过工作例会的形式予以通报,确保治理工作有效果、有收获。

(五)"近""远"结合释潜力,实现问题解决与模式探索同步

朝阳区不仅社区类型多样,还面临着社区居民日趋多元化、个性化的服务需求问题,因此在开展"社区成长伙伴计划"时,坚持把解决实际问题、补齐短板与建立机制、打造精品有机结合起来,做到分步骤有阶段地推进。一方面,瞄准社会治理塌陷区域率先探索。在指导组进行摸排的基础上,认真对标对表社区"三类两级"标准,指导组对社区进行分类,并选取了50个社区作为"社区成长伙伴计划"的试点社区,进行重点指导,形成问题解决途径。另一方面,以"把问题变课题、把难点变亮点"为思路,发挥社区发展指导专家团队的积极作用,推动社区全面进步、全面过硬发展,助力培育和建成一批"党委认可、政府满意、百姓点赞"的精品社区,探索和总结一批社区治理的方法,形成一批富有成效的样板社区,挖掘具有普遍借鉴意义的机制、方法,为其他社区发展提供经验。并注重长效机制建设,逐步形成具有朝阳特色的社区治理的品牌和经验。

三 朝阳区以"社区成长伙伴计划"推动社会治理创新的实践成效

(一)推动社区系统化构建和体系化发展,有效补齐社区治理短板

朝阳区"社区成长伙伴计划"是对"街乡吹哨、部门报到"改革和基层建设年工作的持续深化,通过引入理论专家、实践专家、专业组织、社区协调指导员等力量到社区"报到",查找社区治理中存在的问题和短板,采取一对一、多对一的方式帮助社区进行疑难问题会诊,整合各方力量为社区出谋划策,带动社区共同研究综合解决方案,在面对面指导中,切实提升了社区治理能力和服务水平,不断满足了人民群众对美好生活的需要。

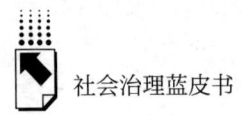

（二）社区自治能力和发展活力显著增强，形成一批可复制推广的精品社区

按照"把问题变课题、把难点变亮点"的思路，朝阳区充分发挥社区发展指导专家团队的专业指导作用，通过多层次动员、多主体参与，培育出一批"党委认可、政府满意、百姓点赞"的全面进步、全面过硬发展的精品社区，总结了一批经典工作案例，形成了一系列可复制、可推广的社区治理经验和模式。如望京街道南湖西里小区推进"五气"联通，打造"同心"社区；和平街街道胜古庄社区借助外脑力量，对小区的发展进行助力；朝外街道吉祥里社区推广"三分"社区治理模式，提升小区宜居品质；八里庄街道红庙北里社区，通过"社区成长伙伴计划"，整治提升人居环境等。社区发展活力持续涌现。

（三）实现社会治理成果的本地化转化，不断提高社区居民满意度

"社区成长伙伴计划"通过引入专业团体力量，借助其了解社会治理领域、了解本地社区基层情况、贴近群众日常生活的特点，充分发挥各自的资源和智力优势，聚焦社区党建引领、物业管理、居民动员、精细管理、平安环境等居民热切关心的重点难点问题，分类分级开展协商研讨工作，研究制定适合的解决方案，以项目制方式优先开展民生重点工程，让治理成果广泛惠及本地居民，大幅提升社区居民的获得感、幸福感和安全感，全面提升城市社区治理能力和治理水平。

（四）增强社区居民治理共同体意识，社区人居环境更加和谐

朝阳区"社区成长伙伴计划"为动员多元主体参与社区治理提供了渠道和平台，以"有事好商量"为原则，通过调研访谈、结对子、三方议事协商等方式，在解决问题过程中，协调各方利益，实现优势互补，让多元主体在面对面的互动过程中建立成长伙伴关系和信任关系，有效降低社会治理

成本，提升居民参与社会治理的积极性和自觉性，营造更加和谐的社区人居环境。如望京街道南湖西里小区打造"同心"社区，制定居民公约、商户公约、楼门公约等，引导居民营造文化共识，加强社区自治，激发了社区治理内生动力。呼家楼街道以构建"和谐社区"为中心，建设文化型社区，提高社区居民文化素养，提高了社区文明程度，增强了居民对社区的认同感、归属感，凝聚了社区民心。充分发挥社会组织和志愿者力量，提升居民组织化程度，打造"楼院自管会"特色自治品牌，鼓励居民"我的家园我建设、我的楼院我管理"，美化社区环境，共建美好家园。

四 关于进一步完善"社区成长伙伴计划"，助力基层治理现代化的思考

（一）强化党建统筹引领作用，推动发展与治理协同共促

按照朝阳区基层建设年工作要求，全面加强党对基层治理工作的领导，通过强化街乡党（工）委、社区（村）党组织的领导地位，推动党的组织有效嵌入各类社会基层组织，扩大党的工作有效覆盖面，着力提升基层组织活力、干部能力、党建质量、治理效能和群众满意度。深入贯彻落实《关于深化党建引领"街乡吹哨、部门报到"改革的实施意见》精神，结合地区治理的重点工作任务，探索建立"党建引领+"的治理体系和模式，聚焦"12345"市民服务热线反映的突出问题、共性问题，将其作为党建引领基层治理的切入点，从体制机制、资源保障等多方面发力，实现基层各类组织纵向联动、横向联合。各级党组织要积极引领各类基层组织主动适应城市基层党建工作新要求，加强系统建设，统筹好机关、企事业单位、社会组织等领域党建工作，加强联系基层，推动自上而下与自下而上的治理相结合，推动资源共享、优势互补、开放共融、共同发展。年度党建督查要把党建引领"社区成长伙伴计划"、推动多元主体参与社会治理、建立社会协同长效机制等纳入述职评议考核，强化责任监督落实。

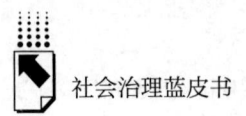

（二）建立常态化运行的体制机制，巩固"社区成长伙伴计划"实施成果

立足建设人人有责、人人尽责、人人享有的市域社会治理共同体的目标，进一步夯实"社区成长伙伴计划"运行的体制机制，将制度优势更好地转化为治理效能。进一步丰富和完善问题发现机制和意见征集机制，通过党建工作协调委员会和党政群共商共治平台，扎实做好群众工作，充分利用理论、实践专家团队，开好社区研讨会，有效化解人民内部矛盾。通过定期调度、通报情况等方式，对议定项目进行动态跟踪，确保计划落地见效。深入落实《关于加强新时代街道工作的意见》，规范细化街乡权力清单、责任清单和操作规范，在协同治理上下功夫，推动治理重心下移、力量下沉、资源下放，提供社区成长服务包，致力于打造可持续发展的城市社区。持续加大社会组织培育和支持力度，充分发挥社会组织专业力量，提升社区再组织化程度。重视社区储能，加强居干、居民在社区治理认知、项目运作、资源整合方面的能力，培育社区自治队伍。健全完善"多元参与、协商共治"的社区自治模式，构建更加完善的社会组织动员工作体系，通过合理引导各类社会组织、人民群众共同参与基层社会治理，推动实现政府治理、社会调节与居民自治良性互动的社会治理格局。

（三）研究制定"社区成长伙伴计划"细化实施方案，建立配套指标体系

按照《朝阳区社区成长伙伴计划三年行动方案（2019~2021年）》的安排，对标十九届四中全会提出的新任务新要求，把握社区治理重点，深化推进"社区成长伙伴计划"。以三年规划期为基准，充分考虑探索启动阶段、提质拓面阶段、巩固深化阶段三个阶段的不同基础和特点，研究制定细化实施方案，明确"社区成长伙伴计划"的实施范围，确保每个街乡至少打造1个精品社区，配合提升2~3个基础薄弱社区。各样本社区要因地制宜，按照商品房小区、老旧小区、保障房小区"三类"和潜力

社区、提升社区"两级"的标准,根据实际工作推进情况,优化调整具体实施方案。注重机制研究和规律研究,及时总结"社区成长伙伴计划"中的成功案例,提炼社区治理特色和亮点,建立"社区成长伙伴计划"案例库,为普遍性问题提供解决对策。在此基础上,进一步探索建立"社区成长伙伴计划"指标体系,为更好地指导计划实施和评价计划实施效果提供参考标准。强化信息化建设和数据分析应用,开发需求调研、社区分析、自我测评、应用软件等系列工具,形成社区治理工具箱,成为推动落实"社区成长伙伴计划"的辅助力量。

(四)多渠道开展宣传推广工作,进一步强化社区治理共同体意识

重视社区文化在社区治理中的引导作用,大力培育社区治理文化,依托社区文化活动中心、文化馆、图书馆等地区文化资源,开展与社区治理有关的文化活动,倡导"以文化强信心、聚民心、暖人心、筑同心"的社区文化理念,培育邻里文化和社区公益文化,提升社区文化氛围和社区凝聚力。针对性开展宣传教育工作,重点提升社区干部和社区居民的社区治理共同体意识和协作意识,结合社区减负工作,进一步提升社区干部和社区居民代表的组织能力,强化居民自治,尊重群众首创精神,提高社区治理水平。加大社区文化基础设施建设投入力度,紧跟国家和北京市社会民生政策动态,及时更新和完善社区基础设施,如做好垃圾分类政策知识宣传和配套设施建设,提升社区宜居水平。坚持问题导向和居民需求导向,以购买服务、项目制合作等方式,引入各类社会服务资源,为居民提供家庭亲子、文化教育、文体艺术、康养护理、文创生活、生活理财等各方面的服务项目,不断丰富社区文化生活,满足居民多样化的生活需求。特别是要依托社区文化活动中心、社区养老驿站等平台,吸纳专业社会组织力量,为社区弱势、特殊群体提供专项对口服务,实现社区居民福利的整体提升。要积极借鉴其他社区治理的成功经验,结合自身社区治理情况,灵活应用,如回龙观、天通苑大社区的"回天有我"治理方式,已经成为一种社区治理模式,不断向其他社区复制推广。加大"社区成长伙伴计划"

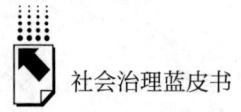

宣传力度，社区干部要带头开展宣传推广工作，通过社区展览、上门宣讲、微信推送、主题征稿、周末邻里节等活动形式，鼓励和引导驻区单位、社会组织、社区干部和社区居民积极参与社区治理，在涉及多个利益相关方的问题上共同商量着办，在共同参与中让基层工作得到群众支持和理解，营造良好的社区治理氛围。

参考文献

《加强党对坚持和完善中国特色社会主义制度、推进国家治理体系和治理能力现代化的领导》，《人民日报》2019年11月15日。

陈成文：《市域社会治理现代化的理论蕴含与实践路向》，《光明日报》2019年11月22日。

邵光学、刘娟：《从"社会管理"到"社会治理"——浅谈中国共产党执政理念的新变化》，《学术论坛》2014年第2期。

《北京市朝阳区启动"社区成长伙伴计划"专业团队为社区治理"把脉开方"》，《中国社会报》2019年7月17日。

赵忆文：《文化治理与动迁社区共同体重建——以苏州市H社区为例》，《时代报告》2018年第7期。

沈秋伟：《马长林"社区治理共同体"是"枫桥经验"的新发展》，《公安学刊（浙江警察学院学报）》2012年第5期。

案例报告

Case Reports

B.11
劲松街道劲松北社区试点探索老旧小区综合改造新模式

摘　要： 物业管理既是社区治理中必不可少的一环，又是社区治理中的难点。针对老旧小区治理难等问题，劲松街道党工委坚持从实际出发，从建设宣传党的主张、贯彻党的决定、领导基层治理、团结动员群众、推动改革发展的坚强战斗堡垒的高度，结合区域实际、居民需求和自身需要，探索推进老旧小区综合改造和有机更新，以"一街""两园""两核心""多节点"为改造重点，对公共空间、智能化、服务业态、社区文化进行打造，得到了广大居民的充分认可，居民幸福感、满意度不断提高。

关键词： 老旧小区　物业管理　劲松街道　劲松北社区

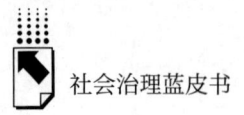

一 劲松推进老旧小区综合改造的背景

劲松辖区5.2平方公里,辖区内小区多为改革开放后第一批成建制住宅小区,老旧小区众多,老龄化程度高达36.9%,配套设施不足,生活服务便利性差,居民对加装电梯、完善无障碍设施、建设社区食堂、优化社区环境等呼声很高。对此,街道紧紧围绕"七有"要求和"五性"需求,以劲松北社区为试点,引入社会力量愿景集团,探索推进老旧小区综合改造和有机更新,于2018年7月启动试点示范区改造项目,以"一街""两园""两核心""多节点"为改造重点,围绕公共空间、智能化、服务业态、社区文化四大类16小类30余项专项作业实施改造。整个改造提升项目于2019年8月完工亮相,得到了广大居民的充分认可,居民幸福感、满意度不断提高。

二 劲松街道开展党建引领老旧小区治理的工作优势

(一)"四务合一"工作模式明确了各层面党组织的建设目标

一是街道层面,始终坚持党领导一切工作的原则,在街道层面形成第一级目标要求,并以此为基础,形成各层级的建设目标,做到思想与目标同向、思路与工作同频,在工作中坚持党建引领,党务、政务深入融合,积极实现社会治理、居民日常等工作同频共振,充分体现党建融合的实际成效。二是社区层面,始终坚持社区党委的核心地位,在推进社区工作中,亮出身份,喊出声音,拿出办法,主动宣传党的政策、传递党的声音、表达组织意志及其支部建设成果,积极投身社区治理,在服务上用真心,在融合上用实招,加强社区居民对党的认同。三是居民层面,始终坚持居民自治为主,在上级党委的领导下成立社区居民自治小组,形成居民自治的自发自觉,不断提高居民组织化程度,没有党支部但条件成熟的要积极建立党组织,哪里有需求,党组织的关怀就要延伸到哪里。四是党员层面,始终坚持全心全意为人民服务的宗旨，通过机制建设、载体建设，不断推进党员服务居民向纵深发展，克服简单地把党员服务居民理解成"办具体事"的狭隘思想，从加强党员作风建设、做好思想引导、团结发动群众、建立健全党员服务居民机制等全方位不断提高党员服务居民的本领。实行"四务合一"工作模式，坚持打造"街道党工委—社区党委—居民党支部—党员"四级工作体系，将街道的党务、政务、社务、居务四项事务通过资源整合、工作融合的方式，统筹考虑，整体推进，形成有岗有责有目标的整体工作局面，真正体现党建引领地区社会治理的实际成效。

（二）基层社会治理党建体系逐步完善

1. 强化"双中心"的政务阵地统领作用

街道充分发挥现有的共产党员+促进中心暨社会工作服务促进中心在街道的现实优势，激发党员发挥先锋模范作用，动员社会力量参与和促进社会治理，形成思想促进、组织促进、服务促进、保障促进，解决和避免党员意识淡化、基层组织功能弱化、引领治理虚化以及资源分散化的问题。目前"双中心"已经成为在全市有影响力、走在全区前列、面向劲松街道的党建引领社会治理、党组织整合社会力量、党员参与社会工作的综合性示范基地。"双中心"作为三级阵地联合体的核心载体，全方位承担起统领功能，以全新的教育宣传方式，以"两学一做"和"社会主义核心价值观"为主要内容，面向"党员"和"群众"两个主体，旗帜鲜明地传递党的声音、讲党员的故事，学习应知应懂知识，教育引导党员发挥先锋模范作用，以教育引导群众践行核心价值；为各类党员、社工、居民（三类人群）和党组织、社会组织、草根组织（三类组织）提供办公空间、活动场所和服务支撑；开展培训培养、业务指导、交流互动等活动，打造"党员之家、社工之家和志愿之家"；围绕"事"的推进，开展党建项目、社会治理项目、志愿服务项目的策划评估考核；建立区域化党建服务指导中心，规范化、社会化运行，前移窗口，一线作业，把党建工作融入日常服务工作当中，不断增强党建工作实效。

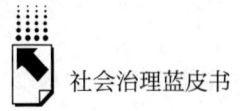

2. 强化社区服务站的贴近服务效果

"双中心"作为街道层面的党建载体,其承担的功能与社区居民需求还存在较大的距离,为解决群众的实际问题,街道党工委在社区建立"四务合一"社区服务站13个,把载体建到居民身边,通过打造党建活动室、居民办事厅等有效载体,把党务工作有机融入社区事务之中,凝聚居民力量,发挥骨干作用,形成自治效果,确保社区事务与党务同步开展、工作同步推进、效果同步达到。

3. 强化居民服务社的小微帮扶优势

劲松街道老人多、面积广,为实现党组织声音及服务全覆盖,有效解决党组织和居民"最后一米"问题,把组织的阳光照进每一栋楼舍,在各级党委的指导下,在区域内有条件的楼院小区建立"四务合一"服务社,形成就近服务、贴近关怀、拉近距离的良好态势。服务社围绕居民日常需求,从便民、利民、助民的角度提供咨询、帮扶等服务,打造一线阵地,很好地解决了"上热下冷"的表面型服务问题,使党务融入居民生活,更好地诠释了"四务合一"的内涵。百环社区的服务社针对特殊群体老人的需求,上门发放由爱侬家政提供的居家辐射助洁服务卡。

(三)形成了五个有效抓手

1. 实施"共产党员+"行动

成立劲松街道"共产党员+"行动"1+1+10+13"组织体系,即成立1个行动领导小组,由工委书记和工委副书记、办事处主任任组长,街道工委副书记任常务副组长,其他领导班子成员任副组长,各科室和各社区主要负责人为成员的街道"共产党员+"行动领导小组。领导小组下设1个综合协调组、10个专项工作组和13个社区领导小组,推进形成以"共产党员+"系列行动统领地区党建工作、党建工作引领地区整体发展的统筹机制。街道工委坚持把"共产党员+"系列行动开展情况,纳入社区党委履行党建主体责任和社区书记党建述职的重要内容,结合区域化党建、服务型党组织建设、非公经济组织和社会组织党建、商务楼宇党建、党群共建等工作,从城市管理、平安建设、环境治理、文化文明、共商共治、社区治理等方面,综合评价各级党组织和党员干部的服务为民的具体成果，取得了显著的成效。通过开展"共产党员+"系列行动，落实从严从实教育管理党员要求，进一步提升党员意识、规范党员行为、强化先锋作用。以创新精神强化党建引领，夯实基层组织，强化服务载体，提升服务水平，通过党组织和党员"强身健体"推进地区整体工作。以党员意识提升带动共青团员、公职人员意识提升和政风行风民风提升，凝聚推动地区发展的正能量。通过系统开展"共产党员+"行动，全方位强化共产党员先锋模范作用和基层党组织战斗堡垒作用。

2. 孵化社区社会组织

劲松街道通过问题导向和需求导向，定向孵化社区的社会组织，推动积极性高的文体队伍转化为服务型的社区社会组织，提高社区的组织化程度和自我服务水平。各社区依托社区社会组织，把服务送到楼院门前、送到居民身边，形成居民情同手足、守望相助的社区意识。社区社会组织联合会为辖区社会组织提供办公场地、活动空间、基础设施、资金支持，并建立重大活动报告制度、定期培训制度、激励评估制度、专项资金支撑监管制度。在此基础上，积极申报市、区政府相关部门组织的政府购买服务项目。目前，街道13个社区共40余家社会组织在中心登记备案。

3. 对接"创享计划"

街道积极与"创享计划"对接，形成"四务合一"模式与"创享计划"的深入嵌入，在前几年"双中心""创享计划"的基础上，拓展"创享计划"实施的范围和深度，通过社区服务站、居民服务社进行基层调研、制定计划、宣传动员，广泛征集社区居民在党建工作、社区管理、服务百姓、提升品质方面的"金点子"120个。通过社区"创享计划"，不断规范工作流程，动员挖掘社区带头人，指引提案方向，并结合"共产党员+"系列行动、居民议事厅等相关工作强化"三社联动"，完善社会动员机制，健全各级协调员培训体系，引导已有的自娱自乐组织向社区服务型组织和社区协商自治型组织转型。

4. 实施社工素质提升工程

从提升社区工作水平高度出发，最大限度地满足社区服务站、居民服务

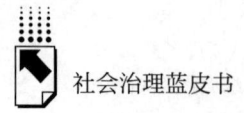

社工作需要，不断优化社工队伍结构，建立健全"双基地"社工培训体系。以"社工实训基地"为平台，组织现有社区工作者开展不同层次的教育培训。健全实务训练规范，由资深的优秀社区工作者开设师徒工作坊，发挥"传帮带"作用。与高校、研究机构合作，引入专业毕业生到社区开展实习实践，促进社区工作者与高校毕业生之间的互动交流。加强职业道德教育、为民服务教育，注重指导社工用专业的方法加强对工作经验的总结和工作方法的改进。加大对社区工作者的关心关爱力度，不断丰富社工文化生活。提倡、支持和鼓励社区工作者参加专业的社工师职业资格考试，保证社工的专业性。

5. 开通"云端劲松V"微信公众平台

劲松街道开通"云端劲松V"微信公众平台，把信息化管理纳入社区治理中，通过微信公众平台和三级阵地联合体的综合作用，积极宣传街道的重点工作、社区的亮点工作，助推"共产党员+"等街道党建工作，及时宣传各类先进典型，传播社区文化，引导树立"七个劲松"的意识，传递社会正能量。"云端劲松V"微信公众平台开通以来，成功组织党员干部微党课、党支部先进典型学习、劲松街道建党96周年活动、党的十九大报告学习等线上线下各类活动20余次，目前，微信公众平台关注量已达10000余人。信息化平台作为三级阵地联合体的有效补充，更好地发挥了各级党组织和共产党员在政务、社务、居务三领域的先锋模范作用，实现了党务、政务、社务、居务"四务合一"的良性局面，充分体现党建引领发展的显性效果。

三 以劲松北社区为试点，推动党建引领多元共治、民意导向有机更新

（一）主动回应关切，从上到下主导项目启动

老旧小区管理是社区治理的"老大难"问题，涉及多个主体协调、多方利益平衡、多点问题解决，仅仅依靠现有物业单位很难实质性推动、根本

上解决。对此，街道工委主动靠前站，发挥统筹作用，建立工作平台，推动项目启动。一是街道主动吹哨。开展区域内老旧小区管理调查，了解小区运行状况，搜集突出问题，征求居民意见，开展可行性研究，最终确定劲松北社区具备综合改造条件，并以街道工委名义向区委、区政府上报初步意向方案，争取区级相关部门支持。二是区级联动响应。接到"哨声"，区委立即响应成立老旧小区更新提升工作专班，建立了由副区长刘海涛同志挂帅，区委办局、办事处、居委会、社会单位、居民组成的"五方联动"实战化工作平台，让各方主体在各个环节有效互动、衔接流转，形成方案制定、组织实施、瓶颈解决、利益协调、服务监督的闭环流程。三是党组织推动落实。为强化党建作用发挥，街道工委推进党建工作平台建设，以社区党委为统领，带领所辖居民党支部，融合吸纳物业公司党支部、房管所党支部、改造项目临时党支部等区域内党组织组成"党建共同体"，以组织联建、工作联合、党员联动为主要工作方式，为推动项目实施提供了坚实的组织保障。

（二）汇集民意民智，从点到面引导达成共识

老旧小区改造的前提是争取多数居民群众的支持，只有把群众的共识共愿引导到美好生活上来，小区改造才能成为民心工程、暖心工程。一是广泛宣讲赢得支持。针对部分群众对小区改造不支持、不理解、不情愿的情况，组成党员宣讲工作队，主动开展一对一进门入户，点对点反复宣讲老旧小区改造的目的意义、目标方向、路径方法等，引导持反对意见的居民换位思考，突出家园理念，实现从拒绝到理解的有效转变，改造赢得了大多数群众的支持与认可。二是包楼问需了解共愿。依托"居委会—小区—楼门"治理网络，最大限度地征求居民意见。在意愿征集阶段中，社区党委带领居民党支部以包楼包院的方式，主动开展需求征集，下发问卷2380份，一楼一院开展群众问需会10余场，集中征求群众意见200多人次，就物业管理、环境优化、人车分流、便民服务等群众关心关注的多项重点问题进行走访，把群众需求兜上来，形成了思想共识。三是汇集民智议定方案。发挥"五方联动"工作平台和社区"党建共同体"的组织优势，组成各级代表40余

人、党员占比80%的议事小组，开展共商议事15次，对项目设计思路、初步改造意向、完善服务业态等方案进行专题讨论。从自行车棚改造方案创新"专业设计、居民评选、政府把关"的流程起，随后成熟运用到停车管理、景观设置、电梯加装等更多事务中。

（三）引入专业力量，从建到用指导有机更新

本着专业化、长效化原则，经过多方比选，最终确定具备投资、规划设计、运营管理全链条业务能力的第三方公司愿景集团为运营方，从而打通设计、改造、运营等各环节壁垒。一是整体性设计。街道从"街区、社区、邻里"三重维度，统领愿景集团、街道责任规划师等专业力量，把握社区定位、空间格局、要素配置、治理需要等核心考量，形成涵盖功能提升、建筑空间、市政管线、安防消防、交通规划、停车管理、景观规划、配套设施、标识系统、便民服务、社区文化等在内的规划"总图"，确保"一张蓝图管到底"。二是专业性改造。立足老旧小区实际情况研究制定技术标准和施工作业流程，专项作业方案标准明确、责任和进度清晰，避免"拉链式"施工，最大限度地减少对居民生活的困扰。三是规范性运营。聚焦后期社区治理的实际需求，通过入户宣传，以"居民过半、建筑面积过半"的"双过半"形式引入内生式物业企业，实施物业服务清单式管理，涵盖环境保洁、绿化养护、停车管理、垃圾分类四大类52项具体任务，做到事项清、标准清、责任清，保证物业真正为居民服务。

（四）着眼长效运转，从近到远督导持续运行

如何实现物业服务长效化，是老旧小区引入物业服务的关键性问题。劲松北社区既有房屋中，10%是收取物业费的商品房，10%是直管公房，80%是未收取物业费的房改房。劲松街道和愿景集团签订战略合作协议，率先落地社会力量参与的市场化机制，改变"政府兜底、街道代管"的局面。一是政府适度扶持。对于政府老旧小区综合整治菜单中基础类项目，由街道按程序申请市、区两级财政资金进行改造，此外的自选类项目以及其他提升项

目经费由愿景集团投入资金推进。为了使愿景集团能够持续运行，街道设置为期3年的物业扶持期，通过"扶一把"实现一定期限内的投资回报平衡。二是企业合理收益。区房管局、劲松街道授权愿景集团对社区闲置低效空间进行改造提升，统筹提供相关服务和闲置资源的运营权，让物业公司获取合理收益，此外通过后续物业、停车管理收费以及计划落地的养老、托幼、健康等产业，形成市场利益激发点。三是居民体验购买。物业企业以多层0.43元/平方米、高层1.42元/平方米的直管公房价格为统一物业收费标准，提供一星级服务，引导培养居民物业缴费习惯，增强自身造血功能，最终实现物业服务长期良性循环。

（五）发挥示范作用，从始到终倡导党员带头

老旧小区改造涉及小区内全体居民群众的利益，在整个改造过程中，一级做给一级看，党员带着群众干，成为改造工程的制胜法宝。一是主动担任宣传员。社区党委采取"党员+社工"的宣传志愿者方式分组入户，党员骨干和社区工作人员逐门逐户进行物业授权，宣讲小区物业化管理后的便捷，缓解改造施工给群众造成的情绪波动，为工程顺利实施做好了思想准备。二是及时变身监督员。小区改造工程进入施工改造实施阶段后，"党建共同体"成员单位的党员代表主动转变角色，从议事变成监督，第一时间发现问题，第一时间反馈进度，推动工程质量和居民满意度有效提升。借助"党建共同体"的组织优势，社区党委带领党员骨干主动监督环境卫生、清理堆物堆料、关注居民舆情以及开展为老服务。三是积极充当服务员。为了解决由于便民网点重新装修改造给居民带来的生活不便，"党建共同体"依托社区文明实践站，每周末在辖区开展义务理发、义务问诊、衣服裁剪、免费配钥匙等便民服务活动，成为群众身边的服务员。

（六）打造美好社区，从粗到精领导社区治理

改造后的劲松北社区将彻底摆脱老旧面貌，取而代之的将是焕然一新的环境与服务，从粗放型管理向精细化管理转变，形成共建共享、精治善治的

新局面。一是以共同家园塑造人。积极发挥"党建共同体"作用,发动社区力量共同建设美丽家园。以"彩虹桥"七色志愿服务项目为载体,开展"家园意识"教育,建立社区服务积分奖励体系,鼓励居民对小区改造后的物业管理、便民服务等问题进行集中商议、共建共享。二是以温馨服务凝聚人。新建的理发店由曾在社区露天理发20多年的社区居民申师傅夫妇低价租用,社区居民刘师傅的"菜篮子"社区便民店即将开业,这些"身边人"为社区服务,不仅增强了对社区的身份认同和主人翁意识,而且让社区生活充满了暖暖的亲情味道。三是以活力街坊鼓舞人。举办社区邻里节,开展消夏市集、周末观影等社区大型活动,营造熟人社区氛围;策划社区兴趣营,链接公益资源,开展文体、健康、学习、亲子、传统节日等特色社区活动,形成社区大家庭认同感;建设社区会客厅,汇集支部生活、公益活动、居民议事、社区课堂四项功能,让社区居民有所乐、有所学、有所为。

四 关于进一步解决老旧小区治理难题的建议

一是成立业主委员会,解决停车问题。老旧小区中停车问题严峻,居民对停车的需求较大,在现行的准物业管理中停车收费一直是困扰社区多年的难题。目前没有明确的文件规定社区准物业有法律资质可以收费,但是业主委员会是居民们普遍能接受并且不存在质疑的组织。因此居委会提议效仿商品房小区,成立业主委员会,平时召开业主大会。

二是提升社区垃圾分类工作的连续性。社区对垃圾分类进行宣传教育,设置分类垃圾箱,鼓励居民从源头上进行分类处理。保留志愿者对垃圾的二次分类,坚持不懈地做好垃圾的分类处理工作。同时,街道要重视垃圾的分类回收,增加垃圾分类回收的工作人员,并对其进行垃圾分类回收的教育和培训。另外,区级相关层面要制定相应的规章制度保障垃圾分类工作的正常运行。

三是杜绝地下室等空间的安全隐患。由于北京外来人口众多,租房问题一直是政府工作的重点。加上地下室租金便宜等优势,成为众多外来人口居住的首选。但是，人口密度大、设施落后、管理不到位的现状，使地下室存在巨大的安全隐患。因此，要加强对地下室的安全管理，检查地下室用电、煤气等的安全，加强对租住人口的安全教育，充分保障地下室的安全。

四是明确规定社区卫生费的收缴责任人。由于中介对房屋的出租管理，社区卫生费的收缴面临严重问题。中介作为营利机构，在出租房屋时私自收取卫生费用，致使租户在社区居委会的管理下，缴纳双份卫生费，此时，会面临不缴纳卫生费的问题。所以，社区居委会应该和户主、中介明确各自的责任和义务，避免租户因为责任模糊，阻碍社区居委会的管理，影响社区的健康发展。

五是收回配套使用房的管理经营权，实现自我造血。使用房产权不明确，阻碍社区管理和社区的健康发展。面对此问题，可以成立单独的服务中心，并把原本属于社区配套使用房的经营权和管理权收回，单独成立的服务中心，在管委会的监督下、居委会的指导下统一经营管理。这样一来，可以有效制约外来人口过多的现象，既方便了居民，给居民最实惠的服务，又方便社区管理，还能实现社区自我造血，做到取之于民、用之于民。但这个方法实施的难度较大，涉及社区配套使用房的产权单位能否同意的问题，这需要社区居委会与产权单位进一步磋商。

参考文献

北京市朝阳区劲松街道办事处：《党建引领多元共治 民意导向有机更新 探索老旧小区综合改造的"劲松模式"》，2019年。

北京市朝阳区劲松街道办事处：《推进"四务合一"实现党建引领社区治理现代化》，2018年。

马晓龙：《基于大数据智能化运用的老旧小区治安治理理念创新与体系重构》，《江苏警官学院学报》2019年第2期。

李子扬：《北京市老旧小区综合整治路径探索》，《城乡建设》2019年第9期。

单伟娜、宁超：《天津城镇化进程中老旧小区停车治理研究》，《2019城市发展与规划论文集》，2019。

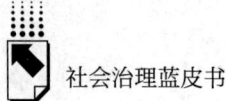

孙晓东：《治理老旧小区停车难须综合施策》，《中国城市报》2019年9月9日。

李君：《杭州市下城区住宅小区治理的困境及对策研究》，华中师范大学硕士学位论文，2019。

李动：《老旧小区改造：绣花功夫完善社会治理格局》，《中华建设》2019年第8期。

B.12
安贞街道以社区体制改革为助推器构建基层社会治理新蓝图

——安贞街道基层社会治理的实践探索

摘　要： 安贞街道作为北京市朝阳区面向基层服务的重要参与者，立足长远、统筹谋划，以"三理三建三体系"为突破口，推动社区体制机制改革，创新社区基层治理模式，提升群众对基层治理的参与感，促成了基层社会治理共建共治共享的新格局。

关键词： 社区体制改革　基层社会治理　共建共治共享

安贞街道地处朝阳区西北部，横跨北三环中路，东起安立路安定门外大街，与和平街街道、东城区和平里街道相邻；西至昌平路南段，毗邻海淀区和西城区；南至黄寺南里南侧、柳荫公园北侧，与东城区和平里街道接壤；北抵土城南路、健安西路东段，隔北土城遗址与亚运村街道相望。交界区、营院区、建成区、居住区是安贞街道的明显特征。

为深化社区管理体制改革，创新社会治理，提升服务效率，活化社会参与和居民自治，推进社区治理体系和治理能力现代化，安贞街道紧紧围绕首都城市战略定位和朝阳发展新的阶段性特征，按照"减负担、强自治、重服务、提效能"的工作思路，以减负增能为重点，以社区服务站改革为牵引推动社区治理改革，形成了"三厘三创三体系"的工作路径，不断强化社区在治理中的主导地位，促进居委会回归本位，提升社区服务水平，强化自治功能，激发社区基层治理活力。

一 安贞街道探索基层社会治理的实际背景

（一）城市治理方式精细化的需要

安贞街道以20世纪80年代建成的老旧小区为主，改制前共6个社区，大部分为6000户以上超大社区，常住人口有持续增长之势。随着安贞街道辖区社区居民的不断增多，居民公共服务需求趋于多样化，传统的社区治理模式、机构组成难以与之相匹配，其主要矛盾表现在三个方面：一是社区居民办事更快、更便捷的需求与社区服务供给不平衡不充分的矛盾；二是社区工作行政化、机关化倾向与服务精准化内在要求的矛盾；三是居民参与社区治理的主人翁意识的不断增强与传统社区治理模式下互动水平不高之间的矛盾。因此，社区治理服务化、治理主体多元化、服务供给精准化、精准供给便捷化是安贞街道增强公共服务供给能力、实现地区细小微实精细化管理的迫切需要。

（二）居民日益增长的美好生活需要

习近平总书记在党的十九大报告中强调，中国特色社会主义进入新时代，我国社会主要矛盾已经转化为人民日益增长的美好生活需要和不平衡不充分的发展之间的矛盾。这个主要矛盾在国际化、大融合的安贞街道体现得更为明显和直接，安贞街道辖区内有闻名中外的中国木偶剧院，交通、冶金等报社云集，吸引了来自全球各界的国际友人和五湖四海的华夏儿女齐聚。不同的环境塑造了多元化的主体，不同的经历催生了个性化的需求。要满足群众日益增长的美好生活需要必须拓展社区服务和居民活动空间，优化社区服务机构，集中精力破解社会治理难题，更好地满足辖区群众对提升社区服务水平的新期待。

（三）城市基层党建工作的需要

一方面，面临安贞街道辖区社区规模大、人员构成复杂、服务需求个性突出等情况，推进社区体制改革、创新基层治理方式、加快公共服务供给侧改革是重要手段，强化党的建设、党建引领是关键。另一方面，社区是城市治理的基本单元，社区管理体制改革不仅可以实现组织共建、资源共享，而且可以促进社区基层党组织的肌体进一步强健，区域化党建在社区微观层面的合力进一步形成，党在城市的执政基础进一步夯实。

二 安贞街道推动社区体制改革的优势条件

（一）市、区相关部门的大力支持

安贞街道推进社区体制机制改革以来，市、区各部门协同街道、社区上下一心，深入基层了解推进过程中的实际情况，相继出台《关于深化社区管理体制改革的实施意见》等文件支持社区体制改革，为深化基层体制改革提供了目标、思路和重点任务。另外，朝阳区委、区政府以及社工委、社会办也提供了大力支持，多次赴安贞街道调研和指导，动员社区、楼院召开居民代表会、议事协商会，确保社区层面顶层设计的先进性、实用性和针对性，为改革的顺利开展奠定坚实的基础。

（二）地区思想认识的高度统一

社区管理体制改革是安贞街道实现精细化管理和跨越式发展的历史性机遇。近年来，安贞街道深入社区调研、入户走访，广泛听取居民、社会单位以及专家学者的意见、建议，前后召开多轮研讨会和四次推进会，在统一思想、凝聚共识方面取得了良好成绩。除此之外，安贞街道充分调动社区资源，发挥社工等团体的一线宣传作用，在各社区内纷纷开展试点工作，实地宣讲精细化管理理论和体制改革重要性，取得了群众的一致认可，在辖区内掀起了思想认识高度统一、齐心协力推进社区体制改革之风。

（三）主观客观条件的准确把握

安贞街道牢牢把握朝阳区"疏解整治促提升"和"回收出租出借国有

资产"行动的历史机遇,通过资源置换对回收腾退空间进行再利用,创造条件改造社区办公用房,解决制约改革发展的难点和瓶颈问题,为改革奠定了客观基础。坚持规划引导发展、管理促进规范,投入大额资金,不断完善社区公共服务区域建设,改变过去柜台式、窗口式的接待模式,着力实现"办公区域最小化、活动空间最大化、使用效益最优化"。充分利用紧邻街道服务大厅的地理位置优势,在社区推行"全程代办"业务,让前来办事的群众"少跑一趟路"。

(四)社会组织专家的深入参与

安贞街道实施"专业项目社工",协同专业社会组织,动员社区骨干力量,开展项目化服务,分工协作,共同推动社区服务专业化。积极融入朝阳区"社区成长伙伴计划",通过为社区引入专业伙伴团队,对社区治理重点难点问题进行一对一、多对一会诊,指导社区探索实践,旨在实现社区治理能力和治理水平的全面提升。坚持问题导向、需求导向和目标导向,将社会组织、高校专家和专业学者纳入社区体制改革和基层治理研究中,为社区提供专业化的理论分析和实践指导,切实帮助社区解决服务管理中遇到的重点难点问题,促进社区系统治理、源头治理、专业治理,全面提升社区物业管理、环境建设、居民自治、社会动员、文化文明建设水平,切实提升群众的获得感、幸福感、安全感。

三 安贞街道基层社会治理面临的难点问题

(一)自治组织行政化明显

在实际工作中,出于社会管理的需要,安贞街道辖区社区既承担着上级政府部门和街道布置的各项任务,社区日常事务中存在"上面千条线,下面一根针"的现象;又直接面对社区群众及其精细化需求,"半自治半行政化"趋向明显,不能充分发挥基层自治功能。此外,社区工作人员"坐班式"工作模式未能及时根除,"走动式"工作方法未能全面普及,自治活力未能彻底激发,去行政化、强化服务意识还有待进一步深入推广。

(二)社会治理主体单一

2016年以来,以安和社区公益基金会为代表的社会公益资源承接实体平台逐步亮相安贞街道,"治理规划师"逐步走进基层治理范围,拉开了多元共治的序幕,但众多治理单元之间没有形成良好的资源共享、议题共商、社区共治机制,"各自为政"问题有待进一步协商解决。社区居民多样化和基层治理单一化之间存在脱节现象,居民有待进一步深入参与社区共治,如何充分协调统筹社会组织、街道机构和社区居民在基层治理中的重要作用,对安贞街道加快建设"同心、同向、同行,共商、共治、共享"社区意义重大。

(三)社会服务体系有待完善

安贞街道社区居民来源的多样化与居民需求的个性化越来越凸显,导致群众对社区工作者的专业素养要求越来越高。然而,一方面,现阶段安贞街道社区工作人员以家庭妇女、离退休职工和实习志愿者为主,社区服务工作人员的专业素养有待进一步提升,产业化程度较低,不能有效利用社区现有的公共服务设施提供精准服务。另一方面,全方位的服务体系有待进一步完善,社区服务形式较为单一,内容缺乏深度、广度和温度,尤其是在大型服务项目上的投入不足,难以满足社区居民的服务需要。这充分说明基层治理的服务设施和专业化水平有待提高。

(四)基层党组织影响力在削弱

安贞街道作为朝阳区的重要组成部分,以"一轴三平台六联盟"为主要抓手,将街道工委、社区党委、党支部、党员四级作为"吹哨、报到"工作主体,充分发挥了基层党组织在社会治理中问计问需、研判决策、资源统筹作用,但面对首都立足国内、面向国际的特殊性,基层党建工作的开展

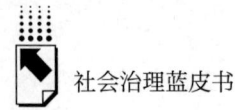
社会治理蓝皮书

存在一定的困难和复杂性。一是外来务工经商党员、迁居党员等流动性党员较多，党组织关系较为复杂，管理难度较大。二是随着国际化的不断深入，不同宗教信仰的外来人口逐步落户安贞街道，这对于党建工作的开展具有一定的冲击性。

四 安贞街道创新基层社会治理的实践探索

（一）理顺"三种关系"，增强社区治理合力

1. 梳理社区内部关系

明确社区党委、居委会和社区服务站各自职能定位，坚持社区党委领导，持续开展"双带行动"即党员带头、党组织带动，高效完成社区的各项工作。坚持社区党委领导，充分发挥社区居委会及七大委员会主体作用，强化服务站的行政服务功能和社区居委会的自治功能。创新改革思路，重新调配社区力量，形成社区内部力量调配机制，提升社区服务水平。实行站居分离，社区居委会主任兼任社区服务站副站长，优化社区工作者分工，细化三个"百事通"：一是"政务百事通"，为居民提供限时通办的政务服务；二是"民情百事通"，分片包楼，入户走访，满足居民需求，化解社会矛盾；三是"项目百事通"，协同专业社会组织，动员社区骨干力量，开展项目化服务。推动社区职责权力更加清晰，自治功能更加强化。

2. 厘清街社权责关系

编制《安贞街道社区正职领导周安排制度》《领导干部包社区制度》等系列规章，建立严格的社区工作准入制度，明确社区居委会依法履职事务23项，配合街道履职13项，社区居委会日常开具证明15项，取消社区达标评比25项，取消社区工作机构27个，清理规范社区牌匾，倒逼机关转变工作理念和服务作风。街道建立"分级分类"会议制度，明确社区正职领导周安排制度，减轻社区正职工作负担，每月末召开社区主任例会，共商共

议重点工作，解决社区重点难点问题，助推社区和科室形成良好互动。

3. 密切政社互动关系

完善"一轴三平台六联盟"区域化党建体系，发挥党建工作协调委员会及社区分会作用，强化党委统筹"联盟"资源。探索安贞特色"社区吹哨，科室、社会单位、党员报到"工作七步法，以党组织、党员引领带动多元协商治理。依托街道、社区、楼院三级党政群共商共治议事平台，建立"花园、楼门、活动室"等多种形态的"居民议事厅"，培育热心参与社区治理的"带头人"。发挥文化、公益、物业、平安、法治、健康等六大联盟统筹功能，强化政府购买服务和社区创享计划两轮驱动，深化"党政发动、政社互动、枢纽带动、'三社'联动、公益推动"的社会动员机制，整合多方资源，推动社区内各类组织、各个群体、各种社会力量之间形成常态化有效联动，合力解决社区治理难题，推动社区发展。

（二）创新"三种模式"，提高社区治理效能

1. 创新居站服务设置模式

明确社区服务站承担政务服务的职能定位，是直接为办事群众提供服务的"窗口"，创新社区整体布局和站居关系设置，形成"厅站合一""一站多居""一站一居"三种模式。利用安华里、安外社区紧邻街道政务服务大厅的优势，实行"厅站合一"，在政务大厅设置政务社工岗2名，提供"业务通办、区域通办"服务；黄寺、裕民路社区受条件所限，实行"一站一居"；其他社区根据实际情况，实行"一站多居"。社区服务站的日常管理和考核监督由设站的社区负责，不设站的社区设置"首问窗口"，为居民提供业务咨询。积极探索特色服务，安华里社区为高龄老人及其他行动不便的办事群众提供"暖心代办、上门服务"。

2. 创新"百事通"社工岗设置模式

社区服务站"定人定岗定责"，承接政务服务中心、职能科室下沉到社区的行政事务，设置1名副站长和2名社区工作人员，实行AB岗管理，取消社区服务站人员分片包楼、入户走访职能。启动"社区百事通"培育计

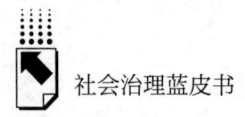

划,定期开展业务能力培训,并通过知识技能大赛、业务技能考试等方式,培养社区服务站"政务百事通"成为业务骨干,确保"一口受理、业务通办",减少服务流程,压缩办理时间,提升服务效能,让居民"只跑一趟路"实现率达到86.9%、满意率达到94.7%,有效实现人力集成,大幅度提高居民获得感和满意度。

3. 创新社区空间集约利用模式

以"办公区域最小化、活动空间最大化、使用效益最优化"为理念,坚持把更多力量和更优质的资源投向社区,创新空间布局。下功夫花心思改善办公环境,突破"一人一座一电脑"的老套路,撤掉办公桌,设置藤椅、沙发、茶几、茶具等,构建亲和温馨的社区公共空间,打造"家园式"社区。拓展街道文化中心、社区会议室、社区服务站大厅等场所用途,开放成为居民活动室、居民议事厅和文体活动中心,提升公共空间利用效率,实现空间集成。

(三)建立"三个体系",夯实社区治理基础

1. 制定服务站工作标准化体系

以精简、统一、高效为原则,将原有100余项社区服务事项梳理简化为28项,由服务站统一办理,实现"一口办理,一次办结"。着眼于社区服务站服务事项信息化,建立服务流程标准化体系,制定服务群众"通用清单",制作《社区服务站"百事通"工作手册》,通过触碰一体机和《服务事项指南》向居民展示,一目了然,满足不同年龄段办事居民的需求。制作《社区"百事通"问答题库》,及时回应居民遇到的问题和服务需求,为"社区百事通"提供强有力的信息化支撑,为办事居民提供更专业、更集成的社区服务。

2. 完善社区人才队伍培养体系

针对窗口服务、自治民情和项目运作分工,建立"同异结合"的人才培养计划,通过"听、讲、谈、看、赛、展、做"等七个板块,采取线上和线下相结合的方式,对社工队伍进行全方位的培训,打造一支熟练掌握各

项为民服务的窗口接待任务的"全能社工"队伍。深化探索"1+1"社区项目经理人培养模式，即由1名专业社会工作者和1支社区工作者队伍联合开展最"接地气儿"的社区自治项目，打造专业素质过硬、项目策划执行能力强的专业社区工作者队伍。

3. 探索阶梯式社会动员体系

按照聚（凝聚人心）、育（培育扶持）、促（促专业化）、联（联通上下）、统（统领全局）"五级联动、阶梯动员"的原则，以文化活动、兴趣小组等形式吸引社区居民走进社区，从中挖掘社会组织带头人；加强社区社会组织特别是草根组织的培育、孵化，助其成长为社区治理的中坚力量，提高居民组织化程度和社区归属感；引入专业社会组织，促进社区社会组织专业化发展；社区党委联建联治，统筹协调社区资源共建共享；街道工委统领全局，整合辖区内各方力量共同参与，形成阶梯式社会动员体系，分层级、分人群动员，提升社区参与的深度和广度，促进政府治理和社会调节、居民自治良性互动。

五 安贞社区实施基层体制改革的优异成效

（一）回归本位，自治功能得到强化

社区管理体制改革，进一步理顺了社区内各类组织间的关系，强化了社区党组织的领导核心作用、社区居委会的主体作用、社区服务站的基础服务作用和社会各方的协同作用，明确其各自的功能定位。社区职责权力更加清晰，服务能力明显提高。社工把更多精力投入社区自治，使社区居委会回归自治本位。社区深入楼院、家庭做居民工作，开展"绿地侵占整治"专项行动，500余块社区被侵占绿地得以恢复，并新建绿地、景观143块，实现了"留白增绿"、还绿建景，提升社区宜居水平。社区深入动员社区居民、社会组织参与，完成579个楼门文化建设，开展社区创享计划项目共32个，参与人数达到7000多人。

（二）完善制度，切实实现减负增效

按照"减负担、强自治、重服务、提效能"的工作思路，重新梳理社区服务事项清单，推行社区工作准入机制，清理社区工作机构和牌子，规范精简社区会议，通过制定安贞街道社区工作准入制度、领导干部包社区制度、机关干部包楼院制度等10余项制度，建立"街巷长"、协管员队伍统管等机制，尽可能把资源、服务、权力放到社区，保障减负增效工作落实。通过梳理社区服务事项清单，明确管理制度规范，加快了社区的去行政化进程，社区服务站和首问接待窗口从原来的每个社区5~7个减少到现在的1~3个，社工从以前的一人包300户左右减少到200户上下，减轻了社区负担，工作效能大幅度提升。通过统筹调配街道各系统协管员队伍资源，综合运用常驻下沉、联片包干、节点下沉的方式，提高工作效能，增强工作合力。

（三）优化流程，服务更加精准高效

科学合理调整社区服务站人员分工，设置1~3个接待窗口，实行AB岗管理，通办全部28项业务。服务前台配备高拍仪、一体机等科技工具，按照"一口受理、一门办理"的要求，按照《社区服务站"百事通"工作手册》的标准现场办结各项服务，社区服务站改革后，服务站工作人员由30余人缩减为不足20人，居民满意率显著提升，社区服务的专业化和现代化水平不断提高，基本实现社区管理精细化和便民服务精准化。

（四）共治共享，社会活力有效激发

社区管理体制改革使更多的人力资源从行政事务性工作中解放出来，更好地在社区层面发挥街道党建中心、社会动员中心、社会组织联合会、安和社区公益基金会、六大联盟、社区七大委员会等六个平台引导社会参与的重要作用。打造全区域统筹、多方面联动、多领域融合的共建共治共享的社会治理格局，有效激发了社会动员活力。2017年，实施了六大联盟共建项目

35 个,党政群共商共治项目 17 个,政购项目 24 个;培育发展了社区社会组织 100 余个,培养带头人近 60 人,参与 10000 余人次。在辖区单位、社区居民的共同努力下,高标准完成 610 户"开墙打洞"整治工作。在安华里社区的"红娘小组"、网络助老班、僵尸车改造等项目的推动下,越来越多的社会力量成为社区治理的参与主体。

六 安贞街道持续深入服务基层的未来思考

(一)加强队伍建设,夯实社区基础

一是继续梳理社区各项工作机制和工作流程,建立科室延伸工作清单,促进公共资源最优配置,提升社区党委党建引领和社区居委会链接地区资源的能力。二是成立微创投团队,通过"团队+项目"的形式,扩大社工专业经理人的阵营,提升社区人员的专业化水平,形成打造政务社工提供政务服务、民情社工包楼入户、专业社工开展项目服务的社工人才机制。三是加大培训力度,通过多层次、经常性、多形式的方式,充分借助内部外部资源,对社区工作者实施持续培训,提升社区工作人员面对群众事务时的专业能力、协调能力、创新能力和服务能力。

(二)强化社会动员,实现共治共享

一是重点衔接社区服务站改革后的工作计划,充分发挥社区居委会在基层社会治理、联系群众和服务居民等方面的优势,鼓励社区工作者用更多的时间深入居民中。二是结合街道深化居民楼院服务管理工作方案,深入每家每户,多关注、多了解群众呼声较高的热点、难点问题,动员各方力量参与社区治理和社区自治,增强社区自我建设能力,推动"单一管理"向"多元治理"转变。三是吸纳社区内具备一定影响力、凝聚力的群众代表,利用现代化传媒手段开展社区共建共治共享宣传,广泛吸收社区内部力量,助力推进大型社区治理能力和治理体系现代化。

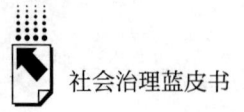

（三）培育社区品牌，打造治理格局

一是持续深入挖掘社区特色服务、亮点工作，进一步确定各社区的品牌和特色内容，进一步拓展社区品牌的深度和内涵，塑造有血有肉、有枝有叶的社区品牌。二是充分发挥社区品牌的示范作用，加强宣传，进一步凝聚人心，增强号召力，带动地区居民积极参与社区治理，培养居民自我治理、自我发展的主动意识和社区认同感与自豪感。三是加快实施社区品牌计划，列举品牌任务清单，进一步促进实现社区服务品质提升、社会动员水平提升、社区自治参与提升、社区治理效果提升、社区品牌影响提升"五个"提升，打造首都中心城区基层治理的新格局。

参考文献

安贞街道：《"三理三建三体系"推动社区体制改革实现新突破》，2018年。
《不变的初心　永恒的创新》，《朝阳报》2018年7月11日。
汤晋苏、王时浩：《社区体制改革——沈阳模式专家论证会观点综述》，《中国行政管理》2000年第4期。
谢延智：《北京市街道社区管理体制改革的实践与思考》，《中国机构改革与管理》2015年第7期。
潘如龙、郑亚丽：《如何构建基层社会治理新格局》，《浙江日报》2019年12月5日。
高征阅：《上海市国际化社区发展中的文化融合问题研究》，复旦大学硕士学位论文，2010。
菅强：《社会转型视野下国际化社区治理路径探析——以上海市G社区为例》，《河南社会科学》2013年第5期。

B.13 麦子店街道国际化社区建设的路径探索

——打造"家印象国际店"国际化社区品牌

摘　要： 随着我国经济社会的发展，越来越多的境外人士进入我国的城市社区，国际化社区建设成为社区治理与服务水平提升中的一个新问题。麦子店街道立足国际化资源丰富、涉外氛围浓郁的最大特色，同时也直面新时期所遇到的新问题，大胆探索，勇于创新，根据街道自身特色，聚焦"三原则、五品质、七元素"，探索出国际化社区建设的新路径，推动区域国际文化交流和公共服务融合发展，实现了区域公共服务品质与国际交流水平同步提升。

关键词： 国际化社区　麦子店　公共服务　社区治理

一　麦子店街道探索国际化社区建设的必要性

（一）外籍人口多，社区服务对象差异性大

麦子店街道常住人口近6万人，其中外籍人口近万。传统的社区服务与治理主要针对本国公民，适用的语言习惯、文化背景、法律法规、风俗人情等具有一致性。而麦子店街道社区服务和治理工作还要面对来自93个国家和地区的外籍人口，这些外籍人口来自不同地区、不同国家、不同种族，各自的文化习惯均不相同，因此，在提供社区服务时具有敏感性，麦子店街道社区工作复杂性较高。

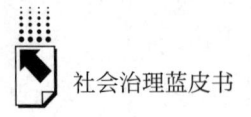

（二）作为国际交往的重要窗口，需要提供具有国际化特色的服务

街道辖区有15个国家的大使馆（美国、日本、法国、以色列、文莱、马来西亚、印度、韩国、塔吉克斯坦、拉脱维亚、乌拉圭、卡塔尔、巴巴多斯、阿联酋、巴林）以及上合、东盟2个国际组织，可以说是首都国际交往活动的一个高地。在提供普遍性服务的同时，还需要提供如出入境登记、境外居民居住证办理、跨国婚姻生育、跨国法律纠纷、国际财产、跨国儿童教育等具有国际化特色的针对性服务。

（三）国际化社区建设是推进国际文化交流和公共文化融合的重要抓手

麦子店以国际化社区建设为载体推进社区文化建设，在促进国际文化交流和提升公共文化服务品质方面取得了良好的效果。从麦子店的文化建设实践中可以看出，外籍居民的数量只是国际化社区的一个指标，而衡量一个社区是否符合"国际"标准，则是要看其是否具有多元性、国际性的社区文化。国际化社区具有文化多元性、人口流动性强、管理难度大等特点，这决定了其必须以社区文化建设为突破口，在共同的文化活动中得到共鸣，增强居民对社区的归属感、认同感，以此为基准，才会更加便利地建立本地文化与外来文化相互交融、和谐发展的独特国际性社区。

二 麦子店街道推进国际化社区建设的优势

（一）街道便民利民服务具备国际化特色

经过多年发展，借力区位优势，麦子店形成了一批具有国际化水准的特色配套设施，涵盖衣、食、住、行、游、购、娱、商等多方面。餐饮方面，辖区共有107家各类国际风味餐饮单位，其中酒店内餐饮单位19家，街面餐饮单位88家，涵盖欧美、日韩、东南亚、中东等十余种风味。五大洲美食齐聚，满足中外居民多元的饮食需求。住宿方面，辖区有 11 家国际酒店，包括北京四季酒店、北京希尔顿酒店、凯宾斯基饭店、北京长城饭店等高端精品酒店。高品质的服务为外国旅客带来宾至如归的住宿体验。购物方面，辖区有老牌高端购物商场燕莎友谊商城、定位高端时尚的蓝色港湾国际化商圈，满足中外消费者一站式购物需求。休闲方面，辖区坐落有北京中心城区最大的城市休闲公园——朝阳公园，园内设有网球中心、奥运沙滩排球场、世纪喷泉广场、马术俱乐部、勇敢者游乐园等模块，为中外居民提供休闲娱乐好去处。

（二）公共服务可以满足多样性需求

教育方面，辖区有包括北京德国使馆学校、加拿大国际学校、青苗双语学校等在内的 5 家国际教育机构，丰富优质的教育资源能满足国际高端人士对子女教育的需求。医疗方面，辖区周边有首都医科大学附属北京朝阳医院、北京妇产医院等多家三甲医院，辖区内有北京外交服务局卫生所、北京爱康国宾有限公司等多家中小型涉外医疗机构，便于满足外籍居民就医需求。文化交流方面，辖区坐落的凤凰国际传媒中心是新北京地标建筑之一，成为集传媒、艺术于一体的国际文化传播交流新阵地。另外，坐落有农业农村部及其下属单位全国农业展览馆、农业部规划设计研究院、中国—欧洲联盟农业技术中心等，便于农业事务交流往来。

（三）麦子店的国际化现状具有鲜明的区域特色，便于形成区域品牌

一是功能全面，综合性强。辖区有五大功能区，包括以第三使馆区为代表的国际政务服务区、以朝阳公园为代表的生态休闲区、以全国农业展览馆为代表的会展中心区、以燕莎蓝港为代表的商务娱乐区、以凤凰国际为代表的传媒文化中心区，实现了商务、娱乐、休闲、购物、文化交流等功能的全域覆盖。二是空间平衡，动静结合。亮马河南岸以蓝色港湾为核心的商业区域客流密集、热闹繁华，北岸以第三使馆区为核心的外事区域闹中取静、环

境幽雅。朝阳公园路西侧有高档住宅区，东侧有绿色生态区。霄云路两侧辐射三元桥形成商务办公区。区域办公、生活空间有效平衡，形成动静结合、相得益彰的和谐氛围。三是聚焦高端，品质先行。辖区聚集了一批高端配套设施，以北京四季酒店、凯宾斯基饭店为代表的高端酒店展现了住宿品质，以燕莎蓝港为代表的高端购物商圈提升了消费品质，以清镜明湖、景园公寓为代表的高端住宅保障了居住品质，以南银大厦、佳程广场等为代表的高档写字楼优化了商务品质。高端要素聚集的基础优势为麦子店区域品质提升，打造魅力"国际店"提供了有力支撑。

三 麦子店街道国际化社区对标国际一流水准仍存在不足

在国际化社区建设过程中，麦子店街道积累了宝贵经验，也取得了一定成绩。但对标国际一流水准，仍存在以下不足。

（一）国际知名度不高

麦子店辖区有全国农业展览馆、凤凰国际传媒中心等知名建筑，也有引领时尚潮流的蓝色港湾国际商区，文化及商业地标多点开花，但地域整体知名度、品牌影响力仍有不足。区域名片与知名地标融合不够紧密，区域品牌打造缺乏矩阵合力，特色名片的宣传力度还有待进一步加大。

（二）文化融合度不足

近年来，麦子店持续打造"中外居民过大年"等文化品牌，对促进中外居民的文化交流发挥了积极作用，但整体融合度还有待提升。一是外国居民聚集区与本地居民社区融合不够充分，仍存在语言障碍、习惯差异等客观问题。二是外国居民参与社会治理的路径欠缺，需求互通机制不够健全，公共服务精准度有待进一步提升。三是外国居民的归属感与文化认同度不够，与本地居民的情感联系还有待加强。

（三）资源匹配度不够

辖区资源设施有一定基础优势，但与外国居民需求的匹配还有待加强。一是现有资源设施的功能及类目不够全面，尤其在文化、体育设施的多样性上存在短板，在满足外国居民多元化需求上仍有欠缺。二是现有资源的利用率还有待提升，功能有待挖掘，有待进一步规划整合、升级改造。三是部分设施的品质水准距国际化标准还有一定差距，尤其是文娱设施建设上仍缺乏高端品质标杆，整体品位、品质还有待提升。

四 麦子店街道直面发展问题，开展国际化社区建设新的探索

（一）强化顶层设计，明确国际化社区发展原则

1. 坚持需求导向原则

围绕"共建人类命运共同体"理念，以实现共同利益与共同价值为目标，推进多元文化融合，打造友好城市环境，实现中外居民共建共融、共筑共享。坚持以人民为中心，了解掌握中外居民工作、生活、娱乐、文化等方面基本需求及特征，开展外国人士二次需求调查，为推进国际化社区精细化治理提供基础支撑，使麦子店成为新时代世界城市建设发展的鲜活缩影。

2. 坚持供给优化原则

以供给侧改革背景为支撑，优化公共产品、服务需求供给资源配置，在政策扶持保障下，实现要素整合、能量集成、资源重组，以提升麦子店地区公共资源供给质量和效能为重点，补足短板，优化结构，推动国际化社区发展更加平衡、更有保障、更可持续。

3. 坚持体系构建原则

聚焦首善要求，构建标准体系；聚焦整体布局，促进全面提升；聚焦品牌打造，树立世界城市理念。聚焦"三个不足"瓶颈问题，以大数据为支

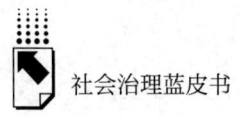

撑，对地区综合要素进行全面评估，围绕打造"国际店"世界名片、促进中外文化交融共享，对现有公共资源整合利用进一步找准方向、理清脉络、明确路径。

（二）结合国际化发展要求，确定发展目标

1. 区块功能提质

在原有功能区划分的基础上，进一步深化整合，将辖区划分为外事服务区、休闲娱乐区、生活住宅区、商业活动区、文化交流区五大区块，使地区布局更加清晰，功能定位更加明确。针对各个区块，强化优势，突出特色，集中发力，实现区域发展全面加速提质。将麦子店打造为外籍人士都说好、评价高的国际化社区。

2. 线段延展提升

在区块基础上进一步纵深提升，分支优化。一是以亮马河为主线打造国际风情水岸，加强河道治理、提升两岸景观、优化服务品质，形成天蓝水净、"人在画中游"的美好图景。二是以好运街为主线打造美食风情街，突出餐饮特色，强化品牌效应，提供娱乐饮食好去处，打造出在国际化大都市具有知名度的国际风情水岸街区。

3. 单元亮点提粹

发挥"绣花"精神，进一步探索精细化治理。以楼院为单元，建设"立体四合院""绿荫停车场"等，以小美丽汇聚大魅力；以街角为单元，建设"口袋花园""立体景观"等，以小细节展现大格局；以商务楼宇为单元，加大政策引导力度，推动餐饮娱乐设施精品化，以小优雅打造高品位，将麦子店打造为国内一流的优美精致街区。

4. 供给需求提档

在供给侧改革政策背景下，积极探索国际化社区建设路径新思路。聚焦需求，不断完善居住、教育、医疗、文化等配套设施，提升公共服务水平。围绕国际化要素，加快推进城市街区更新，促进资源整合优化，提升区域整体品质品位，提供符合国际水准的公共服务保障。

5. 融合友好提速

围绕《朝阳分区规划（2017—2035年）》建设具有广泛国际影响力和竞争力的和谐宜居国际化城区目标，通过优化资源配置，提升涉外服务精准化程度，促进外向融合；通过打造特色文化品牌，优化双向沟通机制，加强中外居民情感交流，促进内向融合。使麦子店成为多元文化交流融合的国际化示范区。

（三）凸显特色，发挥优势，完善建设路径

聚焦中外居民、商务人士、世界旅客等对象，围绕衣、食、住、行、游等需求，发挥优势、凸显特色、整合提升，突出"家印象"，将麦子店街道打造为安全、宜居、舒适、温暖，能够吸引人、迷住人、留住人的"国际店"。实现充满活力而不失幽静、充满特色而不失品位、充满新鲜而不失亲切，真正彰显国际一流标准、朝阳气质特色、"麦家"服务温度。

1. 突出"绿"的生机，以朝阳公园为重点，打造国际生态休闲街区

发挥辖区具有北京中心城区最大综合性城市休闲公园——朝阳公园的特色优势，以点拓面带动区域生态环境建设。充分利用欧陆风韵、贝壳剧场等场所，依托"舞马""国际风情节"等文化品牌效应，集休闲娱乐、文化科技于一体，实现资源重配，升级改造，全面规划、系统提升朝阳公园品质品位。充分考虑满足中外居民亲绿近绿、散步健身等需求，建造碧草如茵、鸟语花香、幽静宜人的生态休闲娱乐场所，进一步提升城市公共生态区开放度、舒适度、亲切感。

2. 突出"水"的灵性，以亮马河为主线，会聚亮马风情水岸人气

紧抓亮马风情水岸建设重要节点和历史机遇，整合提升亮马河两岸景观、设施等资源要素品质，围绕"国际视野、城市视角、生态思维"，全力配合打造生活休闲水岸、国际风情水岸、商业活力水岸、自然生态水岸。以亮马河沿岸50米纵深延展，打造北侧围绕外事政务、凸显安全稳定、静净结合的服务街区，南侧围绕生活娱乐、凸显高档优质、配套完善的活力街

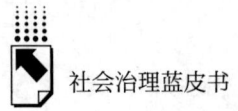

区。充分挖掘、传播亮马河历史文化底蕴，以水溯源、以景映情，全面提升亮马风情水岸国际知名度、影响力。

3. 突出"食"的诱惑，以好运街为廊道，打造国际餐饮"深夜食堂"

围绕外事营商环境营造及新模式、新业态发展要求，全面提升区域生活服务业品质。以好运街为主线，打造"国际店深夜食堂"，以中外居民需求为导向系统性整体设计规划，以突出品质特色为重点引导店铺升级改造、更新换代，点状扩散带动蓝色港湾、霄云路、朝阳公园旅游街等提升全域国际化餐饮水平。以"舌尖上的中国"为理念，推广传播"宝源饺子""北京烤鸭"等中华美食文化，以"食"迎人，以"食"聚人，使居住、生活、工作在麦子店的每一名中外居民都能遍尝世界美味、随遇家乡风味、向往"麦家"滋味。

4. 突出"文"的魅力，以时尚地标为载体，凝结思想交融文化纽带

充分挖掘、整合、利用全国农业展览馆、21世纪剧院、凤凰国际传媒中心、朝阳规划艺术馆等农业、文化、科技地标载体，纳入国际、时尚等元素系统规划，将农业展览馆打造为高档次、现代化国际农业科技产品交流中心，将21世纪剧院打造为高品质、高水准国际文化展演中心，将凤凰传媒打造为高规格、超一流媒体传播中心。以媒体矩阵为体系、以建筑类群为支撑打造麦子店国际化、现代化、立体化文化交流传播纽带，力争创出如"丹凤朝阳"的世界一流文化品牌，为中外居民提供打开国际视野、触摸世界元素、感受文化魅力的新渠道、新平台。

5. 突出"家"的温度，以第三使馆区为内核，打造国际风情外事街区

聚焦第三使馆区，全面提升周边环境秩序、配套设施等服务管理、安全保障水平。通过整治城市"家具"、提升美观美感，种植特色绿植、提升绿化品位，注入特色元素、展示异国风情，加强规范引导、改善街面秩序，设立外籍人员服务中心、优化办事服务渠道，将第三使馆区建设为安全有序、风景宜人、品质高档、便捷舒适的"国际家园"。

6. 突出"爱"的关怀，以街巷楼院为焦点，营造宜人宜居生活氛围

以"十楼十院十街巷"工程项目为重点，力争两年内实现地区面貌整

体性提升。围绕街角、小巷、楼宇、院落等领域，聚焦"细、小、微、实"，以"绣花"治理美化环境、以国际标准提升质感、以人文元素渗透魅力。推进"最美天际线"工程项目，提升区域环境美观性、整洁性；更新更换地区双语标识，提升环境氛围规范性、友好性；结合深化党政群共商共治，建设全要素小区、全景楼栋，提升外籍居民参与社区建设积极性、创造性；围绕中华传统文化、国际交往主题建设文化墙，提升思想文化融合性、导向性。

7. 突出"店"的内涵，以"国际店"为名片，建设友好包容"世界麦家"

突出"国际店"——"广迎四方宾朋、提供优质服务、留下美好印象、营造家的氛围"寓意和内涵，彰显"店"字在中国传统文化中朴实、亲近、舒适的表达，为中外居民、世界游客提供居住之选、商旅之便。完善便民服务设施，提升国际社区服务中心、外文图书馆等场所利用率，升级"国际社区培训班"，加强外事人才培育，以优质的服务，彰显"国际店"的温度；与使馆区、外交服务局等外事机构加强往来合作，探索民间外交新模式，擦新擦亮"中外居民过大年""国家主题文化周"等品牌，以文化的碰撞，释放"国际店"的热情；依托"金点子""阳光课堂"等志愿服务、公益活动载体提升外籍居民参与度，搭建中外企业楼宇服务链，征求外籍人士需求和建议，持续摸索国际化社区治理新路径，以融合的氛围，展现"国际店"的友好包容。

麦子店街道将全力打造以"五体系"为支撑的"国际店"、国际化社区建设的"旗舰店"。围绕环境卫生体系，做到在干净的基础上美化环境，实现宜居宜业；围绕安全保障体系，做到在安全的基础上优化秩序，实现安定祥和；围绕公共服务体系，做到在便捷的基础上精准服务，实现宾至如归；围绕文化交流体系，做到在自信的基础上增进交流，实现兼容并蓄；围绕社会治理体系，做到在文明的基础上加强引领，实现共筑共享。辐射对接周边三里屯、团结湖、呼家楼、建外、左家庄、太阳宫、望京、酒仙桥等区域，形成互动互补、四通八达的朝阳"国际化社区活力圈"。

五 关于麦子店街道开展国际化社区建设的思考

（一）以国际化社区建设为抓手，提升地区治理水平

改善民生，加强和创新社会治理。国际化社区建设归根到底是要坚持以人民为中心的发展思想，坚持人人尽责、人人享有，突出重点、完善制度、引导预期，不断满足人民日益增长的美好生活需要，不断促进社会公平正义，形成有效的社会治理、良好的社会秩序，使人民获得感、幸福感、安全感更加充实、更有保障、更可持续。麦子店街道围绕中心、服务大局，以"国际化社区品质内涵提升"为重点，结合"疏整促""基层建设年"等整体工作推进，抓好各项目标的分解落实，进一步优化社区治理结构，健全党委领导、政府负责、社会协同的基层社会治理新格局，提升地区治理水平。

（二）以文化为引领，建立中外居民社区活动参与机制

在多元文化融合的同时，外籍人士聚集、多元文化汇聚的麦子店街道，加强文化的价值引导，以社会主义核心价值引领区域文化建设尤为重要。麦子店街道应结合自身群众动员的工作优势，以社区文化建设为抓手，引导外籍居民参与社会活动，提升社区居民的文化自治能力。如吸纳中外居民进入居委会工作，建立各类社区志愿者组织等。同时，要以社区成员的共同利益和兴趣爱好为切入点，提升居民参与社区治理的积极性和主动性。在社区搭建有外籍人士共同参与的议事平台，给予他们充分民主、平等的权利，听取他们对社区建设和管理的建议和意见，让他们充分体会社区的重视。此外，最大限度地调动中外居民参与社区的志愿者活动，使他们树立起共同为社区建设而努力的责任感和使命感，培育他们的社会公益观念，弘扬互助友爱和无私奉献的精神，从而使国际居民增强社区意识和主人翁意识。

（三）结合朝阳区国际人才社区建设工作要求，加强工作统筹，构建科学完善的综合保障体系

麦子店街道国际化社区建设要将建设过程中涉及的相关部门以"街乡吹哨、部门报到"的工作机制统筹起来，建立工作协调小组，定期召开协调会，及时研究解决国际化社区建设中面临的重大问题，引导各类优质社会资源为国际化社区建设提供综合服务。同时，要成立专家咨询库，将区域内政府咨询委员会委员、区政府聘请的顾问、知名企业家以及相关高等院校、科研院所的专家学者等智力资源纳入其中，定期召开研讨会议，为国际化社区的建设提供系统性、专业性的智力支持。聘请具有相关领域研究专长的咨询机构，作为国际化社区建设的专业支持力量，长期跟踪研究，科学谋划发展，深度参与建设。选取区域内的相关代表人物、创新企业、知名人力资源机构和服务机构等组成国际化社区助力联盟，结合各自的优势及发展需求，为国际化社区建设出谋划策。

参考文献

中共中央：《关于坚持和完善中国特色社会主义制度、推进国家治理体系和治理能力现代化若干重大问题的决定》，新华网，2019年。
朝阳区委社会工委：《聚焦"三原则、五品质、七元素"在国际化社区建设中打造"家印象国际店"品牌》，2019年。
朝阳区委社会工委：《管理体制改革——麦子店街道深化社区治理情况》，2019年。
朝阳区委社会工委：《基层治理——麦子店街道基层治理探索实践》，2019年。
李伟荣：《中国文化"走出去"的外部路径研究——兼论中国文化国际影响力》，《中国文化研究》2015年第3期。
杨毅栋：《参照国际先进水平建设世界名城》，《杭州（周刊）》2016年第8期。
杜攀：《国际化社区建设的双柏实践与思考》，《先锋》2018年第8期。
张伟平：《杭州建设国际化社区的实践探索》，《杭州（我们）》2017年第3期。

B.14
望京街道关于超大型社区治理改造的实践探索
——以南湖西里社区为例

摘　要： 随着城市化进程的加快，大型社区在全国各地迅速兴起，并逐渐成为一种具有代表性的社区类型。大型社区在大量转移城市人口、缓解中心城区压力的同时，也给社区带来了一系列"城市病"问题，给社区治理带来了不小的挑战。望京街道以被列入全市首批14个治理类街乡镇为契机，突出问题导向、对接居民需求、体现人文关怀、坚持规划引航，结合城市大数据监测评估分析等科学化手段，准确把握大望京发展、超大型社区治理、国际人才社区建设中的痛点、难点、堵点问题，充分运用"街乡吹哨、部门报到"机制，着力解决当前群众反映强烈的突出问题，着力补齐公共服务和社会治理短板，着力健全城市精细化管理机制，尽心尽力打造文明街道、宜居街道、活力街道、平安街道。

关键词： 望京　超大型社区治理　精细化管理

一　望京街道推进超大型社区治理改造的必要性

（一）人口密度大，居民构成多元

望京街道位于北京东北部，西是大屯，南是798艺术区，北是来广营，东是环铁。辖区内社区共有22个，总占地面积16平方公里，总居住人口约60万人，相当于一个标准的中等城市。望京居民中演艺界人士、企业管理者、外企职工、律师、医生、记者、外国人较多，中产阶层比重较大，年龄年轻化趋势明显。同时，望京居住着15万人以上的韩国人，是北京最大的韩国人聚集地。

（二）经济商圈聚集，商业活动丰富

作为北京第二CBD，望京拥有亚洲最大的家具商场——宜家家居。还有各种大型连锁商场，如新世界百货、家乐福、沃尔玛、华联等。聚集了众多知名跨国企业，如西门子、摩托罗拉、三星电子、北电网络、索尼爱立信、松下、奔驰、宝马、LG等。打造了望京城市副中心商圈这一蓬勃兴起的新经济商圈，多元化国际商务氛围日趋成熟。开发了成熟的房地产市场住宅类物业，项目品质高，居住氛围浓厚，生活服务设施齐全。拥有丰富的本土化生活项目，餐饮、运动、游戏、户外等活动均在望京开展得有声有色。

（三）道路网络完善，交通痛点频发

望京地区位于北京东北四环、京密路、东北五环以及京承高速四条主干道交叉形成的区域内。东邻机场高速、京顺路、京密路，北邻五环路，西邻京承高速，南邻四环路，地区内道路宽敞，交通基础设施良好。但四通八达的交通网络导致望京主干道的道路通行流量大，道路停车资源极为匮乏，交通违章问题频发，各社区乱停车问题严重。此外，还存在道路指示标志信息不合理、交通护栏存在隐患、公共交通组织缺乏科学性、慢行交通缺乏连续性、慢行交通语言不清晰、交通管理方式粗放等问题。

二 望京街道推进超大型社区治理改造的目标

（一）短期工作目标

1. 加强交通治理，解决痛点、堵点问题

一是做好"望京智慧交通"体系建设方案的落地实施，软硬件同步，

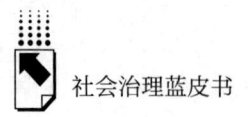

实现交通系统化、智能化、网络化管理。二是充分发挥望京交通大队作用，开展区域交通综合整治，做好辖区四座地铁站周边环境秩序的持续治理。三是疏堵结合解决"乱停车"问题，推进第三批交通安全示范社区创建，加强静态交通治理，打通微循环，营造便捷绿色的交通出行环境。

2. 围绕国际人才社区建设，提升地区的整体格调

一是建设3000平方米"晓书馆"，打造望京文化新地标。二是建设8600平方米望京"家园中心"，打造养老、托幼、便民商业、文化健身、休闲娱乐、社区交流等功能复合共享的"一站式"社区服务综合体。三是完成望京街优美大街二期国际化提升工作，建设以"望京小街"为代表的国际共享特色商业街区。四是推进辖区两处待开放公园的开放运营和首开公共体育公园的建设开放。

3. 持续推进街区更新、老旧小区环境整治提升

2019年完成三条优美大街环境建设更新（广顺南、阜通东、阜通西）、"三点一线"街区公共空间品质提升（中福百货、悠乐汇、都市心海岸及湖光中街）、五个老旧小区的环境整治（南湖西里、花家地南里、望京路十号院、西八间北里、中环南路十一号院）以及一个全要素小区（花北）、22个全景楼院的建设。

4. 聚焦居民诉求的热点难点，夯实基层基础

一是创建朝阳首批"基本无违建街道"，2019年10月底前拆除违建10万平方米，目之所及、房前屋后基本无违法建设。二是建设好望京物业联盟，以南湖西里为试点，探索通过党建引领、协会支撑，构建社区居委会、物业企业、业主委员会和居民联动的社区治理体系。三是拓展党建引领社会动员工作领域，成立望京互联网企业联盟，体现和发挥好"科技望京"特色优势，在共建共赢上有突破。四是探索建立城市精细化治理的长效机制，如加强垃圾分类和标准化管理，加强流动人口和出租房屋动态管理，加强中小施工工程管理、"门前三包"管理、地铁口等乱点治理，加快街道综治指挥中心建设运行，整合网格、应急、执法、接诉即办等功能，统筹望京卫士等6支协管队伍管理，完善"三级响应"机制，打造平安、宜居望京。

（二）中期工作目标

一是以"一五一十建望京"为抓手，强化基层基础，提升作风能力，努力"聚力、强基、惠民生"，2020年实现争当"五好班子"的目标。

二是依托专业组织（城市象限），对接国际化指标体系，构建城市大数据动态监测评估分析预警平台，织密公共安全、环境治理、交通管理、社区服务、物业管理等网络，提高决策、治理和风险防范的科学化、精细化、智能化、协同化、人文化水平。

三是制定望京街区整体更新规划方案，建立"一图一库一表"，完善基础设施、照明设施、安防设施、服务设施、绿地小广场，规范户外广告、护栏围栏，实施街区全生命周期的精细化管理。

四是全面实施小区综合立体化诊断，建立老旧小区整治提升项目库，通过自下而上的方式实施全要素小区建设，制定"一社区一规划、一小区一方案"，并按照三年期限逐一落地实施；推广"家园中心"经验，优化公共空间，织补社区宜居便利生活圈；推广南湖西里治理经验，构建起22个社区各具特色的社区治理模式。

五是对标国际一流，定位宜居休闲，优化产业布局，提升区域教育、医疗、商业服务品质。持续扩大"望京国际艺术周"品牌效应，培育一批特色精品活动；打造麒麟社、悠乐汇、望京国际水岸等绿色、智慧、活力的国际共享街区和夜间经济商圈，在社会服务、宜居感受、营商环境、文化交流方面凸显望京特色，强化生活气息和国际化氛围，提高人文格调和区域知名度。

（三）长期工作目标

准确把握大望京发展、超大型社区治理、国际人才社区建设中的痛点、难点、堵点问题，争取政策、路径、资金等各方支持，积极履行属地发现问题、反映问题、主动协调解决问题的责任，充分运用"街乡吹哨、部门报到"机制，通过"拆、整、建、治、补、提"六大方面、20项具体工作的实施落地，着力解决当前群众反映强烈的突出问题，着力补齐公共服务和社会治理短板，着力健全城市精细化管理机制，尽心尽力打造文明街道、宜居街道、活力街道、平安街道，在推动实现"七有""五性"的过程中，让百姓有更多获得感和幸福感。

三 望京街道开展超大型社区治理改造的探索
——以南湖西里社区为例

（一）南湖西里开展社区治理改造的背景

南湖西里小区始建于1985年，1988年开始入住，小区共有23栋楼1560户。南湖西里社区出于历史原因，物业收费低、物业服务水平不能满足居民需求，造成物业费收缴率低，进一步导致物业服务水平低，形成恶性循环。历史遗留问题长期得不到解决，居民对社区环境失去信心，缺乏内生动力，自治基础薄弱。2018年11月"问北京"微信公众号一篇文章反映了南湖西里社区物业管理不作为、小区环境差等问题。为从根本上解决小区物业管理和环境治理难题，在朝阳区委、区政府各级领导的关心支持下，在望京街道工委办事处的具体指导下，在街道专项工作组与"社区成长伙伴计划"专业团队的指引下，以全要素小区建设为目标，以党建引领、共商共议、多元共治为路径，不断探索小区治理长效机制建设。

（二）南湖西里进行社区治理改造的具体措施

1. 坚持党建引领，探索多元治理路径

在探索南湖西里小区治理路径过程中，始终坚持充分发挥基层党组织作用。一是完善"1+5+23+N"楼院自治体系。充分发挥1个社区党委的统领作用，5个居民党支部的带头作用，23个楼委会的自治自管作用，N个居民队伍及其他主体参与社区共建作用。结合"七一"党员大会，社区党委吹响集结号与冲锋号，党员们凝聚在党旗下主动亮身份、亮承诺、亮岗位，以身作则,带头传播正能量、参与志愿巡查、清理堆物堆料、认领先锋岗、制止不文明行为。在楼门文化征集、议事协商会、环境巡查、物业沟通会等活动中都有党员骨干身影,用实际行动影响并带动更多居民参与自治活动。二是强化意识形态工作,多种途径宣传造势。建立南湖西里"We心声"社区微信平台,设置民意征集、社区动态等板块,畅通线上民意征集渠道,解决居民反映的问题18例。以居民想、居民提、居民议、居民建的方式开展了微空间改造、楼门文化建设、社区井盖美化等微梦想征集与实施活动。

2. 加强队伍建设,夯实社区治理基础

以加强自治队伍建设为抓手,激发内生动力。通过大型活动招募志愿者112人、志愿家庭45组,挖掘骨干32人,组建了党员先锋队、文明引导队等6支队伍,相继开展每日环境巡查、党员双报到、环境清洁等公益活动。特别是在环保队提议下,协调物业、六支居民队伍与望和公园共建邻里百花园,志愿者们携手每日维护,变斑秃绿地为居民共享的邻里百花园。

3. 加强共商共治,涵养社区治理底气

通过搭建议事平台,建立自下而上的资源配置机制。一是广泛征集议事代表,确保合理性、合法性。通过居民自荐、代表推荐等形式在党员、居民、物业、商户中产生15名威望高、组织影响力强、能够理性表达诉求的常务议事代表。二是深入挖掘居民需求,坚持以居民需求为导向。通过座谈、走访、入户等形式,广泛征集民意,准确把握居民的需求,就社区居民反映的问题及建议汇聚形成议事库,开展专题议事会20余次。在此基础上,与城建科密切配合,初步形成六项硬件改造意向,下一步在改造中,将继续推动居民参与设计、监理和维护工作,实现居民自治与社区治理有机融合。

4. 加强楼门建设,做实社区治理单元

为了更好地开展楼道治理工作,以楼门为单位,以楼门文化为媒介,以2号楼为试点营造楼门文化,开展特色楼门创建活动。一是广泛收集居民意见,调动物业、单位、志愿者等多方力量,共同开展楼门文化宣传内容绘制、楼道清洁、线路整理等工作,以有内涵、有共鸣、实用性强等特点打造不同类型的楼门文化。二是建立分级组织架构,完善楼院自治管理体系。借

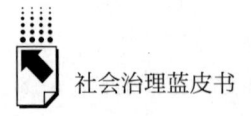

助楼门文化工作，组成协调小组、监督小组、自治小组，细化自治单元格，维护楼门文化成果，对楼院进行精细化管理。

5. 加强机制建设，促进小区常态长效管理

紧紧围绕基层建设年要求，着眼于小区常态长效管理，健全完善小区运行管理机制。一是包片包楼机制。南湖西里小区23栋楼，每名社工负责两栋楼为一个网格，明确具体责任，建立网格化微信工作群，拓展民意诉求渠道。二是走访发动群众机制。以社区工作者包楼为基础开展全面入户走访，制作"南湖西里 美丽家园 邀您共建"宣传册，倡导激发主人翁意识，力争达到"三带去三带回"即带去强化小区治理的举措、共同建设美丽家园的倡议、更好建设南湖西里的诚意，带回居民对于南湖西里治理中的问题、需求和建议。截至2019年底，共入户920户，收集有效问卷410份。三是环境巡查机制。以居民自治队伍为依托，建立每日安全环境巡查机制，确保了每天"环境有人巡、问题有人管、难题有人报、处置有反馈"。四是建立社区志愿者积分机制。以志愿者储蓄中心为平台，对各类志愿者根据时间、效果进行积分，激励居民积极参加社区活动。

6. 伙伴成长计划，为社区治理改造提供支持

在社工委高度关注支持下，在区、街各方的支持下，南湖西里社区加入"社区成长伙伴计划"，推进"五气联通"，打造"同心社区"。

一是上下同心、打底气。经过多方共同努力，在实践中形成党建"三领"工作方法。首先是党委引领，多元治理。充分发挥社区党委的统领作用，及时吹响集结号、冲锋号，用实际行动影响并带动更多居民参与自治活动。其次是支部认领，建强队伍。五个党支部自行认领环境巡查、小区清洁、绿地维护、社区公益、活动组织等任务，并分别组建党员先锋队、文明引导队等6支队伍。最后是党员带领，广泛自治。开展"三定三亮五带头"，制定居民公约、商户公约、楼门公约等，进一步带领群众加强社区自治，激发了内生动力。

二是立破同步、消怨气。坚持问题导向、立破同步的原则，着力解决社区环境、交通拥堵、文化共识、机制作用、物业履职等方面老百姓关注、关心的痛点、难点、堵点、重点、焦点问题，逐步坚定自治信心、解决居民烦

心、拢住居民诚心、展示治理决心、涵养物业耐心,"五心同治"整体提升社区综合治理能力。其一是瞄准违建"痛点",建好"后花园"拆出信心。其二是紧抓交通"堵点",打通"微循环"解民烦心。其三是文化融合"难点",搭好"连心桥"拢住诚心。其四是提升自治"重点",党员"全时岗"展示决心。其五是助力物业"焦点",及时"搭把手"涵养耐心。

三是软硬同施、聚人气。街道一期投入380多万元,针对小区大门改造、停车位画线、新建挡车桩、公共空间路面改造、小区绿化、架空线梳理、安装太阳能路灯等。硬件建设加强后,制度必须跟上。社区党委紧紧围绕和谐宜居社区建设,着眼小区常态长效管理,固化"五项机制",进一步健全小区运行管理机制。其一是建立包片包楼机制。其二是建立走访发动群众机制。其三是建立安全环境巡查机制。其四是建立居民社区信用管理机制。其五是建立社区志愿者积分机制。

四是标本同治、通血气。表面问题解决后,迅速加强自治队伍"五要素"建设。激发内生动力,确保内部运行畅通和长效、稳健发展。其一是夯实队伍群众基础。其二是助力队伍持续发展。其三是加强队伍自治力量。其四是创新队伍活动形式。其五是完善队伍运行制度。

五是诉难同解、顺心气。坚持"未诉先办、有难先解,接诉即办、有一办一"的基本原则,加强"四议",解决老百姓的诉求和困难,解好难题、顺好心气。其一是入户走访、听取建议。其二是文化融合、从长计议。其三是搭建平台、共商共议。其四是吹哨报到、化解争议。

(三)南湖西里在社区治理改造中取得的成效

1. 壮大了自治队伍,夯实居民自治基础

随着社区党委统筹力度的不断提升,不仅小区130名自管党员、81名在职党员、76名楼门长和43名常态骨干积极参与小区服务管理,通过党组织引领、党员带头带动了更多居民积极参与小区治理,为近期创卫与拆违工作奠定了较好的群众基础。目前拆违工作有序推进,共计拆除80处,恢复80处,拆除面积580平方米,完成计划额的76%。拆除过程在社区党委的

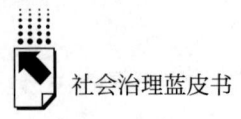

统筹及协调下无任何居民纠纷发生。

2. 建立了社区公约制度体系,减少社区不文明行为

通过广泛议事协商,激发了社区居民参与社区问题解决的热情,汇集各类提案、建议、意见110余条,制定了居民公约、商户公约、文明养犬公约等,增强了居民、单位的公约意识,逐步实现"一楼一群多骨干、三约六队多规范、日巡周扫季评判"机制,社区不文明现象有所减少,楼前楼后杂物堆放乱等问题得到了较好治理,小区环境面貌得到了明显改善。

3. 提升了居民自治力,推动物业管理转型升级

针对物业管理服务问题,先后组织党员代表、居民代表、商户代表与物业公司沟通会商6次,搭建居民、商户与物业的沟通平台,促进各方意见建议的充分沟通。目前,物业公司已经设立公示栏,初步实现责任、标准、人员的三公示,保安、保洁等人员力量增加,保洁员统一着装上岗,每日环保巡查志愿者对保洁员进行监督,商户物业费的收缴率有所提升,后期将成立物业监督委员会,促进物业管理转型升级。

4. 推进了"五气"联通,打造升级版"同心社区"

在"社区成长伙伴计划"实施过程中,始终坚持理论与实践专家的双指导,引入社会组织全面参与小区治理,通过每周例会、实地调研、居民座谈等方式,从小区治理思路、理论依据、队伍发展、增能赋能、建立物业监督委员会等方面提供了大量的有针对性、可操作性、有效果的意见建议。同时对实施过程中的问题进行及时的把脉会诊,社区收获了很多宝贵的经验,社工和队伍收获了成长。

四 关于望京街道开展超大型社区治理改造的思考

(一)对接政策,深入调研,全面实施小区综合立体化诊断,建立老旧小区整治提升项目库

针对小区设施老化、功能缺失、服务缺位等突出问题,依托城市象限等专业机构,由社区居委会牵头,通过线上征集、问卷调查、入户走访、议事

协商、居民提案等方式，对老旧小区的房屋情况、各类设施设备情况、公共空间和公共服务等软硬件情况，以及小区环境秩序、公共设施、绿色生态、交通出行、安全舒适、文体休闲、社会动员等各方面存在的问题及群众需求，实施全面调查、整体问题诊断，以小区为单位建账建档，形成老旧小区整治提升项目库；在此基础上，制定老旧小区改造提升和全要素建设方案，即"一社区一规划、一小区一方案"，并通过社区各类渠道广泛征求居民的意见建议，通过议事平台进行决策；根据任务的轻重缓急、资金状况、居民参与情况等，制定三年实施的时间表、路线图，确保成熟一项，建设一项，提升一项。

（二）着力破解"固症顽疾"，加强城市精细化管理，打造平安、宜居望京

一是开展街道区容市貌专项整治行动。组织开展社区区容市貌及沿线交通路线专项整治，完成街道主要干道、标志性建筑物的亮化工作，提升社区夜景效果。二是全面提升街道环卫园林管理质量。做好望京街道及辖区内公园绿地景观的维护及种植工作，指导各社区加强垃圾分类和标准化管理。三是加强流动人口和出租房屋动态管理。深化社区警务工作站"1+4"模式，探索警务、消防"两站合一"，在各小区继续试点智能门禁建设，指导各社区建立与周边中介公司的信息共享、沟通联系平台及监督、奖惩、制约机制。四是加快街道综治指挥中心建设运行。整合网格、应急、执法、接诉即办等功能，统筹望京卫士等（巡防队、交通协管队、消防协管队、安全生产监督队及社区巡查队）6支协管队伍，完善"三级响应"机制。五是依托大数据，实施智能化精准管理。推进数字城管平台建设，健全情报网络；引入第三方信息采集模式，提高城市智能化管理及安全风险防范的科学化、协同化水平；启用数字城管考评制度，督促社区及时处置并有效解决平台派遣的各项问题。

（三）探索通过党建引领、协会支撑，构建社区党委、居委会、物业企业、业主委员会和居民联动的社区治理体系

一是深化社区物业管理转型升级，优化物业监督方案，健全评估激励、

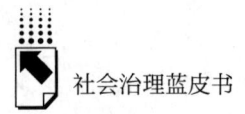

公示监督、优胜劣汰机制；建设好望京物业联盟，探索居委会、业委会交叉任职，有机整合小区各类安全和管理平台、资源、力量，打造智慧物业信息库和动态监管平台，建立健全党组织引领下的业主委员会、物业企业的纠错和退出机制，加强建设和日常监管，切实提升小区自治管理水平。二是依托"社区成长伙伴计划"，探索"美丽家园+精神文明"建设，充分发挥居民党支部引领作用，做实小区自管会、议事协商会等组织，形成自治、自管、自律氛围，推进治理长效常态、良性循环。

（四）补齐公共服务短板，推进国际人才社区建设，文化凝聚望京共识

一是建设一家集党建服务、文化交流培训、名人导读沙龙、志愿者活动等功能于一体的特色公益图书馆，营造区域人文环境，打造望京文化"新地标"。二是围绕朝阳望京国际人才中心"三国际一未来"项目建设，对标国际一流，打造国际人才交流平台，提升区域教育、医疗、商业服务品质。三是深化"望京国际艺术周"品牌打造。持续开展"望京国际艺术周"系列活动，以文化促融合、促和谐；打造望京特色文化圈、中外文化创意长廊，依托新时代文明实践基地等平台，望京文联、望京教育联盟等组织，培育一批特色精品活动，深化望京流动美术馆、望京公益小剧场、"望京榜样"典型人物、品牌项目和公益组织的培育和宣传，促进文化自信，形成文明自觉。四是打造充满绿色、智慧、活力的望京国际共享街区和夜间经济商圈，在社会服务、宜居感受、营商环境、文化交流方面凸显望京特色，强化生活气息和国际化氛围，提高人文格调和区域知名度。

参考文献

北京市朝阳区望京街道办事处：《望京街道关于超大型社区治理改造提升工作方案》，2019年。

北京市朝阳区望京街道办事处:《坚持党建引领　实施多元共治　努力提升社区治理能力》,2019年。

石倩:《南京市浦口区大型社区治理对策研究》,东南大学硕士学位论文,2017。

吴晓林:《城中之城:超大社区的空间生产与治理风险》,《中国行政管理》2018年第9期。

B.15
双井街道探索以可持续发展为着力点打造城市理想社区新模式

摘　要： 社区是城市的基本构成单元，是城市社会治理的重心所在，也是推进国家治理体系和治理能力现代化的重要依托。党的十九大提出，"要加强社会治理制度建设，完善党委领导、政府负责、社会协同、公众参与、法治保障的社会治理体制，提高社会治理社会化、法治化、智能化、专业化水平"。面对社会结构多元、治理难度加大的新挑战，双井街道以"街乡吹哨、部门报到"为带动，以"13社区"为平台，深化网格化管理体系，打造"井井有条"众享生活圈，不断推进辖区可持续发展，最终成功入选国际可持续发展试点社区。

关键词： 可持续发展　社区模式　网格化管理

双井街道位于朝阳区中西部，辖区面积5.08平方公里，下辖12个社区，常住人口10.6万人，经营单位5470余家。街道经过多年建设，已经从一个老工业基地发展成为CBD商务生活服务功能区、文化创意产业延伸区、城市升级改造建设区，同时也是连通首都核心区与城市副中心的重要廊道。双井人口众多、路网密集、商业发达、服务便利、环境复杂，具有典型的区域代表性。在第三方机构通过大数据对北京市329个街乡开展的评估与分析中，双井街道人居品质排名居全市第二，在城市精细化治理方面具有示范性，具备打造理想社区的良好基础和潜力。同时，街道的治理理念和实践与联合国人居署可持续发展试点目标不谋而合。在区委、区政府的大力支持下,中国城市和小城镇改革发展中心的精心指导下,第三方机构的专业助力下,街道从理念、标准与行动上不断向国际可持续发展试点社区看齐,最终成功入围。

一 双井街道探索可持续发展试点社区的背景

2019年5月,第二届"一带一路"国际合作高峰论坛期间,中华人民共和国与联合国人居署签订了行动计划,将国际可持续发展试点项目作为双方合作的内容列入行动规划项目清单。"国际可持续发展社区试点评估"在联合国人居署、中国城市和小城镇改革发展中心共同实施的"国际可持续发展试点城市第二期"项目框架下开展。基于可行性评估结果,双井街道于2019年5月正式启动申报工作;6月,中国城市和小城镇改革发展中心到双井街道实地调研。

7月16日,在由联合国人居署、中国城市和小城镇改革发展中心和成都市人民政府共同主办的"第三届国际城市可持续发展高层论坛"上,双井街道被列入由联合国人居署、中国城市和小城镇改革发展中心共同发布的国际可持续发展试点社区,也成为纳入该项目的第一个街道、社区级试点,并正式发布评估报告。此后,双井街道将经历一年的培育期,力争在2020年的国际可持续发展高层论坛上拿到可持续发展试点证书。

二 双井街道探索可持续发展试点社区的意义

(一)项目的首创性对社区可持续发展有重大推动作用

双井街道是中国首个国际可持续发展试点的社区项目。推动在国际可持续发展试点中设立社区试点意义重大。社区(在中国的基层治理中表现为街道办、乡镇及更下级的社区居委会和行政村)是城市住区的基本单元,也是城市治理的基本单元,中国只有600多个城市、300多个地级市,但是

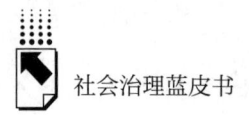

有30000多个乡镇、8000多个街道办事处，社区和村更是不计其数。城市的体量和尺度巨大，推动其可持续发展的难度大、投入多、周期长，社区则有更好的灵活性，设立社区试点项目来推动社区的可持续发展更容易产生成效。

（二）项目的可复制性对其他社区可持续发展有重要示范借鉴意义

因城市间的资源禀赋差异，相互之间的发展经验可借鉴性有限，比如首都的治理经验大部分都有首都特点，其他城市未必可复制。但是社区则更容易找到共性特征，试点社区的可持续发展经验不仅对北京333个街道乡镇的治理有示范价值，也能对8000多个街道办事处的治理有示范价值。这是设立社区试点的意义所在。

（三）项目的先行性对北京城市治理创新实践有启发意义

《北京城市总体规划（2016年—2035年）》是中国第一个减量的城市总体规划，北京从积聚资源求增长，到疏解功能谋发展，成为全国第一个"减量"发展的城市。如何在减量过程中实现城市的可持续发展是北京城市治理的重要议题。2019年2月北京市委发布了《关于加强新时代街道工作的意见》，推进城市治理重心下移，构建具有首都特色的超大城市治理体系。其中朝阳区双井街道的"13社区"理念得到了北京市委、市政府的认可，此次将双井街道作为国际可持续发展试点社区既是对双井街道治理工作的认可，也对双井街道未来的发展提出了更严格的要求。双井街道将在未来的发展中严格按照联合国可持续发展目标和要求实践出一条可行之路，带动北京各街道社区可持续发展。

三 双井街道探索可持续发展试点社区的优势

在双井街道国际可持续发展社区的评估过程中，大数据显示双井街道具有良好的资源禀赋和典型性。

（一）人口活力旺盛

双井街道的居住区"新老结合"，人口众多。根据评估结果，双井街道外地人、外国人比例较高，年轻人比例和人口流入率均位于全市前列，具有很高的人口活力。旺盛的人口活力提升了当地的经济水平，繁荣了商业业态。此外，双井街道的区域功能混合性使得区域存有大量的工作岗位，就业吸引力大，一些长距离通勤者来自几十公里外的通州、大兴、昌平。为了吸引更多就业者，双井街道有序规范劳动关系、为辖区企业搭建合作交流平台，深入实施北京市社会保险全覆盖计划，充分保障就业，提升街道的就业吸引力。

（二）街区品质宜人

双井街道道路平整，绿化面积高；有连续的自行车道，骑行安全。居住在其中，有较高的物业品质、较新的住房和便利的商铺。近几年，双井街道通过开展街区更新，改善道路结构，打通交通微循环，解决各类交通问题；推进生态文明建设，增建小微绿地、街角花园，努力打造生态宜居的环境，显著提升了街区和住区的品质。

（三）公共服务便利

双井街道辖区内及附近地区覆盖了8个综合医院、25所小学、22所中学、3所高校以及12个综合商场。依照北京"一刻钟生活圈"的标准，综合医院、药店、末端配送等设施都实现了区域所有居住单元的全覆盖。此外，针对特殊群体，双井街道也体现出了较高的包容性。除政府投入的公立设施之外，还大力鼓励市场的参与和加入。通过失独家庭社会服务项目、养老助残服务、心理咨询服务、志愿服务、文体服务等，关爱老人、残疾人等弱势群体。

（四）社区文化丰富

宜居的城市、社区应为辖区和周边的居民提供多种活动。双井街道内部的文化活动数量、多样性远超全市平均水平。居民在业余时间可以选择艺术、英语、设计等课程,聚会和沙龙的活动;青少年可以在地下空间改造的图书馆中借阅、学习、参加兴趣班;老年人可以参加老年大学、合唱团等团体,京剧、舞蹈、绘画等课程。特别是双井"13社区"突破12个实体社区的"行政社区"思维,构建了以"掌上双井"和《今日双井》报为轴心的媒体矩阵平台,策划刊登了贴近百姓、有温度的社区新闻,围绕"我们的节日"、冬奥会等主题,开展形式多样的文体活动,使整个双井成为一个"大社区"共同体。

四 双井街道探索可持续发展试点社区的主要做法

双井在转型发展过程中,由于发展地域、人口结构和开发进度的不平衡、不均衡,整个区域面临着新老结合、商住结合、高低结合、贫富结合、生熟结合"五个结合"的突出特征。面对社会结构多元、治理难度加大的新挑战,街道以"街乡吹哨、部门报到"为带动,以"13社区"为平台,深化网格化管理体系,打造"井井有条"众享生活圈,不断推进辖区可持续发展。

(一)聚焦生态宜居,打造环境品质更加优良的社区

以功能环境、城市环境、营商环境为重点,高品质建设管理,努力营造优美有序的区域发展环境。一是通过拆除违法建设、整治无证无照餐饮单位、治理"开墙打洞"、治理群租房乱象等疏解非首都功能促进地区发展。二是实施宜居环境提升工程,建设环境优美大街,打通断头路,整治垂杨柳南街等22条背街小巷,实现街区更新。三是大力开展绿化美化小微绿地建设,绿地面积124.81万平方米,绿化覆盖率36%,共有首都绿化美化花园式单位18家、首都绿化美化花园式社区5家。四是强化生态文明建设,区域空气环境质量优良,PM2.5指数优良率在全区位列前5名。五是全面改善区域营商环境,积极开展政企互动,不断提升企业与地区的黏合度。对重点

企业实行"1对1"走访服务，定期下沉到企业了解需求，帮助企业解决停车难、环境杂乱等问题。六是重视人居品质提升，双井辖区居民享受着高质量的住区品质。60%的居住小区修建于2000年后，建筑质量和物业管理水平较高，小区绿化率高、人均住房面积较高。同时通过全要素小区、全景楼院、楼门文化建设，进一步提升社区品质。

（二）聚焦完善功能，打造民生保障更加到位的社区

推进养老资源覆盖，共有7家专业养老机构：恭和苑、恭和老年公寓、福寿苑、双花园养老驿站、大望养老驿站、富力养老驿站、九龙南养老驿站，养老床位800余张，满足辖区老人日间照料、居家养老和机构养老等多种需求。一是推进医疗资源覆盖，现有1个三级医院垂杨柳医院、2个社区卫生服务中心、6个卫生服务站，已形成属地基本医疗+公共卫生服务"十五分钟"的卫生健康服务圈。二是推进教育资源覆盖，地区学校及正规培训机构多达73家。共有中小学9所，其中小学5所（芳草地公立小学国际学校、垂杨柳中心小学、劲松四小和平校区、北京实验二小朝阳校区、三里屯一中百子园校区），中学2所（北京工大附中初中部、北京劲松六中），高中1所（北京工大附中高中部），国际学校1所（乐成国际学校），均属于朝阳区教育资源优质学校。有幼儿园11所，能够满足辖区入托需求。三是推进文化资源覆盖，地区文化内涵丰富，既有乾隆御题神木谣碑、黄木场神木、大运河二闸等历史遗迹，也有双井、双花园（张家花园、同仁堂乐家花园）、垂杨柳等地名文化，还有北汽、酱油厂、钢琴厂、起重机厂、轧辊厂等老工业基地文化。而今22院艺术街、今日美术馆、北汽文创园、尚8国际文创产业园等文化产业蓬勃发展。地区文化文体队伍众多，居民文化生活丰富多彩，形成一系列具有地区影响力的文化活动品牌，如"生肖设计大赛""微春晚""二闸清明踏青节""森林演出季"等。

（三）聚焦生活便利，打造服务设施更加齐全的社区

双井街道区位优势显著，临近国贸CBD地区，有以乐成中心、富力广

场、合生汇为核心的现代化商圈，区域功能混合度很高，被称作CBD的后花园。从通勤距离看，无论是对本地居住者还是本地就业者，通勤距离普遍较为理想。从公共服务设施看，覆盖程度较高，尤其是临街商铺和文体休闲类设施，均实现了15分钟生活圈的全覆盖。街道品质较高，具有连续而优质的街墙、丰富的临街界面，部分路段有着较高密度的临街商铺。人口活力旺盛，年轻人比例、人口净流入率均位于全市前列，保障了充足的商业活力，商铺业态普遍较好，居民生活便利程度较高。

（四）聚焦社会动员，打造公众参与更有活力的社区

街道突破"行政社区"思维，让"社区"回归"共同体"本意，使整个双井成为一个"大社区"单元，提出了"13社区"的概念。即以"13社区"为平台，通过党建引领聚合力、创新媒介聚阵地、多方动员聚能量、城市发展聚亮点的"四聚"模式，形成"互融式社会治理"，打造一个和谐互融的社区共同体——"13社区"。目前，包括"13社区"网站、"掌上双井"微信公众号、"13社区"微博、双井街道政务网、"双井社区卡"小程序、《今日双井》社区报等在内的媒体矩阵平台粗具规模。刊登了一系列贴近百姓、有温度、有内涵、有情怀的社区新闻，开展了一系列形式多样的线上线下活动，"把有意义的事，做得有意思"。"掌上双井"微信公众号拥有粉丝5.6万人，《今日双井》报出刊408期，"掌上双井"入围北京政务微信公号第35名。

街道通过"幸福双井社区卡"项目、商户行业协会、公益联盟、公益大集、"门前三包"打卡等活动，带动地区社会单位参与社会治理。社区居民参与度也在不断提升，社区创享计划连续开展了5年，正在带动更多居民通过提案的方式，参与美好宜居社区的创建。在精细化管理中，将社会单位、社区居民和街道工作人员与社区工作者充实到"街巷长"和"小巷管家"队伍中，共同参与街区建设和管理。

（五）聚焦信息成果运用，打造智慧化程度更高的社区

以"多网融合"试点为基础，建立双井生活圈大数据平台，整合社区

小呼叫、服务热线、信访件、政民互动、双井"13社区"网站、"掌上双井"等多渠道入口，集成了社会信息监测、公共空间监测、城市体征监测等多源数据，探索实现数据整合和共享，提升了社区治理活力和效能。同时在九龙等社区试点进行互联网＋全时服务工作，提升社区治理能力与为民服务水平。目前，街道正在致力于以双"井"字格的街区为发展格局，以建设便民、文化、生态、体育、平安"五大盒子"为重点，打造"井井有条"城市众享生活圈，进行一系列宜居工程建设，从而不断提升双井地区的人居品质。

（六）聚焦国际标准，评估自身可持续发展水平

"国际可持续发展试点"的评估标准主要依照联合国可持续发展目标（Sustainable Development Goal）中的"目标11"，即"建设包容、安全、有抵御灾害能力和可持续的城市和人类住区"，是联合国人居署重点推进实施的一个目标。为促进街道对"国际可持续发展社区"内涵的深入了解，明确发展方向，双井街道主动对接"国际可持续发展试点"的主要评估责任方，中国城市和小城镇改革发展中心，通过多次对接、研讨，对国际可持续发展试点社区的目标和愿景进行解读，并通过实地考察对双井街道的各项治理工作进行了深入了解，针对街道的可持续发展现状提出建议。为实现对街道工作成果和可持续发展水平的量化评估，街道主动对接定量城市研究、大数据评估领域有着丰富经验的专业公司，将其作为技术支持，与中国城市和小城镇改革发展中心组成联合课题组。课题组结合联合国可持续发展目标、可持续发展社区价值观体系、城市设计理论、城市治理等相关知识，通过网络开放数据等多源社会大数据，构建了一套适用于社区尺度的符合国际可持续发展的愿景要求的国际可持续发展试点社区指标体系，并对双井街道在基本设施、住区住房、街区韧性、环境质量、包容性、公共空间等方面的发展水平进行了全方位的量化评估，形成了一份针对双井街道的《国际可持续发展试点社区评估报告》。此次评估发现了双井街道在人口活力及吸引力、住区及公共空间品质、社区文化活力等方面的优势，也指出了双井在可持续

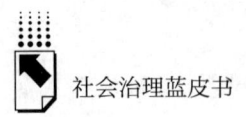

发展的路径中面临的一系列挑战。以此次评估为基础，双井街道获得了联合国人居署以及中国城市和小城镇改革发展中心的认可，成为国内首个被纳入"国际可持续发展试点"项目的社区级单位。

五 双井街道探索可持续发展试点社区的经验启示

双井街道探索可持续发展试点社区，是朝阳区创新推进"街乡吹哨、部门报到"改革的生动实践，是新形势下动员社会参与社区治理的重要探索，对于推动社区的线上线下融合治理具有很好的借鉴意义。

（一）深化改革，必须破除惯性思维

当前，在全面深化改革的大背景下，各级按照中央的决策部署，从体制机制到具体工作，都在认真落实改革要求。但是在实际执行中，一些单位习惯性思维较重，形改神不改的问题比较突出。比如，按照全市深化"街乡吹哨、部门报到"改革，特别是落实北京市街道工作会议精神，加强街道管理体制改革，各街道都成立了"六个办公室"，明确了由分管副职领导任相关办公室主任，并指定一名原科长任副主任。但是，在实际工作中，有的街道仍然按照原有的科室分工安排工作，原有的科长与改革后的办公室副主任关系不顺，降低了机构改革的效益。双井街道针对社区管理机制遇到的实际困难，突破社区行政区划壁垒，用"13 社区"破解地区社会治理难题，其根本经验在于打破惯性思维，这是实现各项改革的基本前提。

（二）党建引领，必须针对难点问题

按照全国基层党建工作会议精神，加强党建引领着重要在政治上引领、思想上引领、组织上引领、能力上引领，特别是要针对推进重点难点工作，充分发挥党组织的领导作用。双井街道针对地区社会动员难、人员参与社区服务管理难、党员骨干持续发挥作用难等问题，通过共商共治引导居民参与社区事务，通过党建工作协调委员会建设带动地区社会单位参与社区服务管

理。如双井老旧小区与高档商品房小区并存，物业服务管理差距较大，资源利用不够充分，而社区、居民、物业公司、业委会各自为政，存在各参与主体囿于自身利益缺乏矛盾协调化解机制的问题。为此，街道工委、办事处建立了街道物业服务管理联盟，以党员引领先锋行动、议事协商融合行动、市民诉求直派行动、垃圾分类促进行动、物业问题治理行动、环境秩序优化行动、安全隐患消除行动、服务质量提升行动"八大行动"为牵引，开展物业企业党员"亮牌"服务，社区党组织领导居委会、物业公司、业委会、居民共商共治，涉及物业企业的12345市民服务热线派单任务由街道市民诉求处置中心直派到物业企业，由企业主动履责等方式，提升物业服务水平。从成效来看，基层党组织通过物业服务管理联盟实现了对物业管理的引领，打通了区域内不同小区物业管理的壁垒，较好地实现了资源共享。物业管理在传统维护维修、垃圾清运等工作之外，参与服务管理范围由小区向辖区、由日常基本需求向区域精治扩大，物业管理成为城市治理的重要力量。居民在参与物业管理监督的过程中，也更加注重履行业主义务，在共同治理小区环境中增强了物业企业与居民的感情，为今后加强物业管理创造了有利条件。

（三）社会治理，必须激发内生动力

党的十九大提出，建立党委领导、政府负责、社会协同、公众参与、法治保障的社会治理体制。社会协同、公众参与需要激发，社区是社会的最小单元，社区细胞活跃程度决定了社区治理工作水平。双井街道"13社区"在发现民意、反映民情、解决民事、动员居民参与等方面发挥了良好作用，其工作内核在于激活社区治理细胞，增强社会治理过程中多元主体参与的积极性，提升街道整体活力。其主要的运行机理则是建立和完善对居民诉求民意、活动参与的即时或短时反馈机制，使居民在参与治理过程中得到参与感、获得成就感，增强参与社会治理的热情。如居民通过12345热线反映问题后，街道通过接诉后及时见面、解决后必须见面"两次见面"机制，强化与居民的联系沟通，通过"朝阳群众管城市"App、"13社区""随手拍"

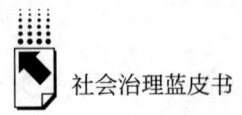

等方式参与小区管理,街道工作人员在处理问题后也会及时通过信息平台反馈处理情况。而通过设立"幸福双井社区卡",居民参与党组织活动、开展志愿帮扶、参加社区运动会等都能获得积分,在积攒一定积分后兑换鸡蛋、食品等礼品,其主要目的在于群众参与活动之后,立即得到积分反馈,并建立长期参与活动以获得实体回馈的心理预期,通过这一微小变化,传统的"摊派式""义务式""购买式"活动得以转变为"有意义""有意思"的新型活动。同时,街道依托社区卡推进"微心愿"活动,通过辖区居民和爱心企业的集体积分来帮助普通双井人实现梦想,这种居民齐心协力"集中力量办大事"的活动模式,进一步提升了社区居民参与社区治理的荣誉感和幸福感。如在2018年"微心愿"活动中,社区居民只需要参加各类活动获得积分,就可以帮助辖区内一对资助湖北远安特教学校21年的夫妇实现帮助当地孩子来北京看升旗的梦想,双井居民用两个多月完成了积分目标,再加上爱心企业的出资支持,10位远安的孩子顺利抵京,游故宫、登长城、看升旗。通过平时的小活动和定期的大活动相结合,以社区卡积分为主要工具,居民参与社会治理的意愿显著增强,"13社区"逐步成为社区网上共同体,为加强新时代社区治理探索出了有效路径。

(四)属地统筹,必须搭建参与平台

通过一年多来的实践,双井街道在"街乡吹哨、部门报到"改革方面取得了效果,在赋权、下沉、增效方面取得了积极成效。双井街道坚持十年磨一"键",聚焦抓治理、抓服务主责主业,通过建立"13社区",在地区搭建了多元参与的平台,提升了属地统筹社会治理能力,实现了社区治理方法和效果的有机统一。

参考文献

北京市朝阳区双井街道办事处:《双井街道成功入选联合国人居署可持续发展试点

社区》，2019年。

北京市朝阳区双井街道办事处：《申创国际可持续发展试点＋致力打造城市理想社区模型》，2019年。

李圆征、杨牧：《中国为可持续发展注入创新动力》，人民网，http：//world.people.com.cn，2019年7月18日。

阳盛益、周超玥：《基于网格化的城乡一体化社会治理平台创新与应用》，《中共浙江省委党校学报》2015年第6期。

陈光：《论社区治理多元格局中的党内法规》，《上海政法学院学报（法治论丛）》2019年第1期。

李霞：《新时代"枫桥经验"的新实践：充分发挥法治在基层社会治理中的作用》，《法学杂志》2019年第1期。

B.16
东湖街道党建引领物业管理，重塑社区治理新模式

摘　要： 近年来，随着一些小区建设中历史遗留问题逐步暴露，加上居民民主意识不断提升，涉物业问题成为社区治理中的重点和难点问题。小区物业管理矛盾时有发生，给居民的生活带来了不便，也衍生了一系列社会问题。处于大望京地区的东湖街道也不例外，物业矛盾一度成为地区的社会主要矛盾。街道工委、办事处通过党建引领物业管理，建立物业"好管家"模式，重塑地区治理模式。东湖街道依靠上级指导，依托专家资源，围绕重点工作，不断加强队伍建设，处理好涉物业问题，提升物业服务品质，取得良好成绩。东湖街道由社区党委指导、社区居委会代行业委会职能的做法也被市住建委作为试点经验，在全市范围得到认可和推广。

关键词： 东湖街道　物业纠纷　党建引领　多元共治

一　东湖街道物业管理情况

东湖街道位于朝阳区东北部，现共有7个社区，常住人口7万余人，由29个物业管理企业为辖区内小区提供服务。其中，利泽西园一区小区环境优美、秩序井然，在2018年获评全国十大"幸福小区"。在街道工委、社区党委的带动下，物业秉持"红色物业"发展理念，把党建文化作为企业文化，积极向社区党委靠拢，履职尽责，主动作为。

在三年前，东湖街道辖区居民与物业管理企业产生过摩擦，有 7 个小区更换过物业公司，15 个小区成立或筹备过业委会。东湖街道辖区内虽然多是商品房小区，但新小区随着时间推移，各类问题也开始显现：小区硬件设施老化、早期遗留问题得不到妥善解决、物业公司运营成本提高但对服务松懈，等等，履约不到位与收费率低逐步形成恶性循环。以利泽西园一区为例，2015 年左右的物业费缴纳率甚至不到 20%。

垃圾无人处理、电梯无人维修，使居民对小区环境、安全、物业管理等公共事务产生负面情绪的同时，也对社区组织的党员活动、文体活动、议事会议等表现得冷漠，各类活动参与程度较低。由于部分物业公司的缘故，部分居民对社区、街道存在误解，业主、业委会相互指责，严重影响了社区的和谐稳定，降低了居住品质。为此，东湖街道工委从 2015 年开始，直指物业管理这一关键问题，开展研究与实践。

二 解析东湖辖区物业纠纷的两种模式

东湖街道辖区内小区治理模式主要分成两种，业委会模式和居委会模式。两种治理模式下的物业纠纷也各有其特点。

业委会模式下的物业纠纷。自《物权法》《物业管理条例》颁布以来，部分业主维权意识觉醒，积极寻求依法自治的途径，政府本着鼓励业主依法成立业主大会、选举业主委员会开展自治的态度，出台了《物业管理办法》和《业主大会指导规则》作为政策支持。东湖街道内不少居民维权意识强、需求起点高，但是实际操作过程中，自治愿望和法治意识、自治能力不匹配，成立业委会甚至成为小区矛盾激化的导火索。业委会与物业公司或敌对，或不作为，难以形成合力。

居委会模式下的物业纠纷。相比业委会模式，社区居民自治有法可依，居委会成员工资待遇由财政列支，而且与小区的利益关系较为简单，政府监督考核严密，一定程度上保障了其公益性。居民代表制度经验丰富，在处理矛盾纠纷、决策小区事务方面成效显著，在没有成立业主大会、没有选举产

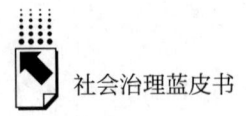

生业委会的小区，居委会一定程度上代替着业主大会决策职能。但是在涉及物权方面，居委会又面临"身份缺失"，不能代表小区物权所有者做出决定。因此，居委会模式也存在困境，也不能成为解决物业纠纷的最优模式。

为解决东湖地区存在的物业纠纷难题，东湖街道工委、办事处主动作为，探索党建引领、多元共治的"好管家"物业管理模式，通过搭建平台、促进对话、加强督导等方式，逐步探索解决物业纠纷的方法和路径。从目前"好管家"项目进展情况看，先期试点的几个小区都取得了不少有益经验，也暴露出一些需要完善的问题，值得进一步总结推广。

三 东湖街道党建引领物业管理，打造"好管家"治理模式的具体措施

（一）党建引领基层治理

街道工委、社区党委全程把控物业与业委会的方向，对化解小区物业矛盾发挥领导作用。过去一些社区党组织认为小区有专门的物业公司管理，没有把心思用在这方面，"不愿管""不敢管""不会管"的问题较为普遍，往往是前期置身事外，矛盾激化后被迫维稳。为此，东湖街道工委、办事处通过筑牢"红色堡垒"、强化"红色力量"、激活"红色细胞"，使党的领导贯穿基层工作的全过程、全领域。

一是筑牢"红色堡垒"。首先，街道工委从社区掌舵人入手。2016年初，提拔任用讲政治、有能力、敢担当的年轻干部担任社区书记。其次，培育有党性的业委会成员。通过党支部发动和党员示范带动，选举业主代表，筛选培育业主委员会，明确业委会候选条件中的"党员优先"要求。同时，由各社区党委书记出任首次业主大会筹备组或临时业主大会会务组组长，成为业委会、物业企业的"导师"。由此，业委会会议、决策告知社区党委并接受监督成常态，在物业单位建党委、流动党支部成常态。

二是强化"红色力量"。东湖街道通过"街乡吹哨、部门报到"机制协

调区有关部门参与解决小区物业管理问题，先后向区级部门"吹哨"30余次，解决了物业更替、底商停电、电梯公维、消防公维、污水管线塌陷等重大事项。市建委物业指导中心、市物业协会多次对涉物业问题给予具体指导，使东湖街道的涉物业问题探索既符合法定原则又有所创新突破。通过吹哨报到，引入政府项目资金助力环境升级，同时要求物业企业、业委会提供配套资金，共同解决小区问题。80万元的政府投入，撬动了物业公司投入资金80余万元改造楼内照明、升级车库监控系统、补种树木等，并由业委会申请使用公共维修基金180万元、公共收益137万元，对防水、电梯、监控等进行了大修改造。

三是激活"红色细胞"。利一社区聚焦"在册+在职"双动员，重视发挥社区"双报到"党组织和党员的作用，统筹安排党组织和党员深入物业企业、业委会、业主中，推广"我在您身边"工作法，实现零距离服务，争当"小区好主人"、争做"好管家"标兵。如好邻里"一+1"志愿服务队，招募志愿者138人，每周五集中开展环境卫生大扫除、粉刷墙面、捡拾白色垃圾等活动。目前，志愿队的服务方向也由最初的环境美化拓展到治安保障、文化建设等多方面，大家逐步有了爱我家园的情感和幸福小区的自豪感，小区共建共治共享的氛围得以形成和固化。

（二）原则指导实际操作

东湖街道工委在推进"好管家"模式之初，明确了一系列工作原则，在强化党的领导作用的同时，也进一步推动了基层治理现代化。

一是自治共治多元性。以实现全体业主的共同管理权益为前提，采取"党政群一核多元"组织作为小区治理的主体。实现社区居委会、物业服务企业、业主委员会（业主议事会）、政府部门和相关单位"五方共治"的依法规范运行。

二是监督标准可操作性。依照相关服务规范细化完善监督标准，组织居民、业主、行业协会、行政力量形成各专项日常监督小组，对照标准逐项实行监督、反馈，督促物业企业、公共区域服务单位提升服务水平。

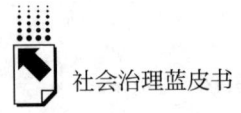

三是民主协商经常性。以协商解决矛盾、协调利益关系为目的，针对小区内的重点矛盾，由第三方专业机构指导规范协商方式，组织召开业主议事会、居民议事厅，引导业主、居民有序参与、理性决策。监督、规范物业等服务企业遵守法规、尊重决策、依约执行。

四是服务提升有效性。以检查巡视、督办执行、反馈响应为途径，加强对物业及公共区域服务单位工作的常态化监督，将其服务行为纳入可量化、可衡量范围，结合行政主管部门的各项检查考核结果，以经济奖惩、行政奖惩为手段，以法律裁决为依据，督促服务改进提升。

五是治理效果多赢性。组织协助共治各方针对难点、热点问题逐一开展协商，并按照协商结果监督执行，让业主、居民切身感到变化，也让物业企业有良性运行的预期，力争达到居住舒心、物业盈利、房产升值的目标。全程记录治理过程，并通过平面、网络、影音等媒体以及业主居民自媒体方式，宣传治理效果，起到示范引领作用，促进好的治理方法在各个治理领域延伸应用。

六是工作模式可复制性。对矛盾突出、问题复杂、事态严峻的小区进行模式探索，及时总结经验教训、形成一套可复制的执行方案，在类似小区推广。再选取不同类型的居住小区、大厦写字楼，甚至公共区域服务项目，调整、修订方案，探索更多类型治理难题的解决途径和基层民主实现途径。

（三）理顺机制再造流程

东湖街道重点建立了三个方面的机制。一是管理运行类机制，二是评估奖惩类机制，三是队伍建设类机制。管理运行类指物业日常工作的机制；评估奖惩类机制指评价物业服务以及扶持或降级的机制；队伍建设类机制指物业队伍培训、能力建设的机制。

1. 管理运行类机制

公示监督机制。为确保对物业服务区域内重要公共事项、重要变更、重大决策以及决策的执行情况等进行有效公示，使业主、利益相关方的知情权、决策权得到保障，要求其严格落实依法公示工作。由街道、社区居委会、业主委员会、业主议事会等对其公示情况进行监督。监督的主要内容为：公示时间一般为7日，法规有明确要求的公告为15日；公开方式，向业主大会、业主议事会通报；在小区公示栏、单元楼门张贴，业主微信群及相关网站发布，物业协会内部通信及《和谐东湖报》刊登等。凡不能按照相关要求进行有效公示的，监督主体应及时指出，责令改正，拒不改正的由监督主体张贴相关公示内容，并将物业违规行为计入诚信档案，并可同时向区、市及物业主管部门举报。

日常检查监督机制。按照《东湖街道物业管理监督细化指标》《东湖街道物业企业自律公约》要求，结合北京市环卫、绿化养护相关标准，分别由街道办事处相关职能科室和居民、业主组成的各专项日常监督小组，按照标准对物业服务和保洁、绿化养护逐项实行检查、监督、反馈。检查结果作为推优评选依据，并每两年转换为考核数据报区房管局。

动态事件监控机制。按照"三网融合、二级闭环、一格统筹"的城市精细化管理要求，将物业服务区域内的网格案件直接发送至物业公司，并按照二级闭环系统的要求，物业服务企业或公共区域服务单位应做好接收事件、处置事件、反馈结果的全流程工作。

重要设施设备运行监管机制。将物业服务区域或公共区域内重要设施设备分类纳入街道管理台账，如电梯、二次供水、配电室（箱）、燃气调压设备、监控设备、消防设施、各类管线等，对其数量、位置、品牌、建设安装年限、故障大修记录、产权管理权归属等进行精细化、动态化管理，物业服务企业或公共区域服务单位应对相关设施设备进行安全巡查，每年进行一次数据核报，遇有设备故障、大修、更换、移位、拆除等重大变更时，需及时报备。此动态数据将作为安全隐患预警和维修维护督促、设施设备更新规划的依据。

使用变更备案机制。街道办事处负责监督指导住宅楼、写字楼、配套商业楼的物业单位合法使用普通地下室，杜绝地下室散租住人现象，引导物业公司将地下室用于便民服务类项目。就业主共有地下室使用问题，物业公司应做好协商规划和安全隐患排除，并向街道办事处和区房管局申报备案。大

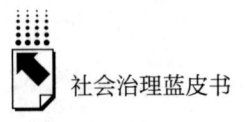

厦物业应协助街道、社区做好租赁入驻单位变更备案工作，督促新装修商户做好装修施工备案工作。

财务审计监督机制。按照《北京市物业管理办法》《北京市住宅区业主大会和业主委员会指导规则》对业委会或者物业公司的财务审计的相关规定，倡导各物业公司主动试行年度财务审计工作，逐步引导小区管理规约中约定业委会年度或离任财务审计的制度，使运行更加规范。财务审计费用按照"谁委托谁承担"的原则确定。如小区出现财务有关纠纷问题，必要时可由业委会发起，或者街道、社区、行业协会等依据相关法规组织业主形成共同决定发起对业委会或物业公司的财务审计，审计结果将在小区内公示。如审计发现财务违规甚至经济犯罪的，发起审计主体可依法提请追究相关责任人的法律责任。

2. 评估奖惩类机制

满意度测评机制。为能够掌握和衡量物业服务的总体水平，也对物业服务企业找准角色定位、培养服务意识形成压力和促力，由街道、社区居委会和业主委员会牵头，分别对住宅小区物业、大厦物业和公共区域服务单位开展满意度测评，并将其服务效果和满意度评估形成常态。

降级退出机制。对于服务严重不到位，企业行为严重违规，存在严重安全隐患经督促整改、行政处罚仍屡教不改的物业等服务企业，街道办事处、社区、业主委员会、业主议事会将按照法定程序组织发起召开业主大会或全体业主进行解聘物业表决，并可向区房管局、市住建委发函提出降低或撤销物业服务资质的建议。

表彰奖励机制。为充分调动相关服务单位工作积极性，建立激励机制，表彰在各自岗位上表现突出的集体和个人。由街道办事处负责组织奖项评选，制定表彰奖励办法，确定评选时间、评选方案和各项奖励的名额、奖金额度等，该项工作于每年10月份启动，于年终总结大会上表彰，并在《和谐东湖报》进行专版宣传。

专业评估指导机制。针对物业服务费严重偏低需要调整、物业公司更替需要进行物业服务费核定、纠纷涉及物业服务是否物有所值等特殊时期、特殊事项可聘请第三方专业评估机构进行公正的专业评估。评估如涉及费用，按照"谁委托谁承担"的原则确定。

准入推荐机制。获得好管家"综合奖"和"单项奖"的物业单位，由街道办事处负责向区房管局、市建委进行推优，并向朝阳区优秀物业库推荐，作为东湖街道乃至朝阳区物业选聘时的政府推荐企业。

不良信用曝光机制。物业等服务企业出现违反法律法规、违背社会公德、弄虚作假、动用非法手段、逃避监督管理、欺瞒服务对象等，一经发现，记入不良信用记录。物业服务区域内发生重大安全事故及由于物业服务企业的责任造成重大维稳事件，街道办事处在追究相关责任的基础上，对物业服务企业记入不良信用记录，并通过相关途径进行曝光。

3. 队伍建设类机制

"好管家"队伍建设指导机制。督促协助物业企业把好从业人员进口关，实行聘用人员无犯罪记录验证制度和工作人员备案制度，即将物业从业人员花名册交街道城建科备案，每半年更新备案一次；新聘用人员需到属地派出所开具无犯罪证明，并随花名册备案。协助物业服务企业培养专业人才，每年组织相关人员参加专业技术培训和执业资格证书考试，协助专业人员取得更高级别资质，协助其更好地完成职业生涯规划。

专业扶持机制。组建物业服务企业数据库，依托物业行业协会，每年征求培训需求，制定培训课程和交流计划，对物业服务企业和物业从业人员进行分类（住宅物业、写字楼商业物业）、分层（项目负责人、部门主管、技工）、分组（按社区或邻近）培训指导；建立"东湖辖区物业经理人沙龙"微信群，依托市、区专业指导部门支持和物业行业协会，建立物业专家资源库和专业人才库，组建各专业领域小组，开展东湖街道辖区物业服务企业、物业服务项目的学习培训、交流研讨；开展小区痼疾顽症"专家会诊"工作，实现小区物业服务资源的统筹共享，提供合理化建议，进而提升物业公司专业服务能力和合法盈利能力。

法律支持机制。依托东湖街道"法律灯塔"项目，针对物业服务领域出现的各类重要紧急事件，引入专业法律指导援助。属于合同、经济纠纷

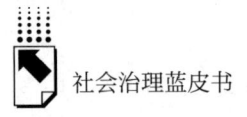

的,将引导当事各方通过司法途径解决纠纷。

业主自治能力提升机制。按照"使能"原则,对业主委员会、筹备组成员、业主议事代表等人员进行法律意识培养和法规培训,提供文本范本,提升专业知识水平,提高其有序参与、自治管理、沟通交流能力。

社区指导能力提升机制。提高社区党委、居委会对业主自治和物业服务监督是社区建设重要内容的认识;通过法规培训、方法学习、经验交流和案例分享,强化社区党委领导统筹、社区居委会监督指导物业服务提升和规范业主自治行为的专业能力,提高社区协调化解复杂利益纠纷的能力。

物业合法盈利能力提升机制。指导物业公司深入挖掘服务潜力,停止类似地下室散租、违规收取摊位费和非法广告费等违规收益,通过资源整合,开展优质便民服务、高端管家服务、电子商务对接服务等,促进盈利模式转变和盈利能力提升。

(四)多元共治合力协作

一是开展议事协商。针对商品房小区动员发动难的共性问题,社区从加强议事厅运用入手,以孩子为纽带,以创享计划为抓手,汇聚各方智慧,动员引导居民积极行动投身小区建设。

社区党委把议事协商作为重要抓手,发掘、培养议事代表40人,建立了一支常设议事队伍,并把居民议事和共商共治优势运用到破解社区治理难题上来。从社区经费使用到党政群共商共治项目,从居民公约到楼门文化,从违建拆除到花园式小区创建,社区搭台、居民唱戏,物业助力、街道支持,以议事协商的方式圆满解决了格瑞健身1000平方米违建拆除、小区门口乱停车等10多件居民共同关注的热点问题。

社区充分发挥孩子们在拉近邻里关系、增强居民融合方面的桥梁作用,通过楼院议事,重点打造了舍得书屋、楼门客厅、楼院微景观等公共空间,吸引孩子和家庭走出家门。特别是"小画家画大社区""运动汇""自然科学小课堂"等创享计划提案的实施,推动孩子带动家长共同参与、彼此熟悉,激发了越来越多有兴趣、有资源、有能力的居民参与社区活动,进而影响更多身边人成为社区志愿服务、公益活动、文体队伍、议事协商的主力。

二是加强法治建设。业委会成立之初,走遍了市、区规划、住建、教育等部门咨询、反映问题,但由于诉求渠道不畅、法律依据不充分,加之无序发声,问题迟迟得不到解决。社区通过中国移动信号塔拆除事件成功赢得了业委会的信任和居民的赞许,并在其后的矛盾问题处理中及时介入、协调跟进,即便部分问题不能立即圆满解决,业委会也愿意带领居民坐到谈判桌前,共同为问题的有效解决出谋划策。同时,社区推进"律政灯塔进社区"项目,加强调解委员会建设,聘请专业律师开展法律咨询、司法援助、法律培训,使社区依法办事、居民依法维权的意识不断强化。2018年,社区调解纠纷案件35件,成功率达98%。社区还密切关注居民微信群动向,重视解决微信公众号后台留言问题,并利用"掌上议事厅"平台对居民诉求、反馈意见开展线上收集、甄别和预判,提前介入,把问题化解在萌芽阶段。

三是增强文化底蕴。社区从"可看、可玩、可融、可感"的社区文化入手,丰富居民生活、形成情感依托、促进邻里共融。以8000元社区公益金为基础,社区发起了"井盖涂鸦,扮靓咱家"项目,美化小区井盖60处,借助创享计划又绘制了4幅大型彩绘壁画,形成了居民共同参与的特色社区文化。

借助社区社会组织力量,社区不断创新活动形式、丰富活动内容。传统节日巡礼活动贯穿全年始终,小到绿植换购、茶艺、插花,大到趣味运动会、社区美食汇、国际版的"舌尖上的邻里情"等近百场活动,吸引1.2万人次参与其中。

由心动到行动,由独唱到合唱,往日不相往来的住户,逐渐成了兴趣相同、利益相近的街坊邻里,人心随着汇集到一起,归属感日益增强。从两年前社区办活动要逐一电话通知骨干居民参加,到现在通过公众号发布活动信息的名额被居民"秒杀",社区影响力、号召力与日俱增。

(五)人才培养建设队伍

一是跟踪考核新任科级干部。街道工委在实践中总结出了"一考一测两谈一跟踪"的干部选任模式，采取考试与测评相结合、任前谈话与任后谈话相结合、党内谈话与党外谈话相结合的方式选任科级干部。制定出台了《东湖街道新任科级干部任职跟踪考核暂行规定》，建立新任科级干部跟踪考察台账，一年试用期内，分季度、半年、试用期满分别进行阶段性考察，全过程跟踪监督考察新任科级干部。新任科级干部任职1~3个月内，了解其熟悉情况、适应环境情况、进入角色情况，帮助协调解决相关的问题；干部任职半年后，进行半年民主测评，了解其履行职责、开展工作等情况；任职满一年后，采取述职述廉、召开民主测评会议、进行个别谈话等形式，对新任科级干部任职一年来工作表现情况进行考核和评价，并注重考核结果的运用。置于干部、群众监督之下的新任干部有压力，有动力，有活力。

二是设街道层面助理岗位，推进后备干部培养。街道层面设书记助理、主任助理和科长助理，分别由发展潜力较大的科长和副主任科员担任。助理的设置坚持"三有三没有"的原则："三有"即对这些干部有组织上的信任、有更高的要求、有更高的期待，"三没有"即没有职务升迁、没有薪金提升、没有增加待遇。压担子、派任务、教方法，促使干部快速成长。

三是出台轮岗干部考核办法，提高轮岗工作的系统性、规范性和科学性。按照老中青梯次配备、经历专业和个性协调互补的原则，科学实施结构化交流。建立健全配套制度，完善交流轮岗干部跟踪培养机制、考核评价机制和服务保障机制，确保轮岗工作平稳进行、交接工作平稳过渡。

四 东湖街道党建引领物业管理，重塑社区治理模式的启示

一是党建引领，突破难点。东湖街道把党的领导贯穿于基层社会治理的全过程。在物业不作为、业委会不成熟的两难情况下，街道工委、社区党委充分发挥党组织的政治核心作用、党支部的战斗堡垒作用以及党员的先锋模范作用，实现有效治理。街道工委、社区党委通过"街乡吹哨、部门报到"

机制和"我在您身边,服务零距离"工作法,坚持走动工作,与物业企业、业委会良性互动。通过党政群共商共治、"好管家"、创享计划等项目争取到区、街两级资源,并链接物业企业等多方资源,使社区环境有了质的提升,从而进一步强化了社区党委的核心地位和作用。"有困难找社区"成为居民的新共识,社区党组织成为居民的主心骨。

二是明确原则、制定机制,实现长效治理。街道工委、社区党委通过明确六项工作原则、制定三大类机制,为街道、社区、物业企业、居民等主体治理小区提供指引和长效保障,改变了小区管理、改造缺乏计划性的现象,实现了小区公共服务和活动空间优化升级,弥补了小区功能缺失,使绿化美化、社区安全、停车管理、交通出行、文体设施、智能设备、楼门文化等要素全面系统升级,推进物业服务管理升级,使小区功能得以有效补充和完善。有居民通过社区"掌上议事厅"微信平台留言,为社区工作者点赞,抽样调查显示居民对社区工作"非常满意"的比例高达91.67%。

三是构建多元治理新模式。街道工委、社区党委注重社会资源的有效链接,整合多方力量,充分发挥政府、社区、社区居民、社会单位、社会组织在社区建设中的作用,改善过去政府、社区作为单一主体的社会管理模式,努力构建多元主体共同参与社区治理协同新模式,辅以信息化社区治理手段,以社区党组织为核心、三社联动为主导、居民自治为基础、社会组织为补充的基层治理组织架构逐步形成。在与社区党委的密切配合中,2018年物业费收缴率提高到80%,形成了党委聚力、物业增收、居民受益的多赢局面。

四是重视队伍建设。"用一贤人则群贤毕至,见贤思齐就蔚然成风",加强新形势下街道干部队伍建设,培养更多好干部是任何时期须臾不可放松的任务。好干部不是天生的,不会自然而然产生,成长为一个好干部,需要自律和他律相结合,需要自身努力和组织培养相结合。东湖街道在培养好干部、加强新形势下干部队伍建设方面不遗余力,通过跟踪考核、增设助力岗、轮岗轮训等多种方式培养、锻炼人才,使街道、社区的队伍有干劲、有目标,为地区治理提供人才保障。

参考文献

东湖街道办事处:《东湖街道党建引领物业——红色引擎 物业"好管家"助力幸福小区建设》,2019年。

东湖街道办事处:《民生服务——"六聚六起来"打造全要素小区》,2019年。

李连华、陈健:《增强干部交流工作的系统性规范性和科学性》,《前线》2011年第11期。

B.17 八里庄街道实行"三先三后两保障"机制，探索"大小物业综合服务"新路径

摘　要： 当前，随着人民对美好生活的向往和追求发生变化，社区建设和治理与切实解决居民美好生活需求和供给问题依然存在差距。物业在基层社会治理中的作用越来越重要，关乎群众利益。八里庄街道结合地区实际，采取"三先三后两保障"机制，探索"大小物业综合服务"新路径，着力破解老旧小区物业管理难题，切实增强了居民幸福感，以及对社区的归属感和认同感，激发社区居民的自治意识，推动社区治理创新。

关键词： 八里庄　社区治理　三先三后两保障　大小物业服务

一　八里庄街道实行"三先三后两保障"机制，探索物业升级服务新路径的背景

八里庄地区曾是老工业基地，随着企业转制和房屋制度改革，老旧小区管理暴露出的问题越来越多，房屋老化破旧、管线漏水、停车位紧缺、环境卫生脏乱差等问题越来越突出，群众的意见很大，居民投诉量居高不下。仅2018年，因物业管理问题的投诉就占街道投诉量的50%以上。八里庄街道辖区面积4平方公里，下辖14个社区，居民约5万户，共有楼宇498栋，其中384栋住宅楼、50栋商业楼、64栋为配套用房或教育用房；老旧小区44处，共计住宅楼274栋、居民19929户。

（一）老旧社区和新建社区并存，社区软硬件环境差异大

八里庄街道所辖社区中，60%为老旧小区，社区基础设施条件较差，居民活动的公共空间严重短缺。老旧小区居民楼主要是老国企职工宿舍，长期没有物业管理和服务，小区环境卫生、绿化改造、治安防范等方面欠账较多。而对于新建小区来讲，社区基础设施和公共空间则相对较好。除了党委办公室、社区居委会和社区服务站等办公区域外，还设置了图书阅览室、居民活动室以及多功能厅等服务区域，配备了智能机、电子阅览室、便民自助设备等现代化服务设施，可满足居民多方面的文化需求。

（二）老旧社区的老年人口多，弱势群体相对集中

目前，八里庄街道8个老社区都存在老年人口多、困难人群多、弱势群体较为集中的问题。以八里庄东里社区为例，该社区居民楼大多是20世纪50年代建成的棉纺织厂企业职工宿舍楼，房屋年久失修、管道老化，2003年已列入危改待拆迁小区，出于多种原因至今只有3座楼动迁。社区居民中65岁及以上老年人有3800多人、残疾人461人、低保户94户，弱势群体相对集中，单靠社会福利、家庭供养无法满足他们日常生活需求。

（三）新社区常住居民结构复杂，社区服务需求多样化

一些新开发商住楼构成的新社区，外来常住人口在社区居民中所占比重较高，小区人员结构较为复杂。例如，十里堡南里社区辖区单位有华堂商场十里堡店、新城市广场等大型购物、餐饮中心，商业氛围浓厚。该社区的辖区包括爱这城小区、甘露西园两个小区，由19栋住宅楼、2栋会所、1栋商业楼组成。社区常住居民中，外省籍人员占一半以上。远洋天地家园社区的常住人口中，外籍流动人口也占40%左右。不同社会背景、收入条件、就业阶层的人员，各自的社会服务需求也存在较大差异性。

二 八里庄街道物业升级服务新路径的实践探索

为彻底解决老旧小区失管弃管的痛点问题，八里庄按照全市"接诉即办"要求和全区关于加强老旧小区物业管理转型升级的部署，在准物业管理的基础上，结合地区实际，采取"三先三后两保障"机制，探索"大小物业综合服务"新路径，着力破解老旧小区物业管理难题。目前，八里庄街道已在18处推行"大小物业综合服务"，涉及127栋住宅楼和两片平房区。其中红庙北里社区以社区为单位整体推进，汇集12处老旧小区、74栋住宅楼。

（一）精准定位靶向目标，全力提升人民群众生活品质

一是在完善硬件配套设施的基础上达到"三个保障"。通过创新物业管理模式，建立健全住宅小区管理机制，完善小区基础设施，全面提高辖区内物业管理水平，以达到财产安全有保障、居住环境有保障、便民服务有保障，切实提高居民文明居住意识和自我约束能力。二是在现有物业服务水平的基础上达到"三个级别服务"。通过对不同性质的物业进行分类，对不同区域采用不同方式进行标准化管理，即让新建小区规范服务、单产权老旧小区提升服务、多产权老旧小区引入服务。三是分步达到三个任务目标。在2018年底前达致划分物业管理级别，制定物业服务标准，成立部分区域居民自（物）管会，提升改造区域物业服务质量，在八里庄西里社区、红庙机二委小区进行"大小物业综合服务"试点项目，并总结出一套可复制推广的工作经验；在2019年底前达到规范新建小区物业管理，提升普通小区物业服务质量，完成红北社区物业服务整体升级，将全部老旧小区纳入"大小物业综合服务"范围，实现辖区物业服务全覆盖；在2020年底前达到所有物业管理区域分项收费，实现企业收支平衡，从而建立长效物业服务机制。

（二）强化属地管理，建立责权明确的工作体系

一是建立街道物业服务升级专项工作办公室，具体负责落实辖区住宅小

区物业服务升级的组织、监管工作,指导和监督业主委员会、居民自(物)管会的成立、改选或换届以及日常运作。二是明晰社区工作职责,具体负责开展居民宣传工作,引导居民转变观念,树立权利责任意识,培养居民自我管理、主动参与、共同决策的能力,以及配合街道办事处建立辖区物业管理体系,并融入社区综合管理中,同时负责协调物业服务企业和业主委员会、居民自(物)管会之间的关系。

(三)完善分类管理模式,逐步实现物业服务规范化

一是实施市场化物业管理。建立健全业主委员会,加强业主对物业管理公司的监管;汇总居民意见,定期召开座谈会,推广优秀小区的管理和服务模式;加强对物业管理公司的培训指导,不断提升服务水平,推动物业管理运行。二是实施单位小区自管。督促自管单位切实担负起物业管理责任,及时汇总居民诉求,提升物业服务质量;部分物管移交单位,要求在移交过程中切实担负起管理责任,继续履行相关职责,直至移交工作全部完成。三是实施老旧小区接管。在街道党工委的领导下,由相关科室提供业务指导,由社区党组织牵头建立由社区居民委员会、产权单位、物业服务企业、居民代表等共同参与的小区居民自治(物业)管理委员会,由居民自治(物业)管理委员会代表居民确定小区管理模式、物业管理单位、物业服务内容、服务标准、服务费用等相关事项,引入信誉好、有意愿、具有老旧小区管理经验的物业服务企业根据小区实际情况制定前期改造和后期运营方案,经过宣讲供居民选择,最终由居民自(物)管会进行招投标并签订物业服务合同

(四)加大支持力度,推进物业管理持续健康发展

一是研究制定"区域大物业"专项资金使用及补贴、奖励管理等相关办法,为物业企业提供支持,确保物业企业"进得来、管得好、留得住"。二是研究制定政府购买服务办法,针对养老助老、一刻钟服务、老年餐桌、垃圾分类等服务项目,优先考虑委托承接区域物业服务管理的大物业企业。三是鼓励、引导物业企业用社区停车位及闲置资源开拓物业服务收入来源,

通过规范停车秩序、错时停车、社区公共空间出租、居民个性化入户服务等，多渠道增加物业服务收入。

（五）强化社区软件服务，提升居民幸福指数

一是充分发挥党建引领作用。各级党组织和广大党员要始终牢记使命，切实发挥战斗堡垒作用和模范带头作用，切实解决实际问题，为地区建设和小区的宜居环境贡献力量。二是成立区域物业联盟。通过组队联盟的形式，打破以往物业企业各自为政的局面，针对小区物业相关事务共同协商、共同管理，逐步实现小区内物业企业优势互补、以大带小、互惠共赢，进而增强小区物业服务整体实力。三是开展项目制物业服务。小区物业服务采取项目制的方式推进，例如环境保洁、停车、加装电梯等服务项目，在民主共商的基础上由居民提出需求，物业企业提供服务，公众无偿服务与个人有偿服务共存，逐步实施小区的全面物业服务。

三 八里庄街道实施"三先三后两保障""大小物业综合服务"取得成效

（一）实施"三先三后"重点解决物业服务企业"进得来"的问题

1. 先整治后物管，为物业企业进驻创造必要条件

结合"疏解整治促提升"和"背街小巷整治"，通过"街乡吹哨、部门报到"机制，2018年全年和2019年上半年共拆除小区及周边违法建设、私搭乱建39279平方米，修整围墙33000米，整修道路近7万平方米，增加绿化7000余平方米，增设太阳能路灯、便民休闲等功能性设施和各种标识。结合抗震加固和节能改造工程，粉饰小区建筑、墙体外立面，对小区进行环境提升，增设便民休闲等功能设施，营造社区文化氛围。同时，结合平安小区建设工作，加装道闸、摄像头等设施设备，施划停车位764个，有效缓解了小区内停车难、停车乱、生命通道阻塞等居民反映强烈的民生问题。通过

硬件的改造，也为老旧小区引入物业企业创造了有利条件。

2. 先服务后收费，让居民尝到花钱买服务的甜头

为培养居民花钱买服务的意识，给居民创造一个过渡期，在老旧小区引入物业管理过程中，采取"先尝后买"的方法，由物业公司先提供服务，让居民体验专业物业公司带来的服务便利和甜头，然后再实行低价收费，引导供需双方互相适应。目前，红庙机二委小区、八里庄西里社区就是按照这个思路来推进的。红庙机二委小区是原北京机械公司所属小区，由于地处朝阳路，周边没有停车位，加剧了小区车辆停放和出行矛盾，而单位物业管理只管生活设施维修，通过引入大物业较好地解决了小区环境维护和停车管理等问题，实行物业缴费"先尝后买"使居民转变了观念，目前小区居民的分项服务费收缴率达到了95%。

3. 先分项后综合，为不同类型小区提供服务清单

按照服务管理项目分类，打破原有"楼、院"观念，立足区域整体，将服务项目细分交由物业和产权单位，通过"大小物业"相互配合，为居民提供服务，两者相互补缺、共同合作，已经做到从居民最关心的小区卫生、停车管理、绿化保洁、治安防范等事项入手，通过居民自（物）管会形式广泛征求居民意见，就物业公司能够提供的服务列出"菜单"，由居民进行选择，逐项增加，最终逐步建立起辖区物业服务体系。

（二）强化"两保障"着重解决"管得好、留得住"的问题

1. 加强组织保障，确保物业管理正确方向

搭建多元化主体参与平台。将党建引领、居民自治与物业服务相结合，志愿服务与专业服务相结合，小区治理与居民监督相结合，不断加强与原产权单位和接收单位的沟通协调，配合环境整治改造工程，提升物业服务水平。同时，在小区居民中开展"一个党员带一户、三个党员带一门、十个党员带一楼"活动，引导社区党员、"双报到"党员、六小门店党员等充分发挥先锋模范作用。在各小区组建居民自（物）管会，引导居民参与小区管理，用看家本领化解矛盾，主动做好物业企业、产权单位与居民的沟通协调工作。

2. 加强机制保障，确保物业企业持续发展

通过政府支持、优先购买、居民交费、多渠道统筹，确保企业长久运行。一是给予相应扶持。针对政府服务项目，如养老助老、一刻钟服务、老年餐桌、垃圾分类等服务项目，优先考虑委托承接区域物业服务管理的大物业企业。二是深度挖掘资源。用社区停车位及闲置资源开拓物业服务收入来源。通过规范停车秩序、错时停车、社区公共空间出租、居民个性化入户服务等，多渠道增加物业服务收入。三是开展多项合作。鼓励、引导物业服务企业通过代收快递、代收洗衣、投放广告、与社区内单位共建等方式，拓宽收入渠道，增加总体收入，确保物业企业"进得来、管得好、留得住"。

（三）"大小物业综合服务"实现小区从"失管"向"物管"的转变

八里庄街道引进"大小物业"，实现了小区大门有人看管、楼道有灯、车无乱放乱停，"事事有人管、环境有人扫、垃圾有人清"，社区工作和物业服务得到居民认可，居民能够主动参与社区公共事务。如今，在八里庄街区，有事儿找物业已经成为八里庄街区居民的新习惯。过去由于老旧小区的问题无法解决，有的社区工作者不敢面对群众，现在大家开展工作有了底气，遇见事也不用着急了，切实提升了群众的幸福感、获得感。

四 关于八里庄街道实行"三先三后两保障"机制，探索"大小物业综合服务"新路径的思考与启示

（一）进一步细化老旧小区物业管理制度

一是健全业委会监督机制，建立业委会定期报告制度，业委会要以业主利益为本，增强服务意识，真正发挥业委会在小区物业管理中的主导作用。二是细化、量化物业管理服务标准和考核标准，常态化开展督办检查，实事求是地给物业管理"挑刺"，对发现的问题提出整改意见，督促整改。三是加

强对"大小物业"公司的监督协调,通过联席会议、专题协商、联合执法等形式,及时受理群众投诉,帮助消除小区内不规范行为。四是建立引入和退出机制,确保引入的物业公司信誉好、服务水平高,保护好居民花钱购买服务的热情,进一步推进辖区"大小物业综合服务"工作全覆盖。五是建立黑名单制度。探索物业管理行业社会信用体系建设和"黑名单"制度,充分发挥业主委员会的作用,对物业服务进行评价,形成物业企业优胜劣汰的良性竞争格局。

(二)进一步加强老旧小区物业信息化建设

一是加快推进老旧小区全面普查,建立健全老旧小区数据库,对现状和问题进行评估,对改造项目进行动态监督和精细化管理。二是以智慧物业为抓手,加强小区探头、智能门禁等设施改善建设,提高物防技防水平。三是与时俱进,利用互联网思维,借助互联网信息技术,通过信息化、专业化、智能化拓展利润空间,突破单一的基本物业服务定位,优化物业服务,提高物业服务精准性和效率。

(三)进一步做好物业管理与社会动员结合工作

当前,小区主要是"老"在软件上,即居民生活观念发生了改变,行政管理理念不再适应人们对生活质量的追求。一是转大包大揽的管理方式为全民参与的社会治理模式,全力培育居民公共责任意识。二是通过切实有效的方法激发和维持居民参与热情,引导居民有序参与、依法参与,营造有利于实现居民参与的社区氛围,化被动为主动。三是完善社区治理多方参与体系,提升业主参与意识,让物业服务企业、社区和业主日渐形成治理合力并相互作用,使得物业服务与美好生活能够有效结合。

参考文献

许小玲、马贵侠:《城市社区管理体制改革:实践、反思与前瞻》,《广东社会科学》

八里庄街道实行"三先三后两保障"机制，探索"大小物业综合服务"新路径

2013年第4期。

张年：《从"物业服务"到"美好生活"》，《中国建设报》2019年10月9日。

许小玲：《城市社区管理体制改革动因、模式及未来路径选择》，《理论导刊》2013年第4期。

安娜：《181个老旧小区"准物业"全覆盖 52个老旧小区"准物业"升级——北京市朝阳区实现老旧小区管理"三级跳"》，《中国社会报》2019年4月18日。

《八里庄老旧小区实现专业物业服务管理 居民可"先尝后买"》，人民网，2019年3月2日。

《老旧小区引入专业物业管理 居民先体验再缴费》，《北京青年报》2019年3月18日。

《政协委员杨朝霞建议老旧小区物业管理纳入立法》，千龙网，2019年1月12日。

八里庄街道办事处：《"云动中心"打造交互共享、一体化的公共服务和社会治理新模式》。

八里庄街道：《贯彻首都定位 服务辖区居民》，2017年。

八里庄街道：《老旧小区物业管理工作汇报》，2019年8月。

B.18 后　记

在推进国家治理体系和治理能力现代化进程中，社会发展面临新的挑战，对社会治理水平提出了新的要求。在此背景下，超大城市社会治理必须更加注重基层社会治理体系的不断完善和治理方式的不断创新，最终要实现共建共治共享的治理格局，保证党领导人民有效治理国家。

新时代构建超大城市社会治理体系要从基层治理破题，重点是以街乡、社区管理体制改革为着力点，不断为基层社会治理赋权；以党建引领全域协同为抓手，实现共治；以新兴治理科技创新为驱动，提升治理能力；以构建评价体系为标尺，引导基层社会治理发展。对超大城市基层社会治理的不懈探索，其根本是为了增强人民群众的获得感、幸福感、安全感。

社会科学文献出版社

皮 书
智库报告的主要形式
同一主题智库报告的聚合

❖ 皮书定义 ❖

皮书是对中国与世界发展状况和热点问题进行年度监测，以专业的角度、专家的视野和实证研究方法，针对某一领域或区域现状与发展态势展开分析和预测，具备前沿性、原创性、实证性、连续性、时效性等特点的公开出版物，由一系列权威研究报告组成。

❖ 皮书作者 ❖

皮书系列报告作者以国内外一流研究机构、知名高校等重点智库的研究人员为主，多为相关领域一流专家学者，他们的观点代表了当下学界对中国与世界的现实和未来最高水平的解读与分析。截至2020年，皮书研创机构有近千家，报告作者累计超过7万人。

❖ 皮书荣誉 ❖

皮书系列已成为社会科学文献出版社的著名图书品牌和中国社会科学院的知名学术品牌。2016年皮书系列正式列入"十三五"国家重点出版规划项目；2013~2020年，重点皮书列入中国社会科学院承担的国家哲学社会科学创新工程项目。

中国皮书网

（网址：www.pishu.cn）

发布皮书研创资讯，传播皮书精彩内容
引领皮书出版潮流，打造皮书服务平台

栏目设置

◆ 关于皮书
何谓皮书、皮书分类、皮书大事记、
皮书荣誉、皮书出版第一人、皮书编辑部

◆ 最新资讯
通知公告、新闻动态、媒体聚焦、
网站专题、视频直播、下载专区

◆ 皮书研创
皮书规范、皮书选题、皮书出版、
皮书研究、研创团队

◆ 皮书评奖评价
指标体系、皮书评价、皮书评奖

◆ 互动专区
皮书说、社科数托邦、皮书微博、留言板

所获荣誉

◆ 2008年、2011年、2014年，中国皮书网均在全国新闻出版业网站荣誉评选中获得"最具商业价值网站"称号；

◆ 2012年，获得"出版业网站百强"称号。

网库合一

2014年，中国皮书网与皮书数据库端口合一，实现资源共享。

权威报告·一手数据·特色资源

皮书数据库
ANNUAL REPORT(YEARBOOK) DATABASE

分析解读当下中国发展变迁的高端智库平台

所获荣誉

- 2019年,入围国家新闻出版署数字出版精品遴选推荐计划项目
- 2016年,入选"'十三五'国家重点电子出版物出版规划骨干工程"
- 2015年,荣获"搜索中国正能量 点赞2015""创新中国科技创新奖"
- 2013年,荣获"中国出版政府奖·网络出版物奖"提名奖
- 连续多年荣获中国数字出版博览会"数字出版·优秀品牌"奖

成为会员

通过网址www.pishu.com.cn访问皮书数据库网站或下载皮书数据库APP,进行手机号码验证或邮箱验证即可成为皮书数据库会员。

会员福利

- 已注册用户购书后可免费获赠100元皮书数据库充值卡。刮开充值卡涂层获取充值密码,登录并进入"会员中心"—"在线充值"—"充值卡充值",充值成功即可购买和查看数据库内容。
- 会员福利最终解释权归社会科学文献出版社所有。

数据库服务热线:400-008-6695
数据库服务QQ:2475522410
数据库服务邮箱:database@ssap.cn
图书销售热线:010-59367070/7028
图书服务QQ:1265056568
图书服务邮箱:duzhe@ssap.cn

卡号:117456196479
密码:

S 基本子库
SUB DATABASE

中国社会发展数据库（下设 12 个子库）

整合国内外中国社会发展研究成果，汇聚独家统计数据、深度分析报告，涉及社会、人口、政治、教育、法律等 12 个领域，为了解中国社会发展动态、跟踪社会核心热点、分析社会发展趋势提供一站式资源搜索和数据服务。

中国经济发展数据库（下设 12 个子库）

围绕国内外中国经济发展主题研究报告、学术资讯、基础数据等资料构建，内容涵盖宏观经济、农业经济、工业经济、产业经济等 12 个重点经济领域，为实时掌控经济运行态势、把握经济发展规律、洞察经济形势、进行经济决策提供参考和依据。

中国行业发展数据库（下设 17 个子库）

以中国国民经济行业分类为依据，覆盖金融业、旅游、医疗卫生、交通运输、能源矿产等 100 多个行业，跟踪分析国民经济相关行业市场运行状况和政策导向，汇集行业发展前沿资讯，为投资、从业及各种经济决策提供理论基础和实践指导。

中国区域发展数据库（下设 6 个子库）

对中国特定区域内的经济、社会、文化等领域现状与发展情况进行深度分析和预测，研究层级至县及县以下行政区，涉及地区、区域经济体、城市、农村等不同维度，为地方经济社会宏观态势研究、发展经验研究、案例分析提供数据服务。

中国文化传媒数据库（下设 18 个子库）

汇聚文化传媒领域专家观点、热点资讯，梳理国内外中国文化发展相关学术研究成果、一手统计数据，涵盖文化产业、新闻传播、电影娱乐、文学艺术、群众文化等 18 个重点研究领域。为文化传媒研究提供相关数据、研究报告和综合分析服务。

世界经济与国际关系数据库（下设 6 个子库）

立足"皮书系列"世界经济、国际关系相关学术资源，整合世界经济、国际政治、世界文化与科技、全球性问题、国际组织与国际法、区域研究 6 大领域研究成果，为世界经济与国际关系研究提供全方位数据分析，为决策和形势研判提供参考。

法律声明

"皮书系列"（含蓝皮书、绿皮书、黄皮书）之品牌由社会科学文献出版社最早使用并持续至今，现已被中国图书市场所熟知。"皮书系列"的相关商标已在中华人民共和国国家工商行政管理总局商标局注册，如LOGO（ ）、皮书、Pishu、经济蓝皮书、社会蓝皮书等。"皮书系列"图书的注册商标专用权及封面设计、版式设计的著作权均为社会科学文献出版社所有。未经社会科学文献出版社书面授权许可，任何使用与"皮书系列"图书注册商标、封面设计、版式设计相同或者近似的文字、图形或其组合的行为均系侵权行为。

经作者授权，本书的专有出版权及信息网络传播权等为社会科学文献出版社享有。未经社会科学文献出版社书面授权许可，任何就本书内容的复制、发行或以数字形式进行网络传播的行为均系侵权行为。

社会科学文献出版社将通过法律途径追究上述侵权行为的法律责任，维护自身合法权益。

欢迎社会各界人士对侵犯社会科学文献出版社上述权利的侵权行为进行举报。电话：010-59367121，电子邮箱：fawubu@ssap.cn。

社会科学文献出版社